Ten Lectures on Civil Evidence Rules
Evidence Application and Adjudication Approaches

民事证据规则十讲

证据运用与裁判路径

王勇 著

北京

图书在版编目（CIP）数据

民事证据规则十讲：证据运用与裁判路径 / 王勇著.
北京：法律出版社，2025. -- ISBN 978-7-5244-0175-9
Ⅰ. D925.113.4
中国国家版本馆 CIP 数据核字第 2025G1F872 号

民事证据规则十讲:证据运用与裁判路径
MINSHI ZHENGJU GUIZE SHIJIANG：
ZHENGJU YUNYONG YU CAIPAN LUJING

王 勇 著

责任编辑 李 群 陈 熙
装帧设计 汪奇峰 苏 慰

出版发行	法律出版社	开本	710 毫米 × 1000 毫米 1/16
编辑统筹	法规出版分社	印张	24　　字数 316 千
责任校对	张红蕊	版本	2025 年 5 月第 1 版
责任印制	耿润瑜	印次	2025 年 5 月第 1 次印刷
经　　销	新华书店	印刷	保定市中画美凯印刷有限公司

地址:北京市丰台区莲花池西里 7 号(100073)
网址:www.lawpress.com.cn　　　　　　　　销售电话:010-83938349
投稿邮箱:info@lawpress.com.cn　　　　　　客服电话:010-83938350
举报盗版邮箱:jbwq@lawpress.com.cn　　　　咨询电话:010-63939796
版权所有·侵权必究

书号：ISBN 978-7-5244-0175-9　　　　　　　定价:88.00 元
凡购买本社图书，如有印装错误，我社负责退换。电话:010-83938349

作者简介

王 勇

浙江省衢州市中级人民法院党组成员、副院长，全国法院调研工作先进个人、全省审判业务专家、浙江中青年法学法律人才库成员，长期从事民事审判工作，参与浙江高院《民事审判实务技能要领》等法官培训教材的撰写，出版《建设工程施工合同纠纷实务解析》《劳动争议纠纷实务解决：81个法官提示重点提炼》《房地产纠纷诉讼指引与实务解析》等个人专著3部，其中《建设工程施工合同纠纷实务解析》已增订至第三版。

序言

民事司法实践中,证据认定往往决定着诉讼的成败,承载着当事人对司法公正的深切期待。综观当下实务,证据认定标准之把握、证明力之裁量、新类型证据之审查,始终是困扰法律职业共同体的现实难题。同一类案件因证据采信差异导致裁判结果悬殊者有之,因举证责任分配不当引发程序争议者有之,面对电子数据等新型证据茫然无措者亦有之。这些困境,既折射出证据制度理论体系的精微复杂,更凸显了司法实践中亟须兼具理论深度与实务智慧的指引。

本书的写作立足于以下三个维度:其一,体系性解构法定证据类型,对当事人陈述、书证、电子数据等八类证据进行"庖丁解牛式"剖析,既阐释规范要义,更揭示实务中易被忽视的审查要点;其二,提炼百余条裁判规则,这些源自真实判例的规则如同散落的珍珠,经类型化整理后形成可参照适用的证据审查图谱;其三,嵌入百余个典型案例,其中既有最高人民法院的指导性案例,也有基层法院处理的常见纠纷,力求通过具体情境展现证据规则的动态适用。

本书的独特性在于"审判者视角"的贯穿始终。每一章均以实务问题为切入点:偷拍偷录视听资料如何认定效力?微信聊天记录的举证边界何在?单方委托鉴定的效力如何认定?对这些高频争议问题,本书不仅给出法律解释路径，更结合诉讼策略、心证形成过程进行多角度推演，将法官的审查思维可视化，使读者得以窥见证据认定背后的逻辑推演。

　　本书的受众不限于裁判者，对于律师，可从中把握举证质证的关键节点；对于企业法务，可据此完善证据管理制度；对于学者，百余个实证案例为理论研究提供了丰富样本；对于法学院学子，则能透过实务镜鉴加深对证据法的立体认知。在写作风格上，笔者力求兼顾专业性与可读性，既避免陷入纯理论探讨的窠臼，也警惕成为简单的案例汇编，而是致力于构建"规则—法理—实务"三位一体的知识体系。

　　民事证据制度的完善永无止境，随着新技术场域的出现，证据审查规则必将面临新的挑战。本书虽力求周延，但囿于个人智识，疏漏之处在所难免，恳请读者不吝指正。唯愿此书能成为法律人证据审查道路上的"北斗星"，在纷繁复杂的证据迷雾中，为追求事实真相提供些许方向。

王　勇

2025 年 4 月 30 日

目录

第一讲 证据及其"三性"的理解 / 001
一、证据是案件审理的基础 / 001
　（一）当事人的举证责任 / 002
　（二）司法实践中对"证据"的把握 / 005
二、对证据"三性"的理解 / 008
　（一）真实性 / 011
　（二）关联性 / 018
　（三）合法性 / 024
三、证据能力和证明力 / 030
　（一）证据能力 / 031
　（二）证明力 / 037
　（三）证据"三性"与证据能力、证明力 / 043

第二讲 举证 / 046
一、证明责任 / 046
　（一）准确把握证明责任 / 047
　（二）证明责任分配 / 050
　（三）证明对象 / 055
　（四）证明标准 / 064
　（五）举证责任倒置 / 068
二、取证 / 077

（一）取证主体 / 078

　　（二）取证合法性的认定 / 083

三、证据保全 / 087

　　（一）证据保全的种类 / 087

　　（二）证据保全的条件 / 091

　　（三）证据保全的担保 / 094

　　（四）证据保全错误的处理 / 097

四、举证程序 / 103

　　（一）举证释明 / 104

　　（二）举证期限 / 107

　　（三）逾期举证 / 112

五、证据交换 / 117

　　（一）证据交换的时间 / 117

　　（二）证据交换的程序 / 119

第三讲　质证 / 123

一、质证的基本要素 / 123

　　（一）质证主体 / 124

　　（二）质证客体 / 126

　　（三）质证内容 / 130

二、质证顺序 / 135

　　（一）质证的特殊情况 / 135

　　（二）质证方式 / 139

三、自认 / 140

　　（一）自认的效力 / 140

　　（二）自认的特殊情形 / 144

　　（三）自认排除情形 / 153

　　（四）自认的撤销 / 156

四、免证事实 / 159
   （一）自然规律以及定理、定律 / 160
   （二）众所周知的事实 / 160
   （三）推定的事实 / 162
   （四）裁决、公证类事项 / 165

第四讲　当事人陈述 / 172

一、当事人陈述的证据功能 / 172
   （一）当事人陈述并非均属于证据范畴 / 174
   （二）当事人的真实陈述义务 / 175

二、法院询问当事人的规则 / 184
   （一）当事人有接受询问的义务 / 184
   （二）当事人应当签署保证书 / 188
   （三）当事人的"禁反言"义务 / 190

三、当事人陈述的采信规则 / 193
   （一）当事人陈述具有辅助性 / 193
   （二）缺乏当事人陈述时的应对 / 195
   （三）专家辅助人意见视为当事人陈述 / 196

第五讲　书证 / 199

一、书证应当提供原件 / 201
   （一）审查书证是否为原件 / 201
   （二）审查书证来源的真实性 / 205

二、书证提出命令 / 210
   （一）"书证提出命令"需依当事人申请 / 211
   （二）"书证提出命令"的客体范围 / 215
   （三）不遵守"书证提出命令"的后果 / 217

三、复印件的效力 / 219

（一）当事人可以提供复印件 / 220

（二）复印件的效力认定 / 222

第六讲　物证和勘验笔录 / 226

一、对物证特殊性的把握 / 227

（一）物证的分类 / 227

（二）物证的特殊性 / 229

二、物证的采信规则 / 234

（一）物证应当提交原物 / 234

（二）动产和不动产的提交规则 / 236

三、勘验笔录 / 239

（一）关于勘验的启动 / 241

（二）关于勘验的程序 / 244

（三）关于勘验笔录 / 246

第七讲　视听资料 / 249

一、视听资料具有特殊性 / 250

（一）提供原始载体为原则 / 250

（二）视听资料可以作为认定事实的依据 / 254

（三）视听资料与书证 / 256

二、偷拍、偷录视听资料的认定 / 257

（一）"偷拍"的法律规制 / 257

（二）民事诉讼非法证据排除 / 259

第八讲　电子数据 / 268

一、电子数据的审查 / 270

（一）电子数据的特性 / 270

（二）电子数据举证要求 / 271

二、微信证据 / 280
　　（一）微信证据的形式 / 281
　　（二）微信证据认定的难点 / 283
　　（三）微信证据的具体审核 / 288

第九讲　证人证言 / 292

一、证人资格 / 292
　　（一）知道案件情况 / 292
　　（二）能够正确表达意思 / 294

二、证人出庭作证 / 297
　　（一）证人的提出 / 297
　　（二）证人作证方式 / 299
　　（三）证人作证费用 / 303

三、证人具结 / 305
　　（一）具结是法定义务 / 306
　　（二）具结的方式 / 306

四、证人作证要求 / 308
　　（一）证人应当以言辞方式陈述证言 / 309
　　（二）证人应当连续陈述 / 311
　　（三）询问证人 / 313
　　（四）证人证言的认定 / 316

第十讲　鉴定意见 / 318

一、司法鉴定的启动 / 324
　　（一）当事人申请鉴定 / 326
　　（二）法院依职权启动鉴定 / 330

二、鉴定材料的审查 / 333
　　（一）鉴定材料的范围 / 333

（二）证据交换 / 334

三、重新鉴定的问题 / 335

　　（一）严格启动重新鉴定 / 336

　　（二）重新鉴定的特殊情形 / 340

四、鉴定的实施 / 341

　　（一）鉴定人的确定 / 341

　　（二）确定鉴定人的方法 / 342

　　（三）协商选择程序 / 343

　　（四）鉴定人的权利和义务 / 345

五、鉴定的流程 / 346

　　（一）司法鉴定的审查受理 / 346

　　（二）鉴定的实施 / 349

　　（三）鉴定的终止 / 352

　　（四）补充鉴定 / 353

　　（五）重新鉴定 / 353

　　（六）鉴定意见书的出具 / 354

六、鉴定意见的认定 / 355

　　（一）鉴定意见的有关要求 / 355

　　（二）鉴定意见的审查 / 359

　　（三）鉴定人出庭 / 359

七、专家辅助人制度 / 365

　　（一）专家辅助人制度的作用 / 367

　　（二）专家辅助人的资格认定 / 368

　　（三）专家辅助人出庭程序 / 369

八、鉴定意见冲突时的处理 / 370

　　（一）鉴定意见冲突的多元原因 / 370

　　（二）鉴定意见冲突时的解决路径 / 372

第一讲　证据及其"三性"的理解

如果原告伪造了一份施工合同，起诉至法院要求被告按照合同约定支付工程款，此时，该份合同是否属于证据？一定会有人脱口而出，既然是伪造的施工合同，那么肯定不是证据！但根据法律规定，事实真的是这样吗？"口说无凭""白纸黑字""铁证如山"，从传统文化中可以看出，中国人历来是高度重视书证、物证等证据的。经常会听到"打官司就是打证据""谁主张，谁举证"等说法，即使不是法律人，也熟悉以上说法，这说明公众的证据意识较高，证据素养也较高。

司法实践中，原告起诉至法院时，除应当提出明确的诉讼请求，阐述事实和理由外，还应当提供相应的证据证明自己的主张；被告参加诉讼进行抗辩时，对于自己的反驳理由和主张的事实，也应当提供相应证据予以证明。因此，证据对于当事人参加诉讼而言是前提和必要条件。

一、证据是案件审理的基础

东汉许慎在《说文解字》中对法的古体字"灋"的解释是："刑也，平之如水，从水；廌，所以触不直者去之，从去。""灋"这个字由氵、廌、去三个部分组成，其中的廌是传说中的独角兽，现在某些机关单位里可以看到类似的塑像或者图案，当然这些塑像或者图案只是想象出来的。

谁有罪，鹰就会用独角去顶谁，司法官根据鹰的判断来认定嫌疑人是否有罪。另外，甲骨卜辞中有这样的记载："贞：王闻惟辟？""贞：王闻不惟辟？"当时是否要对罪犯进行刑罚处罚，需要通过占卜的方式请示神的旨意。《周礼》中还记载："有狱讼者，则使盟诅。"当时打官司的人需要通过宣誓来证明自己陈述的真实性。以上就是我国古代的神示证据制度的缩影，感兴趣的读者，不妨重温一下中国法制史。

从当代证据制度的立法情况而言，我国还没有统一的证据法典。证据规则的内容散见于《民事诉讼法》[①]、《刑事诉讼法》、《行政诉讼法》（以下简称三大诉讼法）和《民法典》《刑法》等相关实体法律，以及最高人民法院、最高人民检察院颁布的司法解释。三大诉讼法中的相关内容构成了我国证据制度的"主车道"，相关司法解释则形成了"辅车道"，他们共同引导诉讼参与人向着公平正义的目标进发。

从民事诉讼角度来说，证据规则主要有以下法律渊源：《民法典》、《民事诉讼法》、《最高人民法院关于适用〈中华人民共和国民事诉讼法〉的解释》（以下简称《民事诉讼司法解释》）、《最高人民法院关于民事诉讼证据的若干规定》（以下简称《民事诉讼证据规定》）等，特别是2019年修改完善的《民事诉讼证据规定》以及2021年公布的《人民法院在线诉讼规则》，对原有的证据规定进行了重大修改，新增了大量条文来回应在线诉讼等新形势。上述规定近年来修订频次较高，这意味着公众对司法的新期待不断增多，也预示着我国证据制度的发展迈入了新阶段，因此，我国证据制度需要不断去改革和完善，当然，这更要求法律实务工作者，必须始终保持学习的热情、钻研的韧性，不断提升适用证据规则的能力和水平。

（一）当事人的举证责任

民事诉讼中，法官审理案件主要包括两项工作：一是正确认定事实；

[①] 为便于阅读，本书中的法律法规均使用简称。——编者注

二是准确适用法律。准确适用法律以事实认定正确为前提。证据审查是基础，事实认定是目的，法官运用证据认定法律事实是重要的司法过程，是进行裁判的起点和基础。事实认定过程是基于证据对既往事实进行构建的过程，只有两个或多个证据间建立正向连接并相互支撑，才能寻找客观真相，孤证不能证明事实。因此，正确认定事实建立在确实充分的证据基础之上。简言之，证据既是当事人主张权利的依据，又是法官审理案件的基础。

证据是司法正义的基石。确实，民事诉讼最重要的是证据，无论是从当事人角度来看，还是从法官角度来看。《民事诉讼法》第67条第1款规定，当事人对自己提出的主张，有责任提供证据。该条款系我国法律中有关举证责任的规定。《民事诉讼司法解释》第90条重申，当事人对自己提出的诉讼请求所依据的事实或者反驳对方诉讼请求所依据的事实，应当提供证据加以证明，但法律另有规定的除外。在作出判决前，当事人未能提供证据或者证据不足以证明其事实主张的，由负有举证证明责任的当事人承担不利的后果。同时，《民事诉讼司法解释》第91条明确规定，人民法院应当依照下列原则确定举证证明责任的承担，但法律另有规定的除外：（1）主张法律关系存在的当事人，应当对产生该法律关系的基本事实承担举证证明责任；（2）主张法律关系变更、消灭或者权利受到妨害的当事人，应当对该法律关系变更、消灭或者权利受到妨害的基本事实承担举证证明责任。

> **裁判规则**
>
> 原告对自己提出的诉讼请求所依据的事实，被告对自己答辩或反诉所依据的事实，第三人对自己提出的请求所依据的事实等，都应当提供证据。当事人各自提出不同主张的，应当各自提供证据加以证明。

司法实践中，在驳回当事人诉讼请求的判决书中，法官经常会引用《民事诉讼司法解释》第90条第1款的规定："当事人对自己提出的诉讼请求所依据的事实或者反驳对方诉讼请求所依据的事实，应当提供证据加以证明，但法律另有规定的除外。"证据既是认定案件事实的基础，也是法官准确适用法律的前提，更是实现司法公正的前提。"以事实为根据，以法律为准绳"是我国司法工作的一项基本原则。民事诉讼中向人民法院提供证据，既是当事人的权利，也是当事人的义务。

典型案例 1

贵州省仁怀市茅台镇某酒厂、汪某与贵州某股份有限公司、湘阴县某商店等侵害商标权纠纷案①

 案情简介

再审申请人贵州省仁怀市茅台镇某酒厂（以下简称某酒厂）、汪某因与被申请人贵州某股份有限公司（以下简称某股份公司）、湘阴县某商店、四川省某造酒厂、先某侵害商标权纠纷一案，不服湖南省高级人民法院作出的（2023）湘知民终 96 号民事判决，申请再审称：一审、二审判决在没有查清被诉侵权商品的生产时间和来源，没有任何证据的情况下，认定某酒厂实施了被诉侵权商品的生产销售行为，这明显缺乏证据证明。某股份公司的诉讼请求缺乏事实依据，法院依法应当驳回某股份公司对某酒厂的诉讼请求。

裁判要旨

根据当事人的再审主张，再审审查阶段的争议焦点问题是：二审判决认定某酒厂为被诉侵权商品生产者是否具备事实与法律依据。《民事诉讼

---

① 参见最高人民法院（2024）最高法民申 36 号民事裁定书。

法》第 67 条第 1 款规定，当事人对自己提出的主张，有责任提供证据。《民事诉讼司法解释》第 91 条同时规定，主张法律关系存在的当事人，应当对产生该法律关系的基本事实承担举证证明责任。主张法律关系变更、消灭或者权利受到妨害的当事人，应当对该法律关系变更、消灭或者权利受到妨害的基本事实承担举证证明责任。根据前述法律及司法解释的规定，侵害注册商标专用权案件中，原告对被告实施被诉侵权行为的基本事实负有举证责任，即原告需举证证明被诉侵权商品由被告生产。因此，如果原告通过合法方式获得的被诉侵权商品上载明了被告的企业名称、注册商标或其他可用于识别商品来源的商业标识，被告也具有相应的生产能力或经营资质，即可以合理地推定被告为被诉侵权商品的生产者。如果被告以企业名称或其他信息被冒用或擅自使用为由，否定其为被诉侵权商品的实际生产者，根据《民事诉讼司法解释》第 91 条第 2 项的规定，被告应对该主张承担相应的举证责任，即提供相反证据证明被诉侵权商品的实际制造者并非被告，否则应当承担不利的法律后果。具体到该案而言，根据一审、二审法院查明的事实，某股份公司提交的经公证购买的被诉侵权商品外包装上标注了某酒厂的名称、QS 码，一审、二审法院综合该案情况认定某酒厂为被诉侵权商品生产者并无不当。

（二）司法实践中对"证据"的把握

何为证据？从语言学上讲，"证"依《说文解字》解释为"證，告也"，其现代基本词义是"凭据"，即帮助断定事理的东西；《说文解字》对"据"的解释是"據，杖持也"，"据"的现代基本含义为"可以用作证明的事物"。[1]

在我国的证据法学理论中，证据的概念一直存在较大争议，根据主流学说，主要有以下几种观点：

---

[1] 参见潘金贵主编：《证据法学》，法律出版社 2022 年版，第 67 页。

一是事实说，该说认为证据属于事实。按照该观点，章首举例中原告要求以伪造合同认定原告之施工事实，这显然远离了客观事实，过于草率，也违背了三大诉讼法中关于取证、举证、质证、认证等程序规则的设置初衷。

二是材料说，该说认为证据属于用以证明案件事实的材料。比如《刑事诉讼法》第50条第1款规定，可以用于证明案件事实的材料，都是证据。该立法修正了证据即为事实的逻辑和实践问题，但是该条第3款同时又强调，证据必须经过查证属实，才能作为定案的根据。因此，"证据"是否可以完全表达"根据"的内涵，又引发了新的讨论。

三是"根据说"，该说认为证据是证明案件事实的根据。这个"根据"无论是真的，还是是假的，抑或半真半假的，都是证据；这个"根据"无论是否被法庭采信，都是证据。至于这个"根据"的具体存在形式，包括有关法律中列举的物证，书证，证人证言，当事人的陈述，勘验、检查、辨认、侦查实验等的笔录，鉴定意见，视听资料，电子数据等。[①] 学理上还有原因说、结果说等若干观点，在此不再赘述。

笔者赞同何家弘教授的"根据说"。按照"根据说"的说法，章首举例中原告提交的施工合同，属于《民事诉讼法》中的证据，即使该施工合同由原告伪造而成。根据《民事诉讼法》第66条第2款的规定，证据必须查证属实，才能作为认定事实的根据。因此，原告提供的证据还应当在法庭上出示，经当事人互相质证，并经法官调查分析、查证属实后，才能作为认定案件事实的根据。未经查证属实的证据，不得作为认定事实的根据。所以，章首的举例中，原告提供的施工合同，经被告质证、法官查证，是不属实的，并不能作为认定该案事实的根据，但该合同仍然为民事诉讼中的证据。

[①] 参见何家弘、刘品新：《证据法学》（第7版），法律出版社2022年版，第121页。

典型案例 2

江苏某某制漆有限公司与广东某某涂料有限公司、吴某某仿冒纠纷案[①]

案情简介

江苏某某制漆有限公司向江苏省苏州市中级人民法院起诉称：该公司主要商品"某某"牌涂料获得了江苏省著名商标、名牌产品等众多荣誉，是知名产品；其为"某某"商品精心设计了"滑雪人物版面"的包装装潢，并从1992年使用至今，"滑雪人物版面"成为知名商品特有的包装、装潢。广东某某涂料有限公司曾因侵犯商标权纠纷在黑龙江省哈尔滨市对江苏某某制漆有限公司提起过诉讼，案件经二审终审结案。从该案证据中，江苏某某制漆有限公司发现广东某某涂料有限公司在产品上使用了"滑雪人物版面"，认为广东某某涂料有限公司的行为构成不正当竞争，并因此获得了巨额利润。吴某某销售广东某某涂料有限公司的侵权产品，也构成侵权。

裁判要旨

判断一份证据是不是伪造的，应该充分考虑是否难以获得直接证据，案件发生的背景和可以核实的相关事实，依法公平、合理地确定证明标准，全面、客观地审核证据，结合全案的证据进行综合判断。对于故意伪造并提交证据的妨害民事诉讼的行为，应当依法给予制裁。

---

① 人民法院案例库入库编号：2023-09-2-173-022。

此时，又引出了以下两组让人容易混淆的"法律术语"：

一是定案根据。我国三大诉讼法均规定，证据必须查证属实，才能作为认定事实的根据。因此，并非所有的证据都能成为定案根据，只有经查证属实的证据才能成为定案根据。因此，定案根据肯定都是证据，是法官通过法定程序，审查了证据的"真实性、关联性、合法性"之后，采纳的证据。从"证据"到"定案根据"，有一个对证据的审查判断过程，并且该审查判断过程应符合法定程序。此处，可以假设一个"证据漏斗"模型，民事诉讼当事人提交的证据材料，均系为了佐证其主张的事实，这些证据材料在进入漏斗之前，均只是当事人提交的证据；在进入漏斗之后，经当事人质证、法院审核等法定程序予以过滤筛选，余下证据最终成为认定该案事实的根据。

二是客观事实与案件事实。客观事实是指哲学意义上的事实，即在特定时空条件下发生的某一事件，可以称为"已然事实"。案件事实则是法学意义上的事实，是指事实认定者依据在案证据认定的事实，可以称为"法律事实"。[①] 因此，客观事实是客观上已经发生的事实，案件事实则是通过证据认定的事实。囿于证据链的完整性、当事人的举证能力、法官的证据素养以及举证规则，法官根据证据认定的案件事实，可能与客观事实一致，亦可能与客观事实存在偏差。所以，后续还会讲到证明责任的问题，当事人的客观事实需要证据支撑，法官作为客观事实的"局外人"，非"亲历者"，只能根据证据认定案件事实，当然最理想的状态是两者一致。

二、对证据"三性"的理解

证据属性理论是证据基本理论中的核心理论，是证据法学研究的起点，把握证据属性理论才能更好地理解、使用诉讼证据，以发现事实，定

[①] 参见潘金贵主编：《证据法学》，法律出版社2022年版，第74页。

分止争。关于证据的属性，学界一度观点纷呈、百家争鸣，并最终形成了目前有关"真实性、关联性、合法性"的"证据三性"主流观点。《民事诉讼司法解释》第104条规定，人民法院应当组织当事人围绕证据的真实性、合法性以及与待证事实的关联性进行质证，并针对证据有无证明力和证明力大小进行说明和辩论。能够反映案件真实情况、与待证事实相关联、来源和形式符合法律规定的证据，应当作为认定案件事实的根据。

> **裁判规则**
>
> 真实性、关联性、合法性是证据的属性和特征，是证据作为认定案件事实根据的基础，也是对证据的质证中首先要解决的问题。

若要确认当事人提供的证据材料在符合证据属性的前提下，能否真正发挥对待证事实的证明作用，则法官需要对证据的证明力进行判断。民事诉讼中，尤其是庭审过程中，法官一般会要求当事人围绕着证据"三性"进行举证，也会要求对方当事人围绕着证据"三性"进行质证。因此，只有解决了"三性"问题，后续才能准确认定案件事实，继而正确适用法律规定。

> **法官提示**
>
> 诉讼中对证据的审查判断，主要是以证据应当具备的属性为基础展开的，当事人或者代理人提交证据也应当就该"三性"问题进行充分阐述和论证。

典型案例3

北京立某润海控股有限公司与双鸭山市
某区人民政府财政局保证合同纠纷案[①]

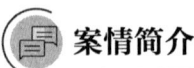 **案情简介**

隋某伟与北京立某润海控股有限公司（以下简称立某润海公司）签订1号借款合同，向立某润海公司借款2000万元，并委托案外人收款。双鸭山市某区人民政府财政局（以下简称某区财政局）《会议纪要》记载：同意为隋某伟及其公司借款提供担保。后某区财政局出具《担保函》，为2号借款合同项下隋某伟向立某润海公司的借款提供担保。立某润海公司称其与隋某伟签订的1号借款合同为《担保函》所担保的借款合同，《担保函》所担保的借款合同的编号与实际借款合同的编号不一致，这系由工作失误所致。某区财政局认为2号借款合同与1号借款合同不是同一份合同，其是在没有借款合同的情况下写了《担保函》，并不确定是否存在2号借款合同及项下借款是否真实发生，故不承担相应担保责任。

某区财政局申请再审称：（1）该案立某润海公司出具的《借款合同》编号为（2012）业务字第0186-1号，与某区财政局出具的《担保函》没有关联性。（2）某区财政局属于国家行政机关，为隋某伟借款提供担保而出具的《担保函》系无效保证。

北京市第三中级人民法院于2019年10月17日作出（2019）京03民初234号民事判决，驳回原告立某润海公司的诉讼请求。宣判后，立某润海公司提出上诉。北京市高级人民法院于2021年1月22日作出（2020）

---

① 人民法院案例库入库编号：2023-08-2-104-011。

京民终402号民事判决：撤销一审判决；某区财政局对隋某伟所欠立某润海公司的借款本金2000万元、借款利息2280万元及逾期利息不能清偿部分的1/2承担赔偿责任，承担赔偿责任后有权向隋某伟追偿；驳回立某润海公司的其他诉请。宣判后，某区财政局申请再审。最高人民法院于2021年9月30日作出（2021）最高法民申5937号民事裁定，驳回某区财政局的再审申请。

 裁判要旨

根据《民事诉讼司法解释》第108条的规定，对于证明案件事实的证据，需达到确信待证事实的存在具有高度可能性之标准。在双方当事人对同一事实分别举出相反的证据，但都没有足够的依据否定对方证据的情况下，人民法院应根据证据的"三性"，即证据的真实性、关联性和其来源的合法性，判断证据证明力大小。通过综合审核认定证据与案件事实之间的关联程度、证据之间的相互关系等，确保用以认定案件事实的证据之间能够相互衔接、印证。

（一）真实性

在法庭调查阶段，尤其是举证质证环节，法官往往询问："被告对原告提交的证据的真实性有没有意见？"被告或者有经验的代理人往往回答：对证据的真实性没有意见，但是对证据的关联性、合法性有意见。证据的真实性是指证据的形式与所表现的内容是客观存在的而不是虚假的，即证据应当具有客观存在的属性，证据必须是伴随着案件的发生、发展的过程遗留下来的，不以人们的主观意志为转移而存在的事实。也就是说，证据必须客观真实，不能是诉讼参与人的主观臆断或者想象。

民事诉讼中，法庭调查的重心、法官关注的重点，首先应当是证据是否客观真实。案件的难点也多在于此，因为证据真实性的判断本质上就是待证事实能否成立的判断，多数争议案件聚焦于此。真实性存疑或者证伪，则后续也没有必要审查证据的关联性、合法性。以往的法学教材或者主流观点，往往将真实性表述为"客观性"。

证据的真实性，包括形式真实和内容真实两个方面，要求在具体的案件办理过程中，应当把握以下两点：

1. 证据的形式真实

证据的表现形式必须是客观存在的，证据的载体或者证据本身必须是真实的，非篡改、伪造、编造而来的。此时，并不考虑证据是否能够反映出案件的真实客观情况。法官在审查判断证据的时候，必须首先审查证据的形式真实。民事诉讼中允许当事人提交复印件、复制品，但是法官应当查验该复印件、复制品是否与原件、原物相符。《民事诉讼证据规定》第87条规定，审判人员对单一证据可以从五个方面进行审核认定，其中第1项就是证据是否为原件、原物，复制件、复制品与原件、原物是否相符。司法实践中，当事人提交复印件、复制品的情况比较常见，但在诉讼过程中其应当准备好原件备查，法官应按照规定进行查验。《民事诉讼证据规定》第90条第5项明确规定无法与原件、原物核对的复制件、复制品不能单独作为认定案件事实的根据。

典型案例4

王某宇与芜湖才美文化传媒有限公司合同纠纷案[①]

 **案情简介**

再审申请人王某宇因与被申请人芜湖才美文化传媒有限公司（以下简称芜湖才美公司）合同纠纷一案，认为安徽省高级人民法院作出的

---

① 参见最高人民法院（2021）最高法民申5036号民事裁定书。

(2020)皖民终5号民事判决存在《民事诉讼法》第207条第2项、第6项规定的情形，向最高人民法院申请再审称，该案的基础法律关系为劳动合同关系。自频道525实名变更至霍尔果斯中娱娱乐传媒有限公司（以下简称霍尔果斯中娱公司）后，王某宇与芜湖才美公司协商变更频道525的合作方式，与霍尔果斯中娱公司签订劳动合同并实际履行。王某宇与芜湖才美公司签订的《合作协议》已自行终止。即便王某宇履行的是合作协议，该协议实质属于劳动合同。

裁判要旨

《民事诉讼证据规定》第87条第1项规定，审判人员对单一证据可以从证据是否为原件、原物，复制件、复制品与原件、原物是否相符进行审核认定。该规定第90条第5项规定，无法与原件、原物核对的复制件、复制品，不能单独作为认定案件事实的根据。王某宇向原审法院提交的劳动合同为手机拍出的图片的打印件，法院无法核对该图片打印件与原件是否相符，且芜湖才美公司始终否认该劳动合同的真实性。因此，该图片打印件不足以证明劳动合同真实存在。王某宇使用的频道525由第三方平台提供，收入主要来源于频道525的运营活动，芜湖才美公司按照约定比例与王某宇分配收益，这体现了芜湖才美公司与王某宇之间存在收益共享和风险共担的合作关系。王某宇主张该案的基础法律关系为劳动合同关系，缺乏事实根据和法律依据。

同时，形式真实意味着证据必须以能够被感知的方式存在，如书证、物证等。证人对整个案件事实的场景再现形式，如果只是停留在脑海中的回忆，则无法成为证据，证据只有以证人证言的形式进入诉讼程序，才能发挥效用。需要注意的是，形式上的真实性，并不要求该证据应当具备反映案件真实情况的功能。比如在机动车交通事故责任纠纷案件中，证人作证："我看到肇事车辆在斑马线上撞到行人了，我觉得驾驶员应该是喝酒了。"此证人证言取证程序合法，形式真实，但驾驶员喝酒仅为证人的主观判断，有关事实还需结合其他证据判断。这和《民事诉讼证据规定》第 72 条第 1 款的规定契合，即证人应当客观陈述其亲身感知的事实，作证时不得使用猜测、推断或者评论性语言。实际上，该条款也反映了在证据的真实性方面，要注意区分形式真实和内容真实。

2. 证据的内容真实

证据上的内容或者信息，可以反映客观事物或者客观情况即案件事实。《民事诉讼证据规定》第 85 条第 1 款规定，人民法院应当以证据能够证明的案件事实为根据依法作出裁判。第 87 条规定，审判人员对单一证据可以从五个方面进行审核认定，其中第 4 项就是证据的内容是否真实。该两项规定，即为证据裁判主义在我国的体现。证据裁判主义要求法官的裁判，必须以证据为依据，而非其他标准。

司法证明的基本任务就是认定案件事实。以法律关系相对简单，但案件事实往往以扑朔迷离的民间借贷案件为例，原告起诉要求被告归还欠款，并拿出一份被告署名的欠条，但被告主张其已经归还欠款，只是没有把欠条拿回去。从形式上看，对于欠条的真实性双方均无异议，但欠条的内容就一定能够反映出被告尚有欠款未归还的事实吗？欠条的内容最多可以反映出被告曾经在某年某月某日向原告出具了一份欠条。至于欠条上载明的事实能否得到认定，双方的主张能否成立，均需要双方通过进一步举证予以证明。所以说，形式上的真实，只是法官审查证据的第一步，内容上的真实即案件事实，还需要根据其他证据并结合证据规则予以认定。即使是金融借款纠纷，也不能仅凭金融借款合同或者银行流水，就认定被告尚欠付银行款项的事实。

典型案例5

大连长兴岛经济技术开发区某村民委员会、刘某与曲某、王某等提供劳务者受害责任纠纷案[①]

案情简介

再审申请人大连长兴岛经济技术开发区某村民委员会（以下简称村委会）、刘某因与被申请人曲某、王某等提供劳务者受害责任纠纷一案，不服大连市中级人民法院作出的（2023）辽02民终4957号民事判决，向辽宁省高级人民法院申请再审。刘某申请再审称，其系联系人、中间人，促成村委会与曲某达成提供劳务合意，其既未与村委会成立承揽合同关系，也未与曲某成立劳务关系，原审判决认定基本事实缺乏证据证明。原审判令刘某承担责任依据的唯一证据是村委会工作人员与刘某的通话记录和转账记录，依据该证据裁判明显错误。村委会工作人员提供的录音被二审错误解读，这导致认定事实错误。

裁判要旨

《民事诉讼证据规定》第85条规定，"人民法院应当以证据能够证明的案件事实为根据依法作出裁判。审判人员应当依照法定程序，全面、客观地审核证据，依据法律的规定，遵循法官职业道德，运用逻辑推理和日常生活经验，对证据有无证明力和证明力大小独立进行判断，并公开判断的理由和结果"。该案中，原审综合分析全案证据，认定村委会将购买的生猪委托刘某进行屠宰，刘某在自家场所使用个人屠宰工具完成该项工

---

① 参见辽宁省高级人民法院（2023）辽民申8782号民事裁定书。

作，向村委会交付了工作成果，村委会向刘某支付了加工费用。上述认定符合认定证据的基本原则，认定事实并无不当。基于上述事实，原审判决认定村委会与刘某形成事实承揽关系，亦无不当。同时，原审根据该案证据认定刘某请曲某帮忙屠宰生猪并约定了报酬，据此认定刘某与曲某形成劳务关系，亦无不当。刘某提交的证据不足以证明其关于其为中间人、介绍人的主张。

> **法官提示**
>
> 需要说明的是，强调真实性不等于否认证据收集与审查过程中的主观介入，而是要强调以客观实际作为证据审查判断的出发点和归宿点，尽量避免主观随意性。

在此需要指出的是，所有证据都是人的主观认识与客观事物相结合的产物。严格来说，任何形式的证据中都包括人的主观因素，如证人证言、鉴定意见中既有案件事实、鉴定对象的客观描述，也包含着证人、鉴定人对客观事实的主观认识。因此，证据的真实性，对法官提出了较高的证据素养要求，《民事诉讼证据规定》第85条第2款规定，审判人员应当依照法定程序，全面、客观地审核证据，依据法律的规定，遵循法官职业道德，运用逻辑推理和日常生活经验，对证据有无证明力和证明力大小独立进行判断，并公开判断的理由和结果。同时，在审查判断证据的时候，尤其要善于甄别虚假证据，不能将诉讼参与人的主观判断、推测、猜想等作为认定事实的根据。

> **裁判规则**
>
> 证据的真实性，要求当事人在提交证据的时候，必须实事求是，如实提供证据或者如实陈述。当事人如果伪造证据、虚假陈述等，将承担相应法律责任，甚至承担刑事责任。

典型案例6

周某某虚假诉讼案①

 **案情简介**

2017年至2020年，被告人周某某在经营被告单位山东某达公司、山东某能源公司期间，捏造不存在的业务关系或借贷关系，向人民法院提起民事诉讼。

2017年10月18日，青岛某石油化工有限公司与被告单位山东某能源公司串通，捏造"青岛某石油化工有限公司向山东某能源公司转账2645.79024万元购买汽油，但山东某能源公司收款后未发货，退回货款815万元后其余货款未退回"的虚假事实，青岛某石油化工有限公司向山东省博兴县人民法院提起民事诉讼；2017年11月29日，山东省博兴县人民法院作出民事判决，认为青岛某石油化工有限公司与山东某能源公司妨害了司法秩序。

2018年7月6日，为查封被告单位山东某达公司持有的山东某商业银行10151461股股金或公司账户资产，被告人周某某安排他人捏造"大连某石油化工有限公司向山东某达公司转账766万元购买车用汽油，但山东某达公司收款后未发货"的虚假事实，大连某石油化工有限公司向博兴县人民法院提起民事诉讼；2018年9月4日，山东省博兴县人民法院作出民事判决，认为周某某妨害了司法秩序。

2020年6月1日，大连某石油化工有限公司和被告单位山东某能源公司串通，捏造"大连某石油化工有限公司向山东某能源公司出售175.31662万元车用汽油，但发货后山东某能源公司未付款"的虚假事

---

① 人民法院案例库入库编号：2024-03-1-293-001。

实,大连某石油化工有限公司向山东省博兴县人民法院提起民事诉讼;2020年8月25日,山东省博兴县人民法院作出民事判决,认为大连某石油化工有限公司和山东某能源公司妨害了司法秩序。

山东省博兴县人民法院于2023年4月21日作出(2022)鲁1625刑初105号刑事判决:被告人周某某犯虚假诉讼罪,判处有期徒刑3年,并处罚金人民币20万元。宣判后,被告人周某某提出上诉。山东省滨州市中级人民法院于2023年8月10日作出(2023)鲁16刑终77号刑事判决,维持对周某某虚假诉讼罪的定罪处刑。

裁判要旨

对于虚假诉讼罪的捏造事实应当坚持实质性判断,不能进行形式化、简单化认定。"事实"是指据以提起民事诉讼,对启动民事诉讼具有决定性作用的事实;"捏造"是指无中生有、凭空虚构特定事实的行为。

(二) 关联性

在证据被认定为"真实"的前提下,即进入证据是否具有关联性的审查阶段。证据的关联性也称证据的相关性,是指证据必须与案件事实或者其他待证事实具有一定的联系。当然,并非所有与案件事实存在联系的材料都可以成为证据,只有对证明当事人主张或者待证事实既有实质性意义又有证明力的材料,才是真正具有关联性的证据。证据的关联性是证据法学中的基本概念,关联性在证据法学中属于最无争议的问题,无论是从证据属性的角度进行讨论,还是从审查证据的角度进行说明,一般同意证据应该具有关联性,关联性是证据能否得以采纳的主要争点之一。

从哲学上说,事物之间的联系是普遍存在的,如著名的"蝴蝶效应"理论。但是,关联性作为证据的属性,不能以哲学方面的事物具有普遍联系的观点来解释。这种普遍存在的关联性过于宽泛,无法作为民事诉讼中采纳证据的标准,否则,关联性就不能称为证据的属性,而应当称为世界万物的特性。证据的关联性，指的是证据与待证事实的关联性，当事人提供证据就是为了证明自己主张的事实即案件待证事实。

> **裁判规则**
>
> 证据应当与待证事实具有关联性，在诉讼双方提交法庭的各种证据中，与案件事实具有关联性的证据可以采纳，不具有关联性的证据不得采纳。

证据对案件中的待证事实具有证明作用的基础就在于证据的内容与待证事实之间存在某种关联，如因果关系、伴生关系、链接关系、时间联系、空间联系、逻辑联系等。对不同的证据来说，这些关联的性质和形式有所不同，包括直接关系和间接关系，必然联系和或然联系或偶然联系等。关联的性质和形式不同，证据对案件事实的证明力就有所不同。一般来说，作为采纳证据标准的关联性并不考察这些性质和形式的差异，并不考虑证据对案件事实证明力的大小，而只考察证据与案件事实有无关联，证据对案件事实有无实质性证明作用。[①] 以上种种，在撰写文字时可以头头是道，但当理论的探讨或者争论犹在进行时，社会生活或者司法实践已经把"关联性"的认定又推向了一个"尴尬"境地。我们可以从一个曾经引起社会各界广泛关注的案子来看，如"南京彭宇案"，该案之所以饱受争议，主要是因为它涉及社会公德、道德伦理、法律责任等多个方面的问题，引发了广泛的社会争议以及"扶不扶""救不救"的热烈讨论。类似案件中，如果仅仅基于被告人进行了救助、垫付了医疗费等，就认定被告人为侵权人，这种认定确实过于简单。从案件证据角度，被告人垫付的医疗费发票等与被告人是否实施了侵权行为之间的关联性甚微。

[①] 参见何家弘、马丽莎：《证据"属性"的学理重述——兼与张保生教授商榷》，载《清华法学》2020年第4期。

> **裁判规则**
>
> 从司法证明的角度来看，关联性标准要求每一个具体的证据必须对证明案件事实具有实质性意义。

对证据关联性的检验，可以从证据与待证事实之间的实质关系和证据的证明价值两个方面进行，我们可以用如下公式表达：证据的关联性＝证据的实质性＋证据的证明性。

典型案例 7

张某伟与泗阳某污水处理有限公司、泗阳某环保有限公司等七家公司环境污染责任纠纷案[①]

 **案情简介**

2012 年 7 月，泗阳某污水处理有限公司（以下简称污水处理公司）正式运行，接纳开发区境内企业污水并对其进行处理，尾水排入葛东河。2013 年 5 月，污水处理公司的污水处理项目以特许经营的方式交给泗阳某环保有限公司（以下简称环保公司）经营管理。环保公司的一期排污口设置于葛东河。2017 年起，张某伟在江苏省淮安市淮阴区六塘河董渡渡口段经营网箱养鱼，但未取得该河段的养殖许可。环保公司的排污口距张某伟养鱼地点约 20 公里，淮泗河入六塘河口距离张某伟养鱼地点约 3、4 公里。2019 年 9 月 10 日上午 4 时左右，张某伟发现六塘河内鱼虾等生物大量死亡，并与区环保局工作人员沿六塘河向上游寻找污染源，最终在环保公司附近找到排污口。

---

① 人民法院案例库入库编号：2024-11-2-377-004。

2019年9月12日，泗阳县环境监测站出具了六塘河水污染调查监测统计报告。2019年9月25日，淮阴区环境保护局出具了关于肖某林反映泗阳某污水处理厂污水导致鱼死亡信访事项办理情况的汇报。2019年11月5日，江苏省水产协会出具了淮阴区徐溜镇六塘河内网箱养殖鱼类死亡原因总体分析，认为：2019年9月10日前后鱼的死亡，应该是由六塘河水体受到污染，在短时间内发生了剧烈的水质变化，河道水体溶氧严重不足，鱼类严重缺氧所致。相关排污数据显示，环保公司在2019年9月8日至10日中COD的排放浓度均未超过30mg/L。

江苏省灌南县人民法院于2022年6月28日作出（2020）苏0724民初1734号民事判决：判令环保公司赔偿张某伟损失合计204480元，并驳回张某伟的其他诉讼请求。宣判后，张某伟、环保公司均不服，提起上诉。江苏省南京市中级人民法院于2023年11月13日作出（2023）苏01民终4521号民事判决：撤销一审判决，驳回张某伟全部诉讼请求。

裁判要旨

生态环境侵权中，被侵权人是否承担关联性举证证明责任，应当综合侵权人的过错及其程度、污染物的性质、时间空间距离、损害后果的严重程度等多个因素判断。在侵权人系合法排污的情况下，被侵权人仅能提交相关报告说明其养殖鱼死亡系由缺氧所致，而水体缺氧可能存在多种原因，在人民法院已查明损害发生前后一段时期内上游排污口附近水体污染物浓度显著低于下游损害发生地水体污染物浓度的情况下，尚不足以达到关联性证明标准，不能形成侵权人污染水流造成被侵权人养殖鱼缺氧死亡的因果关系推定。被侵权人明知上游存在企业排污，却仍然在下游养殖鱼而造成损害后果的，应当认定被侵权人对损害具有重大过错。侵权人合法排污的，不应就被侵权人的损失承担侵权责任。

1. 实质性

实质性表述的是证明对象与案件争点之间的关系，如果当事人提供的证据与该案争议问题或者待证事实无关，则该证据对于该案而言不具有实质性。简言之，实质性是指证据将要证明的对象属于依法需要运用证据加以证明的待证事项。证据如果并非指向该案的争点问题，那么在该案中就不具有实质性。例如，在实际施工人向业主单位主张工程款的案件中，实际施工人提供证据证明其与隔壁邻居存在相邻关系纠纷，要求一并解决。该可能存在相邻纠纷的证据在该案工程款案件中就不具有实质性，当然，在其与隔壁邻居相邻关系纠纷中具有实质性。

判断证据的实质性，主要应结合案件争点并考察当事人的举证目的。民事诉讼中，证据应当限制在有关争议问题的范围内。诉讼一方可以证实所有与争议事实有关的情况，而不能去证实与争议事实无关的情况。一般认为，这种有关情况不仅包括主要争议事实本身的各个部分，而且包括所有为辨明或解释主要争议事实所需要的辅助事实。需要指出的是，实质性问题并非一成不变的，证据是否具有实质性，关键在于证据是否指向该案的争点问题。如果要识别一项证据是否具有实质性，则可以通过考察对方提出该项证据用以证明什么，并进一步决定该证明目的是否有助于证明该案的争点问题来决定。[①]

举例如下：在建设工程施工合同纠纷案件中，当事人提供施工合同、结算协议，用以证明双方之间存在施工合同关系，并据此要求进行工程款结算和支付余款，则该施工合同、结算协议与案件事实、当事人争议具有实质性，应当认为该施工合同、结算协议与该案待证事实具有关联性。但是如果发包单位提供了交通事故认定书、医疗费发票，主张施工单位车辆发生交通事故，造成发包单位员工受伤并要求赔偿，则该交通事故认定书、医疗费发票显然与该案建设工程施工合同纠纷无关，与该案待证事实不具有实质性，也就与本案待证事实没有关联性，双方之间的交通事故纠纷应当另行解决。

---

① 参见张建伟：《指向与功能：证据关联性及其判断标准》，载《法律适用》2014 年第 3 期。

2. 证明性

所谓"证明性",是指证据依事物间的逻辑或经验关系具有使实质性问题可能更为真实或不真实的能力。证明性是一个经验和逻辑问题,由事物与事物之间的客观联系所决定,即按照事物的通常进程,只要其中一项事实与另一项事实相联系,就能大体证明另一事实在过去、现在或将来存在或不存在。在判断证据的关联性(尤其是证明性)时,法官必须依据一般经验法则或逻辑法则进行判断而不得任意决断。① 证明性在证据中居于核心地位,只有能够证明待证事实存在或者不存在的证据,才能够被称为证据,我们可以认为证明性是证据本身所具备的能够说明案件事实是否存在的一种内在的品质。证明性揭示了证据可以证明案件事实的内在原因,证据必须对案件事实的存在或者不存在具有证明作用,才能称得上是证据,因而证明性是证据的本质内涵。

《民事诉讼证据规定》第88条规定,审判人员对案件的全部证据,应当从各证据与案件事实的关联程度、各证据之间的联系等方面进行综合审查判断。实务中,对于证明性的把握,应当明确以下两点:(1)从关联性角度,基于证明性的意义来说,证据具有使案件实质性问题更为真实或不真实的能力。(2)证明性并非一个纯粹的法律专业问题,实际上由事物与事物之间的逻辑关系决定。比如,在劳动争议纠纷案件中,劳动者提供的"身份证"仅可以证明劳动者本人的基本情况,但对于劳动者与用人单位是否存在劳动关系,身份证不足以具有证明性,显然"劳动合同"更具有证明性。

从以上论述可以得出,在判断证据是否具有关联性的过程中,实质性与证明性属于递进关系,不管是当事人提交的证据还是法官调查收集的证据,首先应当审查实质性,只有实质性得以确立,后续对证明性的判断才具有意义,如果证据所证明的事实不属于案件实质性争议,那么即便该证

---

① 参见张建伟:《指向与功能:证据关联性及其判断标准》,载《法律适用》2014年第3期。

据具有证明性，也无法解决案件争议，其对于诉讼纠纷的解决没有实质意义。那么，关联到何种程度才可以称为证据？应当注意的是，对证据是否具有关联性的判断主要是依据科学的自然的经验法则，而不是依据逻辑推断，从证据角度确认的是优势证据。

综上所述，在具体的司法和执法活动中可以把证据的关联性标准分解为以下三个问题：第一，这个证据能够证明什么事实；第二，这个事实对解决案件中的争议问题有没有实质性意义；第三，法律对这种关联性有没有具体的要求。[①]

（三）合法性

在证据被认定为"真"，并指向双方争点与该案待证事实具有"关联"情形下，进入合法性的审查阶段。当然，也可以认为"合法性"审查贯穿于整个证据审查阶段。这一点在刑事诉讼中尤为明显。证据的合法性是指证据的来源、形式以及证据收集的主体、程序和方法应当符合法律规定，并且应当经过法定的审查程序。

民事诉讼中，经常会有当事人提供"录音录像"，并将其作为证据向法庭提交的情况，对方当事人往往认为，该"录音录像"未经自己同意，侵犯个人隐私，不能作为该案证据使用，此时应如何认定？结合对合法性的论述予以解读。《民事诉讼证据规定》第87条第3项规定，审判人员对单一证据可以从证据的形式、来源是否符合法律规定进行审核认定。一般认为，证据的合法性包括证据的形式、来源和认定的合法性。

1. 证据形式合法

证据在形式上必须符合法律规定，证据的合法性是由法律直接规定的，体现了诉讼法的程序正义，也保障了诉讼结果的实体正义。证据的形式合法要求证据的形式、种类必须符合法律规定。比如，《民事诉讼法》

[①] 参见何家弘、刘品新：《证据法学》（第7版），法律出版社2022年版，第130页。

规定的八大法定证据种类包括：书证、物证、证人证言、鉴定意见、电子数据、视听资料、勘验笔录、当事人陈述，除此之外，其他形式、种类的证据均为民事诉讼中的非法定证据。同时，法律如果对证据表现形式有具体明确要求的，证据表现形式应符合法律规定的要求。比如，根据《民法典》继承编的有关规定，自书遗嘱由遗嘱人亲笔书写，签名，注明年、月、日；代书遗嘱应当有两个以上见证人在场见证，由其中一人代书，并由遗嘱人、代书人和其他见证人签名，注明年、月、日；打印遗嘱应当有两个以上见证人在场见证，遗嘱人和见证人应当在遗嘱的每一页签名，注明年、月、日。诸如此类，法律对各类遗嘱的形式及要求作了明确规定，当事人提交的遗嘱如果不符合上述形式，则不符证据形式合法要求。又如，根据《民事诉讼证据规定》第16条规定，"当事人提供的公文书证系在中华人民共和国领域外形成的，该证据应当经所在国公证机关证明，或者履行中华人民共和国与该所在国订立的有关条约中规定的证明手续。中华人民共和国领域外形成的涉及身份关系的证据，应当经所在国公证机关证明并经中华人民共和国驻该国使领馆认证，或者履行中华人民共和国与该所在国订立的有关条约中规定的证明手续。当事人向人民法院提供的证据是在香港、澳门、台湾地区形成的，应当履行相关的证明手续"。

典型案例8

王某与田某3等继承纠纷案[①]

案情简介

再审申请人王某、田某1因与被申请人田某2、田某3等继承纠纷一

[①] 参见北京市高级人民法院（2023）京民申6680号民事裁定书。

案，不服北京市第一中级人民法院作出的（2023）京01民终1094号民事判决，向北京市高级人民法院申请再审称，王某提交新证据《中天司法鉴定中心文书司法鉴定意见书》和《北京京安拓普司法鉴定中心鉴定意见书》以证明王某提交的田某6自书遗嘱的签字是田某6本人所签，从而证明田某6自书遗嘱真实有效。该案应按照遗嘱继承，田某6所有遗产均应由田某1继承。

裁判要旨

关于自书遗嘱是否合法有效。自书遗嘱由遗嘱人亲笔书写，签名，注明年、月、日。持有遗嘱并主张遗嘱真实的一方原则上应承担遗嘱真实性举证证明责任。该案中，田某6于2017年5月12日病逝，王某提交的遗嘱落款时间为2017年5月5日，即田某6去世前一周，笔迹潦草杂乱且遗嘱中有多处涂改，鉴定机构亦无法判断该遗嘱是否合法有效。王某未能就立遗嘱时田某6具备完全民事行为能力且以该遗嘱由田某6本人真实意思表示形成进行充分举证，原审法院未予采纳并无不当。王某、田某1申请再审时提交的《中天司法鉴定中心文书司法鉴定意见书》和《北京京安拓普司法鉴定中心鉴定意见书》，不足以推翻原审判决的认定，不予采纳。

2. 证据来源合法

证据的来源合法又分为证据主体合法、证据取得方法合法。

（1）证据主体合法是指形成证据的主体或收集证据的主体须符合法律规定。民事诉讼中，证据主体是指形成证据内容的个人或单位。证据主体合法是指形成证据的主体须符合法律的要求，主体不合法将导致证据的不合法。对证据主体的合法性要求，是为了保障证据的真实性。因此，法律根据证据特点，对某些证据主体规定了相应的要求。例如，人民法院调查收集证据，应当由两人以上共同进行，调查材料要由调查人、被调查人、记录人签名、捺印或者盖章；不能正确表达意志的人不能作为证人；

出具鉴定意见的主体必须具有相应的鉴定资质，等等。

（2）证据取得方法合法是指证据的取得方法不违反法律禁止性规定，不严重违背公序良俗，不严重侵害他人合法权益。证据的收集必须符合法定程序，证据必须依法收集，非法收集的证据不能成为定案根据。法律规定证据取得方法必须合法，是为了保障他人的合法权利不因证据的违法取得而受到侵害。《民事诉讼司法解释》第106条规定，对以严重侵害他人合法权益、违反法律禁止性规定或者严重违背公序良俗的方法形成或者获取的证据，不得作为认定案件事实的根据。由此可以看出，证据形成方法或取得方法违法或者违反公序良俗时，可能会影响证据合法性的认定。

典型案例9

徐某香与潘某民间借贷纠纷案[①]

案情简介

再审申请人徐某香因与被申请人潘某民间借贷纠纷一案，不服湖北省鄂州市中级人民法院作出的（2022）鄂07民终69号民事判决，向湖北省高级人民法院申请再审。徐某香申请再审称，案涉录音证据系潘某私自偷录，不具有合法性，不能作为认定案件事实的依据。原审法院认定事实错误，徐某香未免除潘某支付利息的义务。依据《民事诉讼法》之规定，申请再审。

裁判要旨

《民事诉讼司法解释》第106条规定，"对以严重侵害他人合法权益、

---

① 参见湖北省高级人民法院（2023）鄂民申1581号民事裁定书。

违反法律禁止性规定或者严重违背公序良俗的方法形成或者获取的证据，不得作为认定案件事实的根据"。潘某收集案涉录音的过程中，现有证据不能证明其征得了徐某香的同意，但录音过程并未侵害徐某香的合法权益，也没有违反法律的禁止性规定。原审法院查明，相关录音记载的内容清晰完整，语境自然，徐某香本人亦不否认录音的真实性。鉴于现有证据不能证明录音内容与事实相悖，原审法院采信该录音并无不当。原审法院根据各方当事人提交的材料，结合各方的诉辩意见，联系该案实际情况对案件事实进行了认定，并在此基础上依法作出判决，理由阐述充分，不再赘述。徐某香申请再审但未提出新的事实或理由，其再审申请不符合《民事诉讼法》规定的应当再审的情形。

3. 证据认定合法

最高人民法院民事审判第一庭编著的《最高人民法院新民事诉讼证据规定理解与适用》认为，证据合法性还包括证据认定合法性，即作为定案依据的证据需经法律规定的程序进行认定，否则证据的合法性将受影响。《民事诉讼法》第71条规定，证据应当在法庭上出示，并由当事人互相质证。对涉及国家秘密、商业秘密和个人隐私的证据应当保密，需要在法庭出示的，不得在公开开庭时出示。《民事诉讼司法解释》第103条第1款再次强调，证据应当在法庭上出示，由当事人互相质证。未经当事人质证的证据，不得作为认定案件事实的根据。

> **裁判规则**
>
> 根据《民事诉讼司法解释》第104条的规定，当事人应当围绕证据的真实性、合法性以及与待证事实的关联性进行质证，能够反映案件真实情况、与待证事实相关联、来源和形式符合法律规定的证据，应当作为认定案件事实的根据；反之，则不能作为认定案件事实的根据。
>
> 因此，根据上述法律、司法解释之规定，证据应当在法庭上出示，并经质证，证据若未经上述诉讼程序，则合法性会受到影响。

典型案例 10

佛山市康键物业管理有限公司与中国长城资产管理股份有限公司广东省分公司、佛山市同键投资有限公司案外人执行异议之诉案[①]

案情简介

再审申请人佛山市康键物业管理有限公司（以下简称康键公司）因与被申请人中国长城资产管理股份有限公司广东省分公司（以下简称长城公司广东省分公司）、佛山市同键投资有限公司（以下简称同键公司）案外人执行异议之诉一案，不服广东省高级人民法院作出的（2019）粤民终2661号民事判决，向最高人民法院申请再审。康键公司申请再审称：康键公司与同键公司签订的书面租赁合同合法有效。一、二审法院以梁某标、同键公司未到庭质证、租赁合同并未办理租赁备案为由否定涉案合作协议等文件的真实性、合法性，于法无据。

裁判要旨

康键公司无法证明其与同键公司存在合法有效的书面租赁合同。《民事诉讼法解释》第103条第1款规定："证据应当在法庭上出示，由当事人互相质证。未经当事人质证的证据，不得作为认定案件事实的根据。"虽康键公司提交了梁某标与同键公司签订的合作协议、合作协议补充协议，但因签订主体梁某标和同键公司未到庭质证，且长城公司广东省分公司不予认可，故二审法院没有确认该两份协议的真实性和合法性，符

---

① 参见最高人民法院（2021）最高法民申1201号民事裁定书。

合上述司法解释的规定，该两份协议即使系签订主体的真实意思表示，亦不能作为认定案件事实的根据。

司法实践中，在证据"三性"认定基础上，通过表1-1，我们可以在实务中更好地把握和认定证据材料。

表1-1 证据属性与事实认定关系

证据属性	具有该属性	不具有该属性
真实性	被采信，成为定案根据	被采信，事实认定错误
	未被采信，影响事实认定	未被采信，不影响事实认定
关联性	被采信，成为定案根据	被采信，事实认定错误
	未被采信，影响事实认定	未被采信，与案件无关
合法性	被采信，成为定案根据	被采信，非法证据
	未被采信，影响事实认定	未被采信，不影响事实认定

通过表1-1可以看出，证据因为"三性"问题被采信或者未被采信，对案件的事实认定及最终裁判结果影响甚大。因此，证据"三性"的判断一方面要求当事人参与诉讼必须如实提供证据；另一方面对法官的业务能力和证据采信能力提出了更高要求。

三、证据能力和证明力

在学术界，有学者认为，证据准入与证据评估是两种不同性质的活动，证据审查两个阶段的适度分离更有利于案件事实的准确认定。另有学者指出，证据若要转化为定案根据，应当具备两项基本的资格要求：一是证据能力；二是证明力。权威教材赞同先审查证据能力，再审查证明力的"两阶层"证据审查模式。例如，马克思主义理论研究和建设工程重点教材中的《刑事诉讼法学》就认为："在证据能力与证明力的关系问题上，应当先判断证据能力的问题，再审查证明力的有无和大小。"[1] 虽然学理

---

[1] 艾明：《我国刑事证据能力要件体系重构研究》，载《现代法学》2020年第3期。

上尚有争议，且立法上并未有根本转变，但对证据首先审查证据能力，再行判断证明力的做法或者说是证据审查模式，在司法实践中屡见不鲜。因此有必要对此进行阐述和掌握。诉讼外的某项事实材料要进入庭审阶段，在接受诉讼双方的质证之后成为法官认定案件事实的根据，实现由证据材料到证据的飞跃的唯一途径就是必须具备证据能力。[①] 对证据能力和证明力这两个术语，可以从自然人的民事权利能力和民事行为能力角度作理解，虽然这种理解不一定很准确。证据能力和证明力实际上是所有民事诉讼案件在运用证据时都必须面对的两个基本问题。

> **法官提示**
>
> 对进入诉讼的证据进行审核认定，应解决两个基本问题：一是该证据是否具有进入本次诉讼程序的资格；二是在具有进入本次诉讼程序的资格基础之上，该证据对于待证事实具有多大的证明力。

（一）证据能力

证据能力是某一材料能够用于严格证明的能力或者资格，也就是说，某一材料能够被允许作为证据被加以调查并得以采纳。[②] 证据能力，在英美法系经常被表述为"可采性"，而大陆法系常将其表述为"证据资格"或"证据的适格性"。简言之，证据能力实际上就是法律对证据材料成为诉讼中的证据在资格上的要求。证据能力直接关系到有关证据材料能否作为证据在诉讼中使用，并直接影响法官认定案件事实，因此，具有十分重要的诉讼意义，实际上对证据提供者也提出了更高的要求。我国诉讼法上的证据能力应界定为"证据作为认定事实依据的资格"，其作用机制为在最终认定事实时将无证据能力的证据排除在证据体系之外，即要求法官不

---

① 参见陈卫东、付磊：《我国证据能力制度的反思与完善》，载《证据科学》2008年第1期。
② 参见陈光中主编：《证据法学》（第5版），法律出版社2023年版，第116页。

得将无证据能力的证据作为定案根据。①

关于证据能力的认定和把握，有观点认为，《民事诉讼法》第 66 条第 1 款规定了民事诉讼中法定的八种证据种类，只有能够归入这八种法定证据种类的证据才具有证据能力。笔者认为，该种观点失之偏颇，法定证据种类与证据能力之间的关联性尚未得到充分论证，也未有立法作明确规定；同时，如果法律设置了过高的适格条件，将导致众多证据材料被拦于诉讼程序之外，并最终导致案件事实认定上的困难。

对于证据能力的把握，笔者认为，如果法律有明确规定，则依法认定证据是否适格，如《民事诉讼法》第 75 条第 2 款规定，不能正确表达意思的人，不能作证；《民事诉讼司法解释》第 120 条规定，证人拒绝签署保证书的，不得作证，并自行承担相关费用。因此，诉讼过程中，即使当事人提交了该两类人员的证人证言，但该两类人员的证人证言因违反法律规定不具备证据能力，而不得作为案件证据，并不得据以认定案件事实。如果法律尚未有明确规定，则可以先认定证据适格，并在下一步证明力判断上再作要求。

综合法律规定，司法实践中，当事人提供的证据材料存在以下情形的，则认定为不具有证据能力：

一是取证主体不合法。《民事诉讼司法解释》第 97 条规定，人民法院调查收集证据，应当由两人以上共同进行。调查材料要由调查人、被调查人、记录人签名、捺印或者盖章。因此，法院调查收集而来的证据材料，如果欠缺上述要件，则不具有证据能力，一方当事人有异议的，应认定异议成立。

---

① 参见纵博：《我国刑事证据能力之理论归纳及思考》，载《法学家》2015 年第 3 期。

典型案例 11

刘某与山东青纺联投资置业有限公司
商品房销售合同纠纷案①

案情简介

再审申请人刘某因与被申请人山东青纺联投资置业有限公司商品房销售合同纠纷一案，不服山东省枣庄市中级人民法院作出的（2020）鲁04民终890号民事判决，申请再审称：原判决认定的基本事实缺乏证据证明。被申请人在二审中提交了来源于（2020）鲁0405行初6号行政诉讼案件的调查笔录。二审法院以该调查笔录作为改判的主要证据。但该调查笔录存在重大瑕疵，不具备证据资格，不应被作为认定案件基本事实的证据。枣庄市台儿庄区人民法院制作的调查笔录是其在（2020）鲁0405行初6号行政诉讼案件中行使调查权，并且装订在法院的正卷档案中对外公开的材料，应当将其视为法院调查收集的证据。《民事诉讼司法解释》第97条规定，"人民法院调查收集证据，应当由两人以上共同进行。调查材料要由调查人、被调查人、记录人签名、捺印或者盖章"。但该调查笔录没有调查人和记录人的签名、捺印或盖章，存在重大缺陷，不符合法定的证据形式，不应被采用。因此二审判决认定的基本事实缺乏证据证明。

裁判要旨

关于原审认定案件基本事实的证据是否存在程序违法的问题。经查明，原审法院调取的调查笔录，由承办法官依职权对相关人员作出，该调

---

① 参见山东省高级人民法院（2021）鲁民申304号民事裁定书。

查由调查人、书记员共同参加，且被调查人亦签名、捺印，因此，该调查笔录的形成过程程序合法，原审法院在经过双方当事人质证后予以采信并无不当。申请人的该项再审事由依法不成立。

二是取证手段不合法。《民事诉讼司法解释》第106条规定，对以严重侵害他人合法权益、违反法律禁止性规定或者严重违背公序良俗的方法形成或者获取的证据，不得作为认定案件事实的根据。因此，当事人提供的证据如果存在上述情形，则不具有证据能力，更不得成为认定案件事实的依据。

典型案例 12

江山市百昌超市商店与福建恒安集团有限公司侵害商标权纠纷案[①]

案情简介

再审申请人江山市百昌超市商店因与被申请人福建恒安集团有限公司侵害商标权纠纷一案，不服浙江省高级人民法院作出的（2019）浙民终1186号民事判决，向最高人民法院申请再审称，二审法院对证据采信不当，公证员未说明其身份就开展公证事项，且该公证处并非双方当事人住所地、经常居住地、行为发生地的公证机构，其公证保全行为违反了《公证法》第25条的规定。

裁判要旨

《民事诉讼司法解释》第106条规定，对以严重侵害他人合法权益、

---

① 参见最高人民法院（2020）最高法民申4434号民事裁定书。

违反法律禁止性规定或者严重违背公序良俗的方法形成或者获取的证据，不得作为认定案件事实的根据。因此，仅以严重损害他人合法权益等特定方法形成的证据才具有证据排除的效力。而该案中，涉案公证书的公证员在公证过程中未出示公证员身份并不违反法律规定。《公证法》第25条第1款规定，自然人、法人或者其他组织申请办理公证，可以向住所地、经常居住地、行为地或者事实发生地的公证机构提出。上述法律规定仅是管理性法律规定，而非效力性强制性规定，因此，尽管作出涉案公证书的公证机关系上海市长宁公证处，存在瑕疵，但并不能据此排除涉案公证书的证明力。二审判决采信涉案公证书，认定上述行为构成侵犯注册商标专用权的行为并无不当。

三是取证对象不合法。《民事诉讼证据规定》第67条第1款规定，不能正确表达意思的人，不能作为证人。当事人提供的所谓证人证言如果系该类人员所作，则不具有证据能力。诉讼过程中，当事人应当注意甄别。

典型案例 13

李某霞与李某艳等健康权纠纷案[①]

案情简介

上诉人李某霞因与被上诉人李某艳、被上诉人沈阳医学院附属第二医院生命权、健康权、身体权纠纷一案，不服辽宁省沈阳市沈河区人民法院作出的（2021）辽0103民初6706号民事判决，提起上诉，请求撤销一审判决，依法改判或发回重审。理由：（1）一审法院认定事实不清，适用

---

① 参见辽宁省沈阳市中级人民法院（2022）辽01民终8277号民事判决书。

法律错误。一审法院以推理"可能性"认定李某霞存在侵权行为没有法律依据，没有查明李某艳受伤与李某霞存在因果关系。李某霞未与李某艳进行肢体接触，根据医院的管理条例，李某霞不能在医院陪护，医院应承担全部责任。(2) 李某霞请求对李某艳的伤情进行因果关系及成伤机制司法鉴定。(3) 李某霞认为和平区法院的案件与该案无因果关系，二者认定的事实也不一致。

裁判要旨

《民事诉讼证据规定》第67条规定："不能正确表达意思的人，不能作为证人。待证事实与其年龄、智力状况或者精神健康状况相适应的无民事行为能力人和限制民事行为能力人，可以作为证人。"因此，判断崔某红能否作为证人应依据该条规定。《民事诉讼法》第67条第1款规定："当事人对自己提出的主张，有责任提供证据。"就该案而言，李某霞应承担证明崔某红不能作为证人的举证责任。李某霞提交的微信聊天记录截屏六张、崔某红病案首页及相关治疗方案八页，仅能证明崔某红就相关疾病进行过治疗，不足以证明崔某红不能正确表达意思。《民事诉讼司法解释》第105条规定："人民法院应当按照法定程序，全面、客观地审核证据，依照法律规定，运用逻辑推理和日常生活经验法则，对证据有无证明力和证明力大小进行判断，并公开判断的理由和结果。"虽然监控录像并未录下李某霞撞倒李某艳并致后者受伤的画面，但崔某红的证言可以证明李某霞倒在李某艳身上后李某艳摔倒的事实，且李某霞亲自陪同李某艳到医院进行治疗并垫付了医疗费，李某霞对其行为未给出合理的解释并提交相应的证据予以佐证，故一审法院认定李某霞对李某艳存在侵权的行为并据此判令李某霞承担相应的赔偿责任正确，李某霞提出的上诉理由均不成立，法院对其提出的上诉请求，不予支持。

四是证据形式不合法。《民事诉讼司法解释》第115条规定,单位向人民法院提出的证明材料,应当由单位负责人及制作证明材料的人员签名或者盖章,并加盖单位印章。人民法院就单位出具的证明材料,可以向单位及制作证明材料的人员进行调查核实。必要时,可以要求制作证明材料的人员出庭作证。单位及制作证明材料的人员拒绝人民法院调查核实,或者制作证明材料的人员无正当理由拒绝出庭作证的,该证明材料不得作为认定案件事实的根据。对此,证据提供方应当按照司法解释的规定,提供相应形式的单位证明材料。

需要注意的是,学理上还存在对"证据能力"的概念理解不一的情形:有的观点认为证据材料若不具有证据能力,则意味着其丧失了进入诉讼程序的资格,不得进入庭审程序;有的观点则认为证据材料不具有证据能力,仅是指不能作为认定案件事实的依据,不得被采信。笔者认为,从当前立法情况来看,《民事诉讼法》及相关司法解释并未强制规定在开庭审理之前,必须进行证据交换或者召开庭前会议,所以司法实践中,当事人提交的证据材料极易直接进入庭审,由当事人在开庭审理过程中举证、质证。由此也会导致第一种观点流于概念分析,而在实践中毫无意义。《民事诉讼法》第66条第2款规定,证据必须查证属实,才能作为认定事实的根据。如前文所述,证据的概念,简言之,是证明案件事实的根据。明确了"证据"的概念,证据能力的内涵也呼之欲出,应为"证据作为认定案件事实根据的能力和资格"。

理论上,证据能力是证据的法律属性,而证明力是证据的事实问题。证据只有满足了证据能力的要求,才能进入证明力判断环节,由法官最终决定是否能够作为定案的根据。所以说,证据能力是证据材料转化为定案根据的第一道关口和前提。证据若没有通过证据能力审查,则无须进入第二道关口,即"证明力"的判断,证据若通过了证据能力审查,则进入"证明力"的审查环节。

（二）证明力

证明力，在民事诉讼中又称为"证据力"，是指证据对于案件事实有无证明作用及证明作用如何。证明力是证据本身固有的属性。[①] 证明力属于经验和逻辑层面的问题，是指某一证据的证明价值，即证据对案件事实的证明作用及证明作用的大小，与案件无关，或者关联性微乎其微的证据以及伪证、假证等没有证明力的证据不得作为定案的根据。证明力的背后具体包含真实性与关联性两个层面的要求。[②]

在司法制度演变的历史长河中，曾经出现过神示证明模式、法定证明模式和自由心证模式等三种证据证明力判断模式，上述三种模式只有自由心证模式留存至今且被当今寰球诸国广泛采用，自由心证模式的内涵是裁判者根据案件的实际情况，自由判断个体证据的证明力和全案证据对案件事实的整体指向。在此过程中，法律对证据的证明力不作规则限定。我国的证据证明力审查模式与自由心证模式略有差异，我国的证据证明力审查被赋予了证据内容上相互交叉、相互支持的印证证明义务，这种充满结构性交互支持的证明力规则在我国学者予以模式分析后，被凝练为印证证明模式，以示与不作具体证明力要求的传统自由心证模式有所区别。[③]

在证据有无证明力和证明力大小的判断上，2001年公布的《民事诉讼证据规定》第77条曾经规定，人民法院就数个证据对同一事实的证明力，可以依照下列原则认定：国家机关、社会团体依职权制作的公文书证的证明力一般大于其他书证；物证、档案、鉴定结论、勘验笔录或者经过公证、登记的书证，其证明力一般大于其他书证、视听资料和证人证言；原始证据的证明力一般大于传来证据；直接证据的证明力一般大于间接证

[①] 参见陈光中主编：《证据法学》（第5版），法律出版社2023年版，第117页。
[②] 参见杨波：《由证明力到证据能力——我国非法证据排除规则的实践困境与出路》，载《政法论坛》2015年第5期。
[③] 参见金浩波：《证明力规则建构的思考》，载《人民法院报》2021年5月27日，第6版。

据；证人提供的对与其有亲属或者其他密切关系的当事人有利的证言，其证明力一般小于其他证人证言。2019年修正该规定时，最高人民法院删除了上述比较证明力大小的规定，而增加第85条：人民法院应当以证据能够证明的案件事实为根据依法作出裁判。审判人员应当依照法定程序，全面、客观地审核证据，依据法律的规定，遵循法官职业道德，运用逻辑推理和日常生活经验，对证据有无证明力和证明力大小独立进行判断，并公开判断的理由和结果。此条款与《民事诉讼司法解释》保持了一致，该司法解释第105条规定，人民法院应当按照法定程序，全面、客观地审核证据，依照法律规定，运用逻辑推理和日常生活经验法则，对证据有无证明力和证明力大小进行判断，并公开判断的理由和结果。

典型案例14

郑某平与李某春、福建省南平市建工房地产综合开发有限公司民间借贷纠纷案[①]

案情简介

再审申请人郑某平因与被申请人李某春、二审上诉人福建省南平市建工房地产综合开发有限公司民间借贷纠纷一案，不服福建省高级人民法院作出的（2019）闽民再288号民事判决，向最高人民法院申请再审称，郑某平提供的证据足以证明车库真实转让价款为425万元，而非不动产交易中心备案合同上载明的183.736万元。郑某平为此提供了相关的证人证言，该证人证言能够证明车库转让的真实交易价格。在现实的房地产交易

---

① 参见最高人民法院（2021）最高法民申5473号民事裁定书。

中，买卖双方为逃避税费签订阴阳合同，乃是众所周知的事实，虽然该种行为违反法律规定，但不可否认该事实客观存在。车库转让款支付的时间、金额与2011年8月31日结算对账单上记录的第5笔、第7笔以及2012年9月1日结算对账单上记录的最后一笔借款一致。

裁判要旨

《民事诉讼证据规定》第85条规定，人民法院应当以证据能够证明的案件事实为根据依法作出裁判。审判人员应当依照法定程序，全面、客观地审核证据，依据法律的规定，遵循法官职业道德，运用逻辑推理和日常生活经验，对证据有无证明力和证明力大小独立进行判断。就该案而言，关于案涉车库转让价款的认定，郑某平提供了相关的证人证言，原审法院依据经过备案的买卖合同、税务发票、涉税证明等证据作出认定。郑某平提供的证人证言与原审法院采信的证据在有关案涉车库转让价款的认定上存在矛盾冲突。虽然郑某平主张"在现实的房地产交易中，买卖双方为逃避税费签订阴阳合同，乃是众所周知的事实"，但该种情形并非适法的行为，违背法律规定的行为当然不能也不应得到法律的保护。根据日常生活法则，一方当事人提供的证人证言与经过备案的买卖合同、税务发票、涉税证明等证据在证明力大小的判断上，人民法院一般情况下应认定后者具有更高的证明力。因此，郑某平关于车库转让价款的申请理由不能成立。

根据当前司法解释的规定，证明力的判断标准已经从法定主义向自由评价转变，由法官根据具体个案情况，从以下几个方面独立判断证据的证明力：

一是依照法定程序认证。法官认定证据，绝不是凭着个人好恶，必须遵循法定的程序。首先，认证的程序必须合法，必须经过了当事人举证、质证等法定诉讼程序。其次，认证的理由必须合法并公开，《民事诉讼法》《民事诉讼司法解释》《民事诉讼证据规定》等对法定证据应当具备的条件均作了具体规定，法官认定案件事实必须符合上述规定。

二是全面、客观审核证据。证明力不仅是对单个证据的单独评判，更需要结合全案证据综合评判，法官必须对个体证据、全案证据作客观认定。

三是要运用逻辑推理和日常生活经验法则认证。逻辑规则具有一贯性，要求法官按照确定的逻辑路线进行推理，虽然不能保证结论的正确性，但能够保证法律推理过程的正确性，保证推理过程遵循一定的逻辑路线。并非任何形式的日常生活经验法则都能成为审判意义上的经验规则，审判意义上的经验规则是法官以其职业素养为前提，在一般生活经验的基础上进行提炼，来判断案件中的事实是否存在的规则。[1]

典型案例 15

张某与河南省某建设有限公司、某置业有限公司、杨某建设工程施工合同纠纷案[2]

案情简介

张某诉称：2016 年 4 月，河南省某建设有限公司（以下简称某建设公司）将其承包的第三人某置业有限公司某公馆项目的景观绿化及安装工程二标段以包工包料形式分包给张某施工，工程总价款为 10050000 元，双方商定某建设公司扣除管理费及应缴纳税费后向张某支付工程款。张某组织工人进行施工，该工程于 2016 年 12 月 25 日竣工，后张某就部分工程进行了维修，某建设公司支付部分款项后对剩余工程款 2142000 元及设

---

[1] 参见肖峰：《最高人民法院民事诉讼证据规则：条文解析与实务运用》，法律出版社 2022 年版，第 447 页。
[2] 人民法院案例库入库编号：2023－16－2－115－013。

计变更签证单增加工程款 592400 元未支付。请求判令某建设公司支付工程款 2142000 元及设计变更签证单增加费用 592400 元。

裁判要旨

建设工程施工合同纠纷中,虽然实际施工人签订的《建设工程施工合同》无效,但是实际施工人请求参照合同约定支付工程价款的,应予支持。承包人与不同施工主体分别签订施工合同,各方当事人对实际施工人的身份产生争议,虽均无法提供签证、工程进度表等证据直接证明对工程实际进行施工,但提供了施工合同、工程款支付凭证、缴纳税费凭证等其他证据的,审判人员应根据合同内容、工程款支付情况、税费缴纳情况等证据,运用证据规则,对证据有无证明力和证明力大小进行判断,合理作出认定。一要准确查明案件事实,确定当事人之间的法律关系;二要根据案件事实和当事人主张,合理公平地确定举证责任,由当事人对自己的主张分别提供相应的证据;三要运用逻辑推理和日常生活经验法则,对当事人提供的证据的证明力有无和大小独立地、自主地进行判断,确定待证事实是否具有高度可能性,使认定的法律事实尽可能接近客观事实。

关于证据能力和证明力的关系,一般先判断证据是否具有证据能力,即假设一个"证据漏斗"模型,民事诉讼当事人提交的证据材料,均系为了佐证其主张的事实,在进入漏斗之前,均系当事人提交的证据。这些证据材料进入漏斗之后,需经过"证据能力"关口的过滤筛选,符合条件的才能进入"证明力"的判断环节,这呈现出逻辑结构进程的递进性。没有证据能力的证据就不具备作为认定案件事实根据的资格,更谈不上证明力。

> **法官提示**
>
> 证据能力是证明力的前提，证据若不具有证据能力，则无证明力可言。证据能力解决的是证据资格的问题，涉及的是"有无"的问题，证据资格只能"有"或者"无"，而无大小之别。证明力是可采信程度的认定标准，既有"有"或者"无"的判断，也涉及"大小"的问题。

（三）证据"三性"与证据能力、证明力

有学者认为，我国的法律和司法解释并未明确证据如何才能具有证据能力，学术界对此问题也探讨不多，而多研究证据的属性问题，通说认为证据必须具备所谓的"三性"（客观性、关联性、合法性）。但证据的"三性"问题实际上是证据如何才能成为定案根据的问题，而证据能力要件则是探讨证据如何才能具有成为定案根据的资格，证据具有证据能力只是其成为定案根据的条件之一，还需要经过证明力的审查，才能最终成为定案根据，所以证据属性与证据能力要件并不是同一问题，我国对证据属性问题的探讨，在学术研究领域可能不具备特别显著的价值，而且不利于证据能力与证明力的界分。[1] 但有学者认为，相关性主要回答证据有无证明力，并因此能否作为定案根据被提出的问题；证明力则具体说明证据发生证明作用的性质、内容及证明力大小。如学者的界定，相关性"是对逻辑上可能性之推论的一种最低检验标准"，日本学者则简略说明了证明力与相关性的关系：证明力是相关性的延伸。[2] 证据如果具有客观性并与待证事实具有关联性，就具有一定的证明力，但不同的证据，因各自的特性和与案件待证事实的关系不同，对于待证事实往往具有不同的证明价值，发挥着不同程度的证明作用。[3]

---

[1] 参见纵博：《我国刑事证据能力之理论归纳及思考》，载《法学家》2015年第3期。
[2] 参见龙宗智：《论我国诉讼证据审查要素及审查方法的调整改革》，载《法学研究》2023年第4期。
[3] 参见陈光中主编：《证据法学》（第5版），法律出版社2023年版，第117页。

学界虽有不同观点，但结合现行法律规定和司法实践，还是需要对证据"三性"与证据能力、证明力予以进一步厘清和把握，当然，这些不同观点进一步说明了证据"三性"与证据能力、证明力之间尚存差异和区别。《民事诉讼司法解释》第104条规定，人民法院应当组织当事人围绕证据的真实性、合法性以及与待证事实的关联性进行质证，并针对证据有无证明力和证明力大小进行说明和辩论。能够反映案件真实情况、与待证事实相关联、来源和形式符合法律规定的证据，应当作为认定案件事实的根据。根据法律和司法解释的规定以及长期的司法实践经验，在民事诉讼案件审理过程中，法官基本上围绕着证据的"真实性、关联性、合法性"并根据"证明力"大小，指挥着诉讼程序并最终根据内心确信认定案件事实。

具体来说，法官对案件证据资料的审查判断有以下两个环节：

第一个环节是审查证据的"真实性、关联性、合法性"。此环节需要判断出哪些证据材料可以作为案件事实的认定根据，即哪些证据材料具有证据能力。此时主要侧重于证据材料的审查形式是否真实、合法，来源是否合法，是否与待证事实具有实质性。当事人质证也应当围绕上述层面展开。例如，当事人提交了伪造的合同，对方当事人提出异议，否认为真，此时该合同的形式真实存疑，更遑论内容真实，法官就应当结合其他证据或者委托司法鉴定等，予以查证；或者对方当事人就该合同质证时认为签名属实，但该意见系被胁迫所作，此时该合同的合法性存疑，需要双方当事人提交其他证据予以佐证或者就是否胁迫进行举证。

第二个环节是确定有证据能力的证据的证明力的大小。此环节需要判断证据有无证明力以及证明力的大小。此时，侧重于审查证据内容是否真实、是否具有关联性中的证明性，以确定该证据的证明力有无及大小。

从以上环节可以看出，证据"三性"成为判断证据材料是否具有证据能力以及证明力大小的标准，只有具备"三性"的证据才能具有证明力和证明价值，才能被法院采信并成为定案根据。证据能力实际上就是证据采用标准，证据的属性就成为判断证据能力的标准，证据"三性"与证据能力、证明力之间相互影响、相互联系，证据"三性"不稳，则证据能力不存，证据能力不存则证明力无从依附。

第二讲 举 证

当事人参加诉讼，除提交起诉状、答辩状外，最重要的就是举证证明自己主张的事实，进而支撑自己的观点，例如，原告提供证据证明自己的诉讼主张，被告提供证据证明自己的答辩意见。所以，举证对于当事人而言，系诉讼程序中的关键一环，关乎"官司"输赢。对于法官而言，当事人举证能力的强弱，一方面，关乎诉讼程序能否顺利进行；另一方面，关乎案件事实认定是否准确及适用法律是否准确，最终影响案件裁判结果。因此，民事诉讼举证中，首先，重点需要解决的是"由谁举证，应当如何举证"的问题；其次，需要考虑是否进行证据保全以及举证是否在法定期限内等问题。

一、证明责任

证明责任理论是民事诉讼的"脊梁"，是民事证据制度的核心问题。证明责任理论目前主要存在两个概念：一个是证明责任；另一个是举证责任。有观点认为，两者内涵、外延一致，无论是"证明责任"还是"举证责任"，我国学者直接沿用了日本学者对德语"Beweislast"一词的日译；二者只存在选词上的差异，没有含义上的区别。① 也有观点认为，举证责任和证明责任是两个密切相关又略有区别的概念。从字面上看，一个是举证，另一个是证明，含义自然应该有所差异。② 本书的主要内容基于司法实践而作，又服务于司法实践，因此无意探讨二者之差异，而从二者含义相通角度予以论述。

（一）准确把握证明责任

证明责任就是一定的诉讼主体对其所主张、所认定的案件事实是否存在负有提出证据，运用证据加以证明的义务。③ 关于我国证明责任的含义，主要存在以下三种观点：一是行为责任说，即证明责任就是提供证据的责任。二是结果责任说，即证明责任是案件不明情形下应承担的不利后果。三是双重含义说，即证明责任包括行为意义上的证明责任和结果意义上的证明责任。双重含义说是目前学界通说，同时可以认为，行为意义上的证明责任指的是主观的证明责任，结果意义上的证明责任指的则是客观的证明责任。大陆法系国家一般将证明责任区分为主观证明责任（形式证明责任）和客观证明责任（实质证明责任）。英美法系国家一般将证明责任区分为提供证据的责任和说服责任。在证明责任双重含义的理解上，大陆法系国家和英美法系国家其实并无不同。

《民事诉讼法》第67条第1款规定，当事人对自己提出的主张，有责任提供证据。该条款从法律层面对证明责任作了规定，但从内容来看，该条款规定的是行为意义上的证明责任，体现了当事人对其事实主张的证明义务，未涵盖结果意义上的证明责任。《民事诉讼司法解释》吸收了双重含义说的内涵，该司法解释第90条规定：当事人对自己提出的诉讼请求所依据的事实或者反驳对方诉讼请求所依据的事实，应当提供证据加以证

---

① 参见潘金贵主编：《证据法学》，法律出版社2022年版，第271页。
② 参见何家弘、刘品新：《证据法学》（第7版），法律出版社2022年版，第339页。
③ 参见陈光中主编：《证据法学》（第5版），法律出版社2023年版，第257页。

明，但法律另有规定的除外。在作出判决前，当事人未能提供证据或者证据不足以证明其事实主张的，由负有举证证明责任的当事人承担不利的后果。该条规定首次明确了证明责任由行为意义上的证明责任和结果意义上的证明责任构成。

典型案例 16

吉林某工程公司与长春某商厦执行监督案[①]

案情简介

对于吉林某工程公司与长春某集团、吉林某房地产开发有限公司拖欠工程款纠纷一案，吉林省长春市中级人民法院作出民事判决：长春某集团于判决生效后十日内给付吉林某工程公司工程款1157763.21元及利息等。判决生效后，吉林某工程公司申请执行，其认为第三人长春某商厦无偿接受了被执行人长春某集团的财产（案涉电费），请求追加第三人为被执行人。在审查中，当地政府出具情况说明，证明长春某商厦对案涉电费的处置行为系基于长春某商厦所属的长春某公司对长春某集团的托管职责，相关财产用于清偿长春某集团债务，发放长春某集团下岗职工生活补贴。吉林省长春市中级人民法院认为，长春某商厦并未无偿获得涉案电费，且非长春某集团的股东、出资人或主管部门，因此，不应将长春某商厦追加为被执行人，裁定驳回吉林某工程公司追加长春某商厦为案件被执行人的申请。吉林某工程公司不服，提请执行复议，吉林省高级人民法院裁定驳回吉林某工程公司的复议申请。吉林某工程公司向最高人民法院申请监督。最高人民法院裁定驳回吉林某工程公司申诉请求。

---

① 人民法院案例库入库编号：2023-17-5-203-006。

裁判要旨

《民事诉讼司法解释》第90条规定："当事人对自己提出的诉讼请求所依据的事实或者反驳对方诉讼请求所依据的事实，应当提供证据加以证明，但法律另有规定的除外。在作出判决前，当事人未能提供证据或者证据不足以证明其事实主张的，由负有举证证明责任的当事人承担不利的后果。"该案系申请执行人申请追加第三人为被执行人而引发的案件，申请执行人负有证明第三人无偿接受财产且致使该被执行人无遗留财产或遗留财产不足以清偿债务的举证证明责任，在申请执行人提供初步证据后，作为反驳，第三人提交了政府出具的情况说明等证据用以证明其并未无偿接收长春某集团涉案电费，此时，相关举证证明责任应转移至申请执行人，申请执行人应提供相应证据推翻情况证明所证明的相关事实。在申请执行人未能提供充分证据推翻情况说明所证明的相关事实的情况下，人民法院据此认定该案不符合追加第三人为被执行人的法定情形，其举证责任分配并不违反相关法律规定。

关于证明责任的性质，比较有代表性的观点包括：一是权利说，该说认为证明责任是诉讼当事人的一项权利，当事人参加诉讼时，有权利提供证据证实自己的主张，以维护实体权益。二是义务说，该说认为证明责任是诉讼当事人的一项义务，当事人参加诉讼时，为维护诉讼秩序并维护自己权益，就有义务提供证据证明自己的主张，否则就要承担败诉的后果。三是权利义务说，该说认为证明责任既是当事人的权利，也是当事人的义务。四是败诉风险说，该说认为证明责任是一种特殊的法律责任，当事人无法举证或者举证不充分会导致案件事实无法查明，此时当事人承担败诉风险。

笔者认为，证明责任实质上应为责任、义务，虽然从当事人的角度可以理解为权利，但从证明责任之于诉讼程序的重要性而言，此处"义务"的性质应更为凸显和急迫。对此，立法者亦持此种观点，在民事诉讼中，提供证据既是当事人的权利，也是当事人向人民法院应尽的义务。法律明确规定当事人应当向人民法院提供证据，这反映了民事诉讼的特点，有助于充分发挥当事人的积极性和主动性，保证人民法院及时取得证据，查明案情，同时，也可以防止当事人无理取闹，提出一些无根据的诉讼要求。①

> **法官提示**
>
> 司法实践中，法官更侧重于要求当事人实事求是、全面地提交各类证据，而不会无条件允许当事人放弃举证权利。

（二）证明责任分配

证明责任是民事证据制度的核心，证明责任的分配则是核心中的核心。说到证明责任的分配，大家都会想到"谁主张，谁举证"，很多的裁判文书中也会据此说理，阐述当事人败诉之缘由，可以说该说法对实务界影响深远，且为大众知悉。

1982年《民事诉讼法（试行）》（已失效）第56条第1款确立了"谁主张，谁举证"规则，该规则在1991年《民事诉讼法》以及之后的修正中均得以保留。该规则现为《民事诉讼法》第67条第1款规定，即"当事人对自己提出的主张，有责任提供证据"。同时，《民事诉讼证据规定》第1条对此作了重申，原告向人民法院起诉或者被告提出反诉，应当提供符合起诉条件的相应的证据。但是，根据上述有关证明责任的论述，"谁主张，谁举证"规则存在一定缺陷，该规则体现了行为意义上的证明责任，即当事人提供证据责任，而没有体现结果意义上的证明责任，即案件不明情形下应承担的不利后果。同时，如果简单地以"谁主张"即由"谁举证"来分配证明责任，则会陷入逻辑陷阱并让诉讼程序无限空转，从而导致分配规则实际不存在。比如，在建设工程施工合同纠纷案件中，

---

① 参见王瑞贺主编：《中华人民共和国民事诉讼法释义》，法律出版社2023年版，第134页。

原告主张被告欠付工程款，被告主张已经超额支付工程款，不存在欠款，双方当事人都提出了自己的主张及事实和理由，如果按照"谁主张，谁举证"规则，则双方都需要举证证明自己主张的事实，此即不合理之处。

当然，笔者并非否定该证明责任分配规则，实际上该规则在司法实践中依然发挥着重要作用。正如何家弘教授所说，将"谁主张，谁举证"确定为一项基本规则应是一种现实的合理选择。我国的要务不是否定这一项传统规则，而是不断修改和完善该规则。[①] 同时，需要注意的是，证明责任的承担主体是当事人，不是法院。根据《民事诉讼法》第67条第2款的规定，当事人及其诉讼代理人因客观原因不能自行收集的证据，或者人民法院认为审理案件需要的证据，人民法院应当调查收集。此时，若法院根据当事人申请而调查收集的证据，进入诉讼程序，是否意味着改变了"谁主张，谁举证"的规则？笔者认为，此时的证明责任仍然由主张对应事实的当事人承担，而非由法院承担，因为案件事实真伪的后果最终由当事人承担，而不是由法院承担的。因此，全国人大常委会在立法以及最高人民法院在制定出台相关司法解释的时候，并没有摒弃历来的"谁主张，谁举证"规则，而是对该规则作了进一步的细化和厘清：

一是关于证明责任含义的规定。《民事诉讼司法解释》第90条第1款规定，当事人对自己提出的诉讼请求所依据的事实或者反驳对方诉讼请求所依据的事实，应当提供证据加以证明，但法律另有规定的除外。第90条第2款规定，在作出判决前，当事人未能提供证据或者证据不足以证明其事实主张的，由负有举证证明责任的当事人承担不利的后果。需要注意的是，该条款中出现了"举证证明责任"的表述，司法解释起草者认为，在具体内容上，举证证明责任与举证责任、证明责任一致。[②]

[①] 参见何家弘、刘品新：《证据法学》（第7版），法律出版社2022年版，第346页。
[②] 参见最高人民法院民法典贯彻实施工作领导小组办公室编著：《最高人民法院新民事诉讼法司法解释理解与适用》，人民法院出版社2022年版，第251页。

二是关于证明责任分配的一般规则的规定。《民事诉讼司法解释》第91条规定,人民法院应当依照下列原则确定举证证明责任的承担,但法律另有规定的除外:(1)主张法律关系存在的当事人,应当对产生该法律关系的基本事实承担举证证明责任;(2)主张法律关系变更、消灭或者权利受到妨害的当事人,应当对该法律关系变更、消灭或者权利受到妨害的基本事实承担举证证明责任。

典型案例 17

某和源公司与某轩公司不当得利纠纷案[①]

案情简介

某轩公司成立前,某和源公司与李某某曾商定向某宝苑公司转款7700万元以进行土地交易合作。在李某某担任某轩公司股东期间,其本人及其关联人与某和源公司法定代表人张某某作为股东的相关公司发生多笔资金往来。双方对某宝苑公司收到某华鹏公司3260万元、某华坤公司1000万元、李某某3440万元等款项的流转无异议。双方存在争议的事实为,某和源公司主张某宝苑公司对上述借款已经偿还,某宝苑公司共计有16笔偿还或抵扣行为,某和源公司提交以上各公司或个人的相关转账记录和相应情况说明,拟证明某和源公司转款给某轩公司的6700万元属于重复转款,构成不当得利。

裁判要旨

给付型不当得利纠纷中,"没有合法根据"的基础事实,是主张不当

[①] 人民法院案例库入库编号:2023-07-2-144-003。

得利的一方当事人所作出的给付行为欠缺给付的原因,可以通过证明给付行为的具体原因、给付原因自始不存在或者嗣后丧失等积极事实来证明,而不能通过证明现实中未曾发生、无法证明的消极事实来证明。此类不当得利纠纷中,主张不当得利的一方当事人关于对方取得利益"没有合法根据"的主张,建立在否定自身给付行为的基础上。相较于对方当事人,主张不当得利的一方当事人更有能力对自己的行为提供证据。故在给付型不当得利纠纷中,仍应适用"谁主张,谁举证"原则,由原告对"没有合法根据"承担举证证明责任。

> **法官提示**
>
> 证明责任的分配具有法定性,证明责任是由法律分配的,而不是由法官分配的。法官只能根据规定,在对民事实体法规范进行类别分析的基础上,识别权利发生规范、权利消灭规范、权利限制规范和权利妨碍规范,并以此为基础确定举证责任的分配。

三是关于证明责任的特殊规则。关于证明责任的特殊规则主要规定在《民法典》及相关司法解释中。比如,《民法典》第897条规定,保管期内,因保管人保管不善造成保管物毁损、灭失的,保管人应当承担赔偿责任。但是,无偿保管人证明自己没有故意或者重大过失的,不承担赔偿责任。第1218条规定,患者在诊疗活动中受到损害,医疗机构或者其医务人员有过错的,由医疗机构承担赔偿责任。第1245条规定,饲养的动物造成他人损害的,动物饲养人或者管理人应当承担侵权责任;但是,能够证明损害是因被侵权人故意或者重大过失造成的,可以不承担或者减轻责任。

典型案例 18

赵某才与齐齐哈尔市某某医疗损害责任纠纷案[①]

案情简介

再审申请人赵某才因与被申请人齐齐哈尔市某某（以下简称某某）医疗损害责任纠纷一案，不服黑龙江省齐齐哈尔市中级人民法院作出的（2023）黑02民终1003号民事判决，申请再审称，依据《民事诉讼法》第207条第1项、第6项规定申请再审。赵某才请求：（1）撤销一、二审判决；（2）依法改判某某赔偿赵某才医疗费12849.30元、伙食补助费1900元、营养费1900元、护理费1900元、往返车费600元、精神损失费10000元，共计29149.30元。

裁判要旨

诊疗行为是否违反诊疗常规属于专业技术问题，需要由具备资质的医疗鉴定机构或司法鉴定机构提供鉴定意见，不能仅凭主观推测进行判断。该案一审过程中，赵某才认为某某的病历具有主观性，坚决不同意使用医院提供的病历进行鉴定，坚持用其复印的病历作为鉴定依据，而赵某才提供的病历只是病历材料中的一部分，缺乏完整性，不足以作为司法鉴定的依据。原审法院再三向赵某才释明，反复告知赵某才应当配合司法鉴定，但赵某才仍坚决不同意使用某某提交的病历资料作为鉴定材料，从而导致鉴定僵局，无法启动鉴定程序。因该案没有司法鉴定意见作为依据，无法认定某某的诊疗行为是否具有过错，故赵某才诉讼主张某某在诊疗活动中

[①] 参见黑龙江省高级人民法院（2023）黑民申4332号民事裁定书。

存在过错与赵某才的损害结果之间存在因果关系的证据不足，原审法院对赵某才的诉讼请求未予支持并无不当。

（三）证明对象

在诉讼过程中，证明主体运用证据加以证明的事实，即为证明对象，又称待证事实、证明客体、要证事实。凡是证明对象，都要有相应的证明主体承担证明责任；所有的证明责任，都是针对一定的证明对象而言的。证明对象必须是由证据加以证明的案件事实。某个案件事实如果是无须证明的，那么就不属于证明对象。[1]

民事诉讼中，原告向法院提起诉讼请求所依据的事实和理由、被告答辩或者提出反诉所依据的事实和理由、第三人参加诉讼提出的主张所依据的事实和理由、法院认为需要查明的案件事实，都需要证据加以证明。根据证据法理论，在民事诉讼中需要证据加以证明的事实主要包括以下三种。

1. 实体法事实

民事诉讼中，认定证据、查明事实是法官最为重要的任务。因此，当事人争议的事实，即实体法事实，属于民事诉讼中最主要的证明对象，更是民事诉讼的起因和要解决的关键问题。以实体法律规范性质为标准，可以将实体法事实划分为：权利发生事实、权利妨害事实、权利消灭事实、权利受制事实。

其中权利发生事实即民事权利发生或者成立的事实，又称基本事实，该事实以当事人请求对方承担的民事责任为标准，可以划分为以下三类：

（1）侵权民事责任的发生事实。根据侵权责任构成要件，该类事实主要包括是否存在侵权行为、造成何种损失、侵权行为与损失之间是否存在因果关系、侵权人主观上是否符合法定归责原则。例如，《民法典》第

---

[1] 参见潘金贵主编：《证据法学》，法律出版社2022年版，第248页。

1218 条规定，患者在诊疗活动中受到损害，医疗机构或者其医务人员有过错的，由医疗机构承担赔偿责任。此时，患者是否受到损害、医疗机构或者其医务人员是否存在过错即为案件的待证事实。

典型案例 19

吕某与南海某医院、佛山市某医院医疗损害责任纠纷案[①]

案情简介

原告吕某诉称，南海某医院对其亲属易某救治不当致易某死亡，原告吕某遂于 2016 年 11 月 21 日起诉请求南海某医院承担赔偿责任，并于 2017 年 1 月 6 日申请追加对易某实施了诊疗行为的佛山市某医院为被告。吕某请求判令：（1）被告南海某医院赔偿 160336 元，佛山市某医院赔偿 120252 元；（2）被告南海某医院赔偿精神损害抚慰金 57143 元、被告佛山市某医院赔偿精神损害抚慰金 42857 元。被告南海某医院辩称，原告诉请的赔偿项目数额有误。被告佛山市某医院辩称，原告起诉的时间已超过诉讼时效期间。

裁判要旨

在医疗损害纠纷中，由于医疗活动的高度技术性和专业性，患者及其家属作为普通人，对于损害由谁所致、诊疗行为是否存在过错、过错与损害结果之间的因果关系等专门性问题，难以在损害发生之时即作出判断，在患者曾就诊多家医疗机构的情况下难度更甚。因此，不能简单机械地将

[①] 人民法院案例库入库编号：2023-16-2-376-002。

损害发生之日作为诉讼时效的起算点。在没有证据证明患方知道或者应当知道诊疗行为符合侵权责任构成要件的情况下，其未对义务人提起诉讼，不应视为其怠于行使权利。

（2）返还不当得利民事责任的发生事实。根据《民法典》第985条之规定，该类实体法事实包括了得利人取得了利益、权利人受有损失、没有法律根据。

典型案例 20

董某诉王某某不当得利纠纷案[①]

案情简介

董某之父董某某与王某某之女穆某系夫妻关系，穆某为董某继母。刘某某在陕西某公司担任投资顾问。2017年3月9日，董某将其名下资金285173022.15元转至刘某某账户，委托刘某某代为暂存且这笔资金拟用于投资。2017年3月13日，王某某持刘某某账户存单将上述款项本息285186937.13元转入王某某名下账户，并将该笔资金用于购买基金产品。董某认为上述款项未经其同意由王某某私下转移，构成不当得利，上述款项依法应予返还，董某遂诉至陕西省西安市中级人民法院，请求返还上述款项，形成本诉。陕西省西安市中级人民法院于2020年8月25日作出（2020）陕01民初100号民事判决：被告王某某于本判决生效之日起十日内返还原告董某285186937.13元。宣判后，王某某提出上诉。陕西省高级人民法院于2020年12月14日作出（2020）陕民终1020号民事判决：驳回上诉，维持原判。

---

① 人民法院案例库入库编号：2023-07-2-144-001。

裁判要旨

不当得利的构成要件有以下四个：一方获得利益；另一方受到损失；获利与受损之间具有因果关系；取得利益没有合法根据。以上四要件均需当事人举证证明。但取得利益是否有合法依据由谁举证在司法实践中存在分歧。对于当事人事先未形成合意的非给付型不当得利，请求人通常无法直接予以证明，而取得利益具有法律上的原因为积极事实，由获得利益的被请求人进行举证更为妥当。

（3）违约责任的发生事实。《民法典》合同编规定了较多的有名合同，司法实践中对该类实体法事实应当结合法律和司法解释的具体规定予以认定，主要应当证明是否存在违约行为、主观上可否归责。

裁判规则

一方当事人提出对方诉讼请求超过诉讼时效的抗辩意见，另一方当事人有责任证明自己的权利主张在诉讼时效范围之内。

2. 程序法事实

能够引起民事诉讼法律关系发生、变更或者消灭的事实即为程序法事实，该类事实关系到诉讼程序的发生、发展、中止和终结，直接影响到当事人的诉讼权利，亦为法官关注重点，实际上也是很多当事人的诉讼技巧所在，主要分为以下两类。

第一类为需要当事人举证证明的程序法事实。

（1）关于回避的事实。根据《民事诉讼法》第47条第1款的规定，审判人员有下列情形之一的，应当自行回避，当事人有权用口头或者书面方式申请他们回避：是本案当事人或者当事人、诉讼代理人近亲属的；与本案有利害关系的；与本案当事人、诉讼代理人有其他关系，可能影响对案件公正审理的。当事人如果申请审判人员回避，则应当举证证明审判人员存在上述情形之一。

（2）关于证据保全的事实。证据保全有利于诉讼的顺利进行和法院公正裁判，在民事诉讼中具有重要意义，在司法实践中广为运用。根据《民事诉讼法》第84条第1款的规定，在证据可能灭失或者以后难以取得的情况下，当事人可以在诉讼过程中向人民法院申请保全证据，人民法院也可以主动采取保全措施。当事人如果申请证据保全，则应当举证证明"证据可能灭失或者以后难以取得"的情形。

（3）关于诉讼期限顺延的事实。根据《民事诉讼法》第86条的规定，当事人因不可抗拒的事由或者其他正当理由耽误期限的，在障碍消除后的十日内，可以申请顺延期限，是否准许，由人民法院决定。诉讼期限顺延体现了法律对当事人诉讼权利的保护。例如，当事人突发重病，无法按照传票通知时间参加庭审的，开庭时间应当顺延。这里即涉及当事人对"不可抗拒的事由或者其他正当理由"的证明责任。

（4）关于先予执行的事实。《民事诉讼法》第110条第1款规定，人民法院裁定先予执行的，应当符合下列条件：当事人之间权利义务关系明确，不先予执行将严重影响申请人的生活或者生产经营的；被申请人有履行能力。法院先予执行必须根据当事人申请，不得依职权主动进行，因此，当事人如果申请先予执行，则应当举证证明符合以上法定条件的事实存在。

（5）关于申请再审的事实。申请再审是当事人的一项权利，但进入再审则需要符合严格的法定条件，《民事诉讼法》第211条、第212条规定了申请再审的条件，当事人必须举证证明存在法律规定的情形。

（6）其他程序法事实。

典型案例 21

湖南远和置业发展有限公司与湖南绿岛明珠房地产有限公司等申请执行人执行异议之诉案[①]

案情简介

再申请申请人湖南远和置业发展有限公司（以下简称远和公司）因与被申请人湖南绿岛明珠房地产有限公司及原审第三人湖南日月投资有限公司、彭某申请执行人执行异议之诉一案，不服最高人民法院作出的（2019）最高法民终577号民事判决，申请再审称，原审程序存在审判组织组成不合法或者依法应当回避的审判人员没有回避的情形，严重违法。

裁判要旨

根据《民事诉讼法》第44条第1款"审判人员有下列情形之一的，应当自行回避，当事人有权用口头或者书面方式申请他们回避：（一）是本案当事人或者当事人、诉讼代理人近亲属的；（二）与本案有利害关系的；（三）与本案当事人、诉讼代理人有其他关系，可能影响对案件公正审理的"的规定，本案一审及二审合议庭成员与另案合议庭成员存在部分同一的情形，这并不属于审判人员应予自行回避的法定事由。且远和公司未提供证据证明相关合议庭成员与本案有利害关系，远和公司申请再审称原审审理程序违法，不能成立。

第二类为法官应当主动查明的程序法事实。除上述需要当事人举证证明的程序法事实外，有的程序法事实还需要法院依职权调查。

[①] 参见最高人民法院（2020）最高法民申5806号民事裁定书。

> **裁判规则**
>
> 该类事实并不属于当事人证明责任范围，由于法院并非证明责任主体，所以该类程序性事实不属于民事诉讼中的证明对象。

法官应当主动查明的程序法事实主要包括：

（1）关于起诉的要件事实。《民事诉讼法》第122条规定了起诉的条件：原告是与本案有直接利害关系的公民、法人和其他组织；有明确的被告；有具体的诉讼请求和事实、理由；属于人民法院受理民事诉讼的范围和受诉人民法院管辖。以上均属于法院应当查明的要件事实。

典型案例22

凌某某诉江苏某建设有限公司、青岛某置业有限公司建设工程合同纠纷案[①]

案情简介

凌某某、江苏某建设有限公司、青岛某置业有限公司一致认可其三方分别作为甲方、乙方、丙方，共同签订了青岛某广场项目土建内部承包协议书，约定由凌某某负责江苏某建设有限公司施工总承包的某广场土建的具体施工任务。三方一致认可，2019年7月5日，江苏某建设有限公司（甲方施工总承包方）与凌某某（乙方项目实际施工人）、青岛某置业有限公司（丙方建设单位及担保方）共同签订项目部内部结算及解除协议，约定工程价款结算方式及违约责任。凌某某、江苏某建设有限公司、青岛某置业有限公司于该案诉讼过程中一致认可涉案工程基础部分已经完成验

---

① 人民法院案例库入库编号：2023-01-2-115-004。

收备案,且工程已经交付给青岛某置业有限公司;一致认可尚欠付工程款的事实以及工程款起算利息的时间为自2019年7月5日起30个工作日,即2019年8月17日。

山东省青岛市中级人民法院于2020年5月12日作出(2019)鲁02民初2245号民事裁定:驳回凌某某的起诉。案件受理费454271元,退还给凌某某。宣判后,凌某某提起上诉。山东省高级人民法院于2020年8月19日作出(2020)鲁民终2013号民事裁定:驳回上诉,维持原裁定。宣判后,凌某某申请再审。最高人民法院于2021年3月18日作出(2020)最高法民申6957号民事裁定:该案由最高人民法院提审。最高人民法院于2021年12月20日作出(2021)最高法民再201号民事裁定:(1)撤销山东省高级人民法院作出的(2020)鲁民终2013号民事裁定及山东省青岛市中级人民法院作出的(2019)鲁02民初2245号民事裁定;(2)指令山东省青岛市中级人民法院对该案进行审理。

裁判要旨

法院生效裁判认为,该案的争议焦点为凌某某提起的该案诉讼是否符合法律规定的起诉条件及是否具有诉的利益。《民事诉讼法》第119条规定:"起诉必须符合下列条件:(一)原告是与本案有直接利害关系的公民、法人和其他组织;(二)有明确的被告;(三)有具体的诉讼请求和事实、理由;(四)属于人民法院受理民事诉讼的范围和受诉人民法院管辖。"该案中,凌某某基于其与江苏某建设有限公司、青岛某置业有限公司签订的建设工程内部施工承包协议与项目部内部结算及解除协议,提起该案诉讼。凌某某是与该案有直接利害关系的公民,被告是江苏某建设有限公司、青岛某置业有限公司,系合同的相对方。凌某某诉请支付案涉工程价款8213.18万元、利息及确认优先受偿权,凌某某有具体的诉讼请求和事实、理由。因此,其提起的该案诉讼符合法律规定的起诉条件。此外,凌某某主张江苏某建设有限公司、青岛某置业有限公司未适当履行项目部内部结算及解除协议，请求就案涉工程价款享有优先受偿权，凌某某的诉讼请求能否得到支持，需在实体审理中进一步审理认定。一、二审法院认为"青岛某置业有限公司、江苏某建设有限公司对凌某某诉求亦未提出实质性的异议，因此双方之间并无实质性的纠纷，双方可依法自行履行"，并以此驳回凌某某的起诉显属不当。

（2）关于妨害民事诉讼的事实。《民事诉讼法》第10章规定了"对妨害民事诉讼的强制措施"，法院对当事人采取强制措施的，应当查明当事人实施了妨害民事诉讼的行为。

（3）关于诉讼中止、终结的事实。《民事诉讼法》第153条规定了诉讼中止的情形，第154条规定了诉讼终结的情形，法院中止、终结诉讼的，应当查明存在法定情形。

（4）关于中止、终结执行的事实。《民事诉讼法》第267条规定了执行中止的情形，第268条规定了执行终结的情形，法院中止、终结执行的，应当查明存在法定情形。

3. 外国法律

民事诉讼中需要援用的外国法，其性质属于事实还是法律，尚存争议。第一种观点认为，依据本国冲突规范而适用的外国法，相对于本国法律而言，只是单纯的事实。第二种观点认为，需要查明的外国法是法律，法律面前国内外一律平等，因此，法官适用时并无不一致。第三种观点认为，外国法属于一种特殊的法律事实，既非单纯的事实，又非绝对的法律。

《涉外民事关系法律适用法》第10条规定，涉外民事关系适用的外国法律，由人民法院、仲裁机构或者行政机关查明。当事人选择适用外国法律的，应当提供该国法律。不能查明外国法律或者该国法律没有规定的，适用中华人民共和国法律。

（四）证明标准

证明标准，是指法律规定的，证明责任主体运用证据对事实加以证明所要达到的要求或程度，又称证明要求、证明程度。[①] 关于民事诉讼证明标准，英美法系将其称为"优势证据"，大陆法系将其称为"高度盖然性"。证明标准的确立，在民事诉讼中具有重要意义。当事人提出的证据达到了法定的证明标准，这意味着其提出的证据可以被采信，并据以支持其事实主张，同时也意味着法院确认采用何种标准采信证据确认案件事实。

1991年《民事诉讼法》第153条第1款规定，第二审人民法院对上诉案件，经过审理，按照下列情形，分别处理：（1）原判决认定事实清楚，适用法律正确的，判决驳回上诉，维持原判决；（2）原判决适用法律错误的，依法改判；（3）原判决认定事实错误，或者原判决认定事实不清，证据不足，裁定撤销原判决，发回原审人民法院重审，或者查清事实后改判；（4）原判决违反法定程序，可能影响案件正确判决的，裁定撤销原判决，发回原审人民法院重审。一般认为，该条款确立了"事实清楚，证据充分"的证明标准。2012年《民事诉讼法》第170条对条款内容作了修改，主要体现于将第3项修改为"（三）原判决认定基本事实不清的，裁定撤销原判决，发回原审人民法院重审，或者查清事实后改判；"将"认定事实不清"修改为"认定基本事实不清"，删除"证据不足"。实际上，这次修改降低了民事诉讼的证明标准。现行《民事诉讼法》对此予以了沿袭和保留。

2001年，《民事诉讼证据规定》第73条规定，双方当事人对同一事实分别举出相反的证据，但都没有足够的依据否定对方证据的，人民法院应当结合案件情况，判断一方提供证据的证明力是否明显大于另一方提供

[①] 参见陈光中主编：《证据法学》（第5版），法律出版社2023年版，第277页。

证据的证明力，并对证明力较大的证据予以确认。因证据的证明力无法判断导致争议事实难以认定的，人民法院应当依据举证责任分配的规则作出裁判。该条文确立了"优势证据"的证明标准，但该标准显然低于1991年《民事诉讼法》第153条确立的"事实清楚，证据充分"的证明标准。2015年，最高人民法院出台《民事诉讼司法解释》，其中第108条对我国的证明标准作了规定。该司法解释第108条第1款规定：对负有举证证明责任的当事人提供的证据，人民法院经审查并结合相关事实，确信待证事实的存在具有高度可能性的，应当认定该事实存在。该款确立了"高度盖然性"的证明标准。该司法解释第108条第3款规定：法律对于待证事实所应达到的证明标准另有规定的，从其规定。同时，该司法解释第109条规定，当事人对欺诈、胁迫、恶意串通事实的证明，以及对口头遗嘱或者赠与事实的证明，人民法院确信该待证事实存在的可能性能够排除合理怀疑的，应当认定该事实存在。上述两个条文确立了"排除合理怀疑"的证明标准。据此，主流观点认为，我国民事诉讼排除了"优势证据"的证明标准，而代之以一般情形下适用"高度盖然性"的证明标准以及特殊情形下适用"排除合理怀疑"的证明标准。[1]

一是高度盖然性证明标准。证明标准无法避免地具有一定的主观性，高度盖然性的证明标准是指只要当事人能够提出证据证明待证事实的存在具有高度可能性，法官就可以确认该事实存在。对于证明具体需要达到什么程度的标准，法律条文没有明确规定，主要依靠法官的自由心证。

有的学者以刻度盘为例对盖然性作出形象直观的描述：假定刻度盘两端为0和100%，将刻度盘两端之间分为四个等级：1%-24%为非常不可能，25%-49%为不太可能，51%-74%为大致可能，75%-99%为非常可能。其中0为绝对不可能，100%为绝对可能，50%为可能与不可能同等程度存在。据此，民事诉讼的证明标准应当确定在最后一个等级，即在

---

[1] 参见潘金贵主编：《证据法学》，法律出版社2022年版，第313页。

穷尽了可以获得的所有证据之后，如果仍然达不到75%的证明程度，则应当认定事实不存在；如果证明程度超过75%，应当认定待证事实存在。[1]

典型案例23

张某与王某等继承纠纷案[2]

案情简介

原告张某诉称：张某为张某甲与董某乙的非婚生子。董某乙因病去世，遗留有房屋等遗产，该遗产至今没有分割。被告王某系董某乙的妻子，被告柳某系董某乙的母亲，与张某同为第一顺位继承人。张某现就被继承人所留遗产分割事宜诉至法院。被告王某辩称：不同意张某的诉讼请求。张某提交的司法鉴定意见书信息存在矛盾之处，张某没有证据证明董某乙系其父亲。

裁判要旨

在非婚生子女主张作为继承人的继承案件中，被继承人已去世，无法与该非婚生子女进行亲子鉴定。若结合亲缘关系鉴定意见和其他在案证据、客观情况，综合运用逻辑推理和日常生活经验等，能够达到高度盖然性，可以认定存在亲子关系。

二是排除合理怀疑证明标准。《民事诉讼司法解释》提升当事人对"欺诈、胁迫、恶意串通"事实的证明标准，主要是为了维护正常的法律

---

[1] 参见宋春雨：《民事证据规则适用通解》，人民法院出版社2024年版，第53页。
[2] 人民法院案例库入库编号：2024-14-2-476-001。

秩序和交易的稳定性,对主张撤销、变更合同的一方当事人提出了更高的证明要求,以此保护交易安全;口头遗嘱的真实性难以确定,由此,提升"对口头遗嘱的证明标准"主要是为了保护法定继承人的合法权益,规范立遗嘱的行为,维护稳定的遗产继承制度;提升"对赠与事实的证明标准",主要是为了规范财产所有权转移制度,即使赠与事实未被证实,被赠与人仅仅丧失了期待利益。《民事诉讼证据规定》第86条第1款沿袭上述司法解释规定,该款规定,当事人对于欺诈、胁迫、恶意串通事实的证明,以及对于口头遗嘱或赠与事实的证明,人民法院确信该待证事实存在的可能性能够排除合理怀疑的,应当认定该事实存在。关于该标准的适用问题,我们主张采取"两步走"的方法:(1)先行判断欺诈、胁迫、恶意串通、口头遗嘱或者赠与事实是否具有高度可能性,若没有达到高度可能性则法官可以认定该事实不真实而不予采信;(2)若达到高度可能性,则进一步判断是否达到"排除合理怀疑"的标准。[1]

典型案例24

江苏某科技产业园控股集团有限公司与某动力(江苏)投资有限公司、某动力(常州)发动机有限公司、某动力股份有限公司技术秘密许可使用合同纠纷案[2]

案情简介

某动力股份有限公司与江苏某科技产业园控股集团有限公司(以下简称某科技产业园公司)洽谈在某地投资建厂事宜。根据某地的招商引

---

[1] 参见邵明、李海尧:《我国民事诉讼多元化证明标准的适用》,载《法律适用》2021年第11期。
[2] 人民法院案例库入库编号:2023-13-2-151-001。

资政策以及某动力股份有限公司计划投资的项目规模，某动力股份有限公司预计可获得 2 亿元综合奖励。双方的关联公司签订涉案技术许可协议，由某科技产业园公司支付 2 亿元许可使用费以获得某动力股份有限公司柴油发动机的全部商业秘密和核心技术，某科技产业园公司将该笔款项打入其指定的账户并对该笔资金进行监管。上述合同签订 4 个月后某动力股份有限公司出具回购方案，承诺以 2 亿元价格回购合同约定的商业秘密和核心技术。该笔交易披露后，中国证监会予以关注并开展调查。某动力股份有限公司后续未在某地投资建厂。某科技产业园公司提起诉讼，主张涉案技术许可协议是为满足招商引资需要签订，并非双方真实意思表示，应当无效，某动力股份有限公司及关联公司应当返还 2 亿元资金。

裁判要旨

关于当事人是否以虚假意思表示订立合同的判断，一般可以按照如下步骤认定：一是审查合同主给付义务是否具备特定类型合同项下主给付义务的基本特征；如不具备，则可以初步认定订立合同时存在虚假意思表示。二是根据当事人订立合同前后的情况和实际履约行为等事实，进一步认定订立合同时所隐藏的真实意图。三是综合全案案情，如果上述两个方面的认定可以相互吻合并能够排除合理怀疑，则可以最终认定当事人以虚假意思表示订立合同。

（五）举证责任倒置

《民事诉讼法》第 67 条第 1 款规定，当事人对自己提出的主张，有责任提供证据。关于证明责任分配的一般原则，首先是《民事诉讼法》中的"谁主张，谁举证"原则。"谁主张，谁举证"多数情况下可以达到公平合理分配证明责任的目标。但是，在一些特殊情况下根据该举证原则进行证明责任分配可能产生不公平的结果。由此，为了保护弱势方、调解双方当事人之间的权利义务，法律对该特殊情况下的举证责任作了特殊规定，即对举证责任予以倒置。

> **法官提示**
>
> 证明责任的倒置意味着特定要件事实的主张负担、提供证据负担、承担败诉风险负担从一方当事人转移至另一方当事人。

我国民事诉讼中举证责任的倒置主要规定在民事实体法律规范中，综合《民法典》等相关法律的规定，民事诉讼中举证责任倒置主要适用于以下几类案件。

一是环境污染责任纠纷。根据《民法典》第1230条的规定，因污染环境、破坏生态发生纠纷，行为人应当就法律规定的不承担责任或者减轻责任的情形及其行为与损害之间不存在因果关系承担举证责任。当然，环境污染责任纠纷案件中，虽然实行举证责任倒置，但并不意味着受害人不承担任何举证责任。在诉讼中，受害人应当首先证明污染行为与损害结果之间存在联系，即存在因果关系的可能性，只是这种可能性并不需要如相当因果关系理论要求的那样达到高度盖然性。[1]

典型案例 25

某家庭农场与某县自然资源与规划局环境污染责任纠纷案[2]

案情简介

某自然资源与规划局与某航空飞行服务有限公司签订合同，约定由某

---

[1] 参见黄薇主编：《中华人民共和国民法典释义》，法律出版社2020年版，第2392页。
[2] 人民法院案例库入库编号：2024-11-2-377-006。

航空飞行服务有限公司实施飞防作业。某自然资源与规划局在其公众号上发布"某县飞机施药防治春尺蠖害虫的通告",同日在乡镇林业微信群中转发该通告。原告某家庭农场的池塘位置在飞防通告发放乡、村范围内。某航空飞行服务有限公司在飞防区域内实施了飞防作业,同日下午,原告池塘内鲈鱼出现吃食异常现象,此后便出现逐渐大批量死亡现象。诉讼中,原告某家庭农场申请对其鲈鱼损失情况进行鉴定,法院依法委托某农业司法鉴定中心进行鉴定。

裁判要旨

环境污染侵权是一种特殊的侵权行为,有别于一般的侵权行为,依法实行举证责任倒置规则。被侵权人就污染事实的关联性履行初步的举证责任后,侵权人应就污染事实与损害结果不具有因果关系承担举证责任,否则应承担败诉的不利结果。

二是物件损害责任纠纷。根据《民法典》第1253条的规定,建筑物、构筑物或者其他设施及其搁置物、悬挂物发生脱落、坠落造成他人损害,所有人、管理人或者使用人不能证明自己没有过错的,应当承担侵权责任。所有人、管理人或者使用人赔偿后,有其他责任人的,有权向其他责任人追偿。因此,损害发生后,受害人首先应当证明损害后果系由建筑物、构筑物或者其他设施及其搁置物、悬挂物发生脱落、坠落造成的,所有人、管理人或者使用人对自己没有过错承担举证责任,不能证明自己没有过错的,应当承担侵权责任。

典型案例 26

杨某杰与某食品商行健康权纠纷案[①]

案情简介

被告某食品商行的门上方设有门头牌匾，门头牌匾上写明该商行名称。原告杨某杰步行至该商行门口时被坠落物砸伤，后被送至医院住院治疗。事发当天莱阳市某派出所出警，并对某食品商行经营者陶某、杨某杰的妻子邹某做了笔录。

裁判要旨

建筑物、构筑物或者其他设施及搁置物、悬挂物发生脱落、坠落造成他人损害，所有人、管理人或者使用人不能证明自己没有过错的，应当承担侵权责任。根据事发当日派出所对邹某及陶某所做的询问笔录可以看出，原告杨某杰系在被告某食品商行门口被门头附近坠落的物品砸伤，法院对该事实予以确认。被告某食品商行主张砸伤原告的木盒系物业公司安放，且系因隔壁装修施工而安放，但并未提交证据予以证实，应当承担举证不能的法律后果。对原告杨某杰的损失，被告承担赔偿责任。

三是共同危险行为纠纷。根据《民法典》第 1170 条的规定，二人以上实施危及他人人身、财产安全的行为，其中一人或者数人的行为造成他人损害，能够确定具体侵权人的，由侵权人承担责任；不能确定具体侵权人的，行为人承担连带责任。也就是说，不能确定具体加害人的，由行为人承担连带责任，只有在确定具体加害人的情形下，其他行为人才可以免

[①] 人民法院案例库入库编号：2024-18-2-001-006。

除责任。

> **裁判规则**
>
> 行为人需要证明自己未实施侵权行为，否则应当承担侵权责任。

典型案例 27

临洮公路段与郭某、石某财产损害赔偿纠纷案①

案情简介

再审申请人临洮公路段因与被申请人郭某、石某财产损害赔偿纠纷一案，不服甘肃省定西市中级人民法院作出的（2022）甘11民终452号民事判决，向甘肃省高级人民法院申请再审称，（1）石某所诉财产损失与公路边沟的管护责任之间没有因果关系。按照民事诉讼"谁主张，谁举证"的原则，在石某未提供专业鉴定的情况下，认定石某的房屋受损系由"边沟之水"浸泡所致，无法让人信服。（2）原审判决同时适用按份责任和连带责任，属于适用法律错误。

裁判要旨

石某房屋受损，系多因一果的侵权责任，临洮公路段与郭某系共同侵权人，根据《民法典》第1170条"二人以上实施危及他人人身、财产安全的行为，其中一人或者数人的行为造成他人损害，能够确定具体侵权人的，由侵权人承担责任；不能确定具体侵权人的，行为人承担连带责任"的规定，临洮公路段与郭某承担连带责任并无不当。故临洮公路段的再审

---

① 参见甘肃省高级人民法院（2023）甘民申141号民事裁定书。

申请理由不能成立。

四是教育机构未尽教育、管理职责纠纷。根据《民法典》第1199条的规定，无民事行为能力人在幼儿园、学校或者其他教育机构学习、生活期间受到人身损害的，幼儿园、学校或者其他教育机构应当承担侵权责任；但是，能够证明尽到教育、管理职责的，不承担侵权责任。无民事行为能力人在幼儿园、学校或者其他教育机构学习、生活期间，超越了监护人的控制范围，如果受到人身损害，基本无法对事故发生时的情形准确地加以描述，此时要让无民事行为能力人或者其监护人来证明学校的过错，几乎是不可能的。因此，采用过错推定原则，学校能举证反驳，可以通过证明已经尽到了相应的注意义务并且实施了合理的行为，达到免责的目的。同时，学校等教育机构可以通过保险等方式向社会转移风险。[1]

典型案例28

孟某阳与克莱沃北兴某某园健康权纠纷案[2]

案情简介

原告孟某阳在被告克莱沃北兴某某园参加跳绳活动时受伤，事故发生后原告被送往济宁市某某医院、山东某某大学第一附属医院、邹城市某某医院等医院进行治疗。主要诊断为：左肱骨髁上骨折。以上支出医疗费合计13791元。上述事实，有病历、医疗费票据等证据予以证实。

---

[1] 参见黄薇主编：《中华人民共和国民法典释义》，法律出版社2020年版，第2330页。
[2] 参见山东省济宁市中级人民法院（2024）鲁08民终3436号民事判决书。

裁判要旨

幼儿园作为教育机构，其管理对象均为无民事行为能力的幼儿，幼儿的行为认知能力较低，在幼儿参加跳绳活动时，被告克莱沃北兴某某园作为教育管理机构应加强对幼儿的教育、看护、管理，以保障幼儿在校期间的人身安全，被告克莱沃北兴某某园未提交证据证实其尽到了教育、管理职责，因此应当对原告的损失承担全部赔偿责任。

五是非法占有高度危险物致害责任纠纷。根据《民法典》第1242条的规定，非法占有高度危险物造成他人损害的，由非法占有人承担侵权责任。所有人、管理人不能证明对防止非法占有尽到高度注意义务的，与非法占有人承担连带责任。

裁判规则

是否尽到高度注意义务的举证责任在所有人、管理人，如果所有人、管理人不能证明已尽到高度注意义务，就推定其存在过错，并与非法侵占人承担连带责任。

六是动物园动物致人损害纠纷，根据《民法典》第1248条的规定，动物园的动物造成他人损害的，动物园应当承担侵权责任；但是，能够证明尽到管理职责的，不承担侵权责任。动物园对其园内动物具有高度注意义务，只有证明其尽到管理职责，才能被认定没有过错。比如，有的游客不听劝阻，擅自翻越围栏闯入动物区致其自身受伤，动物园已经告知危险并且劝阻未果，不承担侵权责任。

典型案例29

张某与龙湖公园身体权、健康权纠纷案[①]

案情简介

张某在龙湖公园的动物园内游玩，擅自将右手从棕熊笼舍东北角伸进隔离网内的熊笼投喂棕熊食物时，被棕熊咬伤右手中指，这造成其右手中指末节受伤缺失。另查明，龙湖公园提供的照片显示龙湖公园动植物园门口处立有温馨提示的告示牌，内容包括"严禁翻越隔离设施，保持人与动物的安全距离……严禁擅自投喂动物"；案涉棕熊笼舍网上设置有"为了您的安全，请不要翻越、攀爬护栏"字样的警示牌。

裁判要旨

张某作为具有完全民事行为能力的成年人，应当对投喂猛兽的危险性有清醒的认识，并加强自我防范意识。张某在参观隔离网内的棕熊时，在龙湖公园并未设置投喂点的情形下，违反文明游园的行为规范，主动将手指伸进隔离网内投喂棕熊，这最终导致其手指受损，对于损害后果的发生张某具有重大过错，应承担主要责任。龙湖公园作为公共场所的经营者、管理者，应为游客提供安全保障义务。张某受伤发生在龙湖公园动物园区内，事发时案涉棕熊笼舍东北角护栏的设置存在安全隐患，使游客与棕熊接触存在可能性，且龙湖公园未能及时制止张某将手指伸进隔离网内投喂棕熊的危险行为，导致张某手指受损，龙湖公园对于损害后果的发生具有一定的过错，应承担次要责任。

[①] 参见安徽省淮南市中级人民法院（2024）皖04民终1432号民事判决书。

七是新产品制造方法的发明专利侵权纠纷。根据《专利法》第 66 条第 1 款的规定，专利侵权纠纷涉及新产品制造方法的发明专利的，制造同样产品的单位或者个人应当提供其产品制造方法不同于专利方法的证明。

八是劳动争议纠纷。根据《劳动争议调解仲裁法》第 6 条的规定，与争议事项有关的证据属于用人单位掌握管理的，用人单位应当提供；用人单位不提供的，应当承担不利后果。

> **法官提示**
>
> 证明责任的倒置只能发生在有明确的法律规定的前提下，法官不能任意对证明责任加以倒置。

典型案例 30

云南某某贸易有限公司与段某军劳动争议纠纷案[①]

案情简介

再审申请人云南某某贸易有限公司因与被申请人段某军劳动争议一案，不服云南省昆明市中级人民法院作出的（2024）云 01 民终 2874 号民事判决，向云南省高级人民法院申请再审称，再审申请人与被申请人之间不存在事实劳动关系。其一，再审申请人与被申请人没有建立劳动关系的事实基础，亦没有建立劳动关系的合意。其二，被申请人未向再审申请人提供劳动，再审申请人未向被申请人安排工作，对其进行管理，要求其遵守考勤制度，双方也不存在人身、经济和组织上的依附关系。其三，再审申请人并未向被申请人提供生产资料、工作场所和稳定持续的经济报酬。

[①] 参见云南省高级人民法院（2024）云民申 6750 号民事裁定书。

综上，再审申请人与被申请人之间不存在事实劳动关系，在被申请人与第三人存有劳动关系的情形下再审申请人并未与被申请人建立劳动关系。故依据《民事诉讼法》第211条的规定，申请再审。

裁判要旨

《民事诉讼法》第67条第1款规定，当事人对自己提出的主张，有责任提供证据。《劳动争议调解仲裁法》第6条规定，发生劳动争议，当事人对自己提出的主张，有责任提供证据。与争议事项有关的证据属于用人单位掌握管理的，用人单位应当提供；用人单位不提供的，应当承担不利后果。再审申请人主张其与被申请人之间没有劳动关系，被申请人系案外人郑某键雇用的人员，再审申请人虽提交了其与郑某键签订的仓储承包合同等证据，但所提交的证据不足以证实其主张，且与其在仲裁和原审过程中的陈述相悖。据此，原审判决依据在卷证据、审理查明的事实及前述法律规定，确认在郑某键未申明以自己的名义雇用被申请人，或被申请人在知悉并认可再审申请人与郑某键之间的承包合同的情形下，有理由相信其系为再审申请人提供劳动，确认再审申请人通过网络（前程无忧）招聘被申请人入职，双方之间存在事实劳动关系有事实及法律依据，并无不当。

二、取证

证据进入诉讼程序的前提是当事人举证，而举证的前提是取证，因此，在民事诉讼案件推进过程中，取证即证据的收集成为最关键的一个环节，如何收集证据、收集什么样的证据是重中之重，对于查明案件事实，正确处理案件具有十分重要的意义。当事人在收集证据时，采用的手段和方法不得当可能会侵犯对方当事人的合法权益并违反法律规定，如使用电子设备私录他人的行为、谈话等可能侵犯他人隐私权。因此，取证方式必须合法。关于谁有权收集证据的问题，根据《民事诉讼法》及相关司法解释的规定，其范围实际上还是比较宽泛的。

(一) 取证主体

1. 当事人及其代理人

《民事诉讼法》第 67 条第 1 款规定，当事人对自己提出的主张，有责任提供证据。《民事诉讼司法解释》第 90 条规定，当事人对自己提出的诉讼请求所依据的事实或者反驳对方诉讼请求所依据的事实，应当提供证据加以证明，但法律另有规定的除外。在作出判决前，当事人未能提供证据或者证据不足以证明其事实主张的，由负有举证证明责任的当事人承担不利的后果。《民事诉讼证据规定》第 1 条规定，原告向人民法院起诉或者被告提出反诉，应当提供符合起诉条件的相应的证据。根据上述规定，民事诉讼中，当事人及其代理人是主要的举证主体，提供证据既是当事人的权利，也是当事人向人民法院应尽的义务，当然为了对自己有利，当事人不乏具有选择性举证的行为。

典型案例 31

某财产保险股份有限公司分公司与吴某保险人代位求偿权纠纷案[①]

案情简介

吴某驾驶的 A 车与案外人田某驾驶的 B 车刮碰，造成两车受损的交通事故。交通事故认定书认定，吴某负事故全部责任。B 车在某财产保险股份有限公司分公司（以下简称某财险公司）处投保车辆损失险，被保

---

① 人民法院案例库入库编号：2024-08-2-333-009。

险人为田某。事故发生后，某财险公司出具定损报告，核定 B 车车辆损失价值为 8700 元，该车实际花费维修费 7729 元。某财险公司向被保险人田某赔付保险金 7729 元，被保险人田某出具机动车辆索赔权转让书，同意将已取得赔款的部分向责任方追偿的权利转让给某财险公司。吴某对某财险公司出具的定损报告不予认可，认为定损金额过高，对多项维修及更换部件项目有异议。

裁判要旨

保险人作为原告，按照"谁主张，谁举证"的举证规则，应当对保险事故损失程度承担举证责任。第三人对保险人单方确定的保险事故损失程度不认可时，应当由保险人对保险事故损失程度承担举证责任。不能仅凭保险人单方制作的定损单认定其完成了举证责任。依据合同相对性，即使保险人与被保险人之间就保险事故损失程度达成合意，也不能约束第三人。保险人如果不能提供相应资料致使车辆损失程度无法确定，应当承担相应举证不能的法律后果。

同时，需要注意的是，要准确理解"符合起诉条件的相应的证据"。虽然现在法院实行立案登记制，但这并非意味着当事人起诉时就没有提供证据的义务。《民事诉讼司法解释》第 208 条规定了登记立案的程序，人民法院在接到民事案件起诉状时，对是否符合《民事诉讼法》规定的起诉条件进行形式审查，符合规定的，应当予以登记立案。《最高人民法院关于人民法院登记立案若干问题的规定》第 6 条第 5 项规定，当事人起诉的，应当提交与诉请相关的证据或者证明材料。因此，实行立案登记制度后，人民法院仍然需要对当事人是否具备起诉条件进行审查，当事人也应当提供相应证据材料。

法官提示

立案阶段的审查，仅限于形式审查，主要审查当事人的起诉是否符合

> 《民事诉讼法》第 122 条规定的起诉条件以及起诉状是否符合《民事诉讼法》第 124 条规定的事项，并不需要审查当事人提交的证据材料与诉讼请求之间的关联性，是否足以证实当事人主张的事实，因为证据尚需质证或者法院调查核实，或者委托司法鉴定。

2. 人民法院

《民事诉讼法》第 67 条第 2 款规定，当事人及其诉讼代理人因客观原因不能自行收集的证据，或者人民法院认为审理案件需要的证据，人民法院应当调查收集。第 70 条第 1 款规定，人民法院有权向有关单位和个人调查取证，有关单位和个人不得拒绝。因此，人民法院属于民事诉讼中证据收集的主体。法院调查收集证据，主要基于以下两种原因：

一是当事人及其诉讼代理人因客观原因不能自行收集的证据。根据《民事诉讼司法解释》第 94 条第 1 款的规定，当事人及其诉讼代理人因客观原因不能自行收集的证据包括：证据由国家有关部门保存，当事人及其诉讼代理人无权查阅调取的；涉及国家秘密、商业秘密或者个人隐私的；当事人及其诉讼代理人因客观原因不能自行收集的其他证据。比如涉及房屋、土地等方面的证据材料，往往由相关政府部门主管，当事人自己难以取得，此时需要法院调查收集。又如老年当事人的举证能力较弱，此时法院应当根据案件情况进行证据的收集。

当事人及其诉讼代理人因客观原因不能自行收集的证据，可以在举证期限届满前书面申请人民法院调查收集。申请书应当载明被调查人的姓名或者单位名称、住所地等基本情况，所要调查收集的证据名称或者内容，需要由人民法院调查收集证据的原因及该证据要证明的事实以及明确的线索。需要注意的是，法官应当根据法律和司法解释的规定对当事人的申请进行审查，不能因当事人提出申请即准许并主动取证，否则有违中立原则。司法实践中一些法院对于人民法院调查收集证据的条件掌握过于宽松，为回避矛盾、避免当事人的指责，即使当事人申请调查收集的证据对待证事实的证明缺乏必要性，也仍然调查收集。既浪费审判资源，也由于调查收集来的证据无法发挥证明待证事实的作用而容易产生新的矛盾。[1] 根据《民事诉讼司法解释》第95条的规定，当事人申请调查收集的证据，与待证事实无关联、对证明待证事实无意义或者其他无调查收集必要的，人民法院不予准许。因此，如前文所述，证据应当具备关联性，对于与待证事实没有关联性、对案件事实的证明没有意义的证据，若当事人申请法院调取，实属浪费司法资源，不应准许。

典型案例 32

北京某科技公司与山西某钢铁甲公司、山西某钢铁乙公司、西安某云计算公司、杭州某科技公司侵害发明专利权纠纷案[2]

案情简介

北京某科技公司的上诉请求为：撤销原审判决，改判支持北京某科技公司全部诉讼请求或将该案发回重审。山西某钢铁甲公司在原审提交的证据四为其与西安某云计算公司签订的运维服务合同及对应发票，该合同的签订时间为2022年2月，合同显示西安某云计算公司为山西某钢铁甲公司提供人工智能废钢智能定级系统运维服务的期限为一年，自2022年2月10日起至2023年2月10日止。根据证据四可知，涉案系统一直在运行，故原审判决认定"涉案系统上线后仅为试运行，并于2021年12月下线，已不具备调取证条件"属于认定事实不清，适用法律错误，应予改判。

---

[1] 参见最高人民法院民法典贯彻实施工作领导小组办公室编著：《最高人民法院新民事诉讼法司法解释理解与适用》，人民法院出版社2022年版，第263页。

[2] 参见最高人民法院（2023）最高法知民终1432号民事判决书。

裁判要旨

人民法院依据当事人申请进行现场勘验或责令其他当事人提交证据的前提是申请人应初步证明申请现场勘验的待证事实与案件事实存在一定的关联性，且当事人已经提供的证据可以初步证明其主张的待证事实存在较大可能性；同时，申请人已穷尽合理合法的取证手段但仍不能取得相关证据。首先，涉案专利权利要求的绝大部分特征在北京某科技公司提交的证据中均无反映，相关证据的证明力较弱，不能证明其所主张的侵权事实存在较大的可能性，北京某科技公司并未提交证据证明其已穷尽合理合法的取证手段但仍不能取得相关证据。其次，从山西某钢铁甲公司二审提交的该公司员工与西安某云计算公司法定代表人的微信聊天记录中，可以推定涉案系统自 2021 年 10 月起无法启动并于 2021 年 12 月下线，涉案系统所使用的服务器亦于 2022 年 2 月过期的事实具有高度盖然性，该案不具备调查取证的条件。

二是人民法院认为审理案件需要的证据。根据《民事诉讼司法解释》第 96 条第 1 款的规定，人民法院认为审理案件需要的证据主要包括：涉及可能损害国家利益、社会公共利益的；涉及身份关系的；涉及《民事诉讼法》第 58 条规定诉讼的；当事人有恶意串通损害他人合法权益可能的；涉及依职权追加当事人、中止诉讼、终结诉讼、回避等程序性事项的。实际上，法律和司法解释赋予了法院较大的取证权利，当事人的举证客观上存在片面化和主观性，往往围绕着对自己有利的方面举证、质证。比如在建设工程施工合同纠纷中，原告提供的施工合同往往与被告提供的施工合同不一致，或者与备案合同不一致，此时法院就应当主动收集证据，便于正确认定案件事实。除上述规定外，该司法解释第 96 条第 2 款还规定人民法院调查收集证据，应当依照当事人的申请进行，这也符合"谁主张，谁举证"证明规则的要求。审判实践中应当注意的是，该司法解释对于人民法院依职权主动调查收集证据持谨慎立场。该司法解释第

96 条第 1 款规定的五项情形非常明确，该款规定没有兜底条款，也没有扩大适用的余地。实践中确有当事人因诉讼能力不足而发生举证困难的情形的，人民法院应当在不影响中立性的前提下，在遵守法律、司法解释的前提下，通过释明权的行使，引导当事人提出调查收集证据的申请。凡不符合该司法解释第 96 条第 1 款规定，又没有当事人申请为前提的，人民法院依职权调查收集证据的行为，均属于违反法定程序的行为。[1]

> **法官提示**
>
> 法律以及司法解释一方面规定当事人应当提供证据；另一方面规定人民法院应当全面地、客观地审查核实证据，并在法定条件下可以主动调查收集证据，以上两方面结合起来构成《民事诉讼法》规定的举证责任原则。

（二）取证合法性的认定

取证的合法性，主要是指法定的取证主体，依照法定的程序，采取法定的方法和手段，收集符合法定形式的证据。对于取证主体问题，前文已论及，此处不再赘述。《民事诉讼司法解释》第 97 条规定，人民法院调查收集证据，应当由两人以上共同进行。调查材料要由调查人、被调查人、记录人签名、捺印或者盖章。因此，法院在取证时，必须是两人以上共同进行，这既体现了法律的严肃性，也便于取证的人互相配合、相互监督。

> **法官提示**
>
> 对于调查收集证据的人的身份，不能理解为必须是员额法官，调查收集证据的人应当包括书记员或者法官助理。

---

[1] 参见最高人民法院民法典贯彻实施工作领导小组办公室编著：《最高人民法院新民事诉讼法司法解释理解与适用》，人民法院出版社 2022 年版，第 265 页。

同时，关于收集而来的证据，应当从以下几个方面理解：

一是书证并非一定是原件。民事诉讼中，出于种种考虑以及有的书证本身的特殊性和唯一性，很多当事人或者原件持有者，除在质证阶段外，提供原件的意愿不强。且从书证内容而言，只要经核对无异，原件与复印件并无实质区别。因此，《民事诉讼证据规定》第21条规定，人民法院调查收集的书证，可以是原件，也可以是经核对无误的副本或者复制件。是副本或者复制件的，应当在调查笔录中说明来源和取证情况。司法实践中，法院习惯于调取复印件，原件往往由当事人自行保管。但是，收集而来的书证如果仅为复印件，无法与原件核对，则证明力不足，不能单独作为认定案件事实的根据。例外情形就是经过公证的复印件，根据《公证法》第36条的规定，经公证的民事法律行为、有法律意义的事实和文书，应当作为认定事实的根据，但有相反证据足以推翻该项公证的除外。

另外，有的书证原件过多，即使是复印件，也篇幅过长，而对待证事实有意义的仅为其中一小部分，此时，可以采取摘录的方式收集证据，即对于有价值的部分进行摘录。《民事诉讼证据规定》第44条对摘录的要求作了规定，即摘录有关单位制作的与案件事实相关的文件、材料，应当注明出处，并加盖制作单位或者保管单位的印章，摘录人和其他调查人员应当在摘录件上签名或者盖章。摘录文件、材料应当保持内容相应的完整性。摘录也是收集证据的一种方式。摘录文件、材料作为书证的一种形式，基于其形成的特殊性，作为证据使用时，必然要具备完整性，即所摘录文件、材料必须客观完整地反映了文件、材料的内容，不能片面摘录，更不得断章取义。①

二是物证并非一定是原物。《民事诉讼证据规定》第22条规定，人民法院调查收集的物证应当是原物。被调查人提供原物确有困难的，可以提供复制品或者影像资料。提供复制品或者影像资料的，应当在调查笔录

---

① 参见最高人民法院民事审判第一庭编著：《最高人民法院新民事诉讼证据规定理解与适用》，人民法院出版社2020年版，第430页。

中说明取证情况。根据最佳证据规则，提供原物或者原件是最基本的要求。原物直接来源于案件事实，是以自己存在的形态、规格、损坏程度、重量等特征来证明案件事实的物品或痕迹。因此，原物的证明力大于派生物和复制品的证明力，原物更能够"还原"案件事实。至于"确有困难"，主要是指原物因其本身的性质和特点，无法直接带到法庭或入卷，或者物证不易保存，或者对于作为物证的印章等被调查人急需使用，等等。[①] 比如，物是不动产，则不可能以原物形式提交法庭；物即使是动产，如汽车、飞机等，也可能因为体积较大、不宜搬运等，无法直接提交给法庭；又如，原物属于文物，不可能被搬运。

三是视听资料、电子数据并非一定是原始载体。司法实践中，对于视听资料、电子数据，由于较为容易被篡改或者删减，或者为了能够最大限度保证完整性，因此在取证上对其是否属于原始载体提出了更高的要求。当然，由于原始载体的特殊性，如不方便封存、服务器不在境内等，同样会出现提供原始载体困难的情形。《民事诉讼证据规定》第23条规定，人民法院调查收集视听资料、电子数据，应当要求被调查人提供原始载体。提供原始载体确有困难的，可以提供复制件。提供复制件的，人民法院应当在调查笔录中说明其来源和制作经过。人民法院对视听资料、电子数据采取证据保全措施的，适用前款规定。因此，人民法院收集视听资料、电子数据时，应当以收集原始载体为原则，这既是司法解释的规定，也是由该类证据特点所决定的。

> **法官提示**
>
> 民事诉讼中，确有当事人无法提供，法院也无法收集原始载体的情况，此时，如果对方当事人在质证时对视听资料、电子数据的真实性提出异议，该视听资源、电子数据即使是法院收集而来的复制件，也应当与原件核

---

① 参见肖峰：《最高人民法院民事诉讼证据规则：条文解析与实务运用》，法律出版社2022年版，第115页。

> 对以确认其真实性，无法与原件核对的，不能单独作为认定案件事实的根据，除非有其他证据予以补强。

四是鉴定证据不被污染。委托司法鉴定在民事诉讼中较为常见。司法鉴定往往需要当事人提供证据材料，当事人若不能提供，则应当承担举证不能的后果，即使该证据材料因被污染导致不能进行司法鉴定，亦由当事人承担不利后果。但是如果由法院对该证据材料进行收集，则《民事诉讼证据规定》第24条对此提出了具体要求，即人民法院调查收集可能需要鉴定的证据时，应当遵守相关技术规范，确保证据不被污染。由于民事诉讼证据与刑事诉讼证据相比，呈现出取证主体更具有复杂性和非专业性等特点，因此，《民事诉讼证据规定》在2019年修改时对人民法院收集证据正式提出了技术性要求，但鉴于民事诉讼证据的多样性及其来源的复杂性，故对如何收集不同种类的证据材料未作进一步规定，实践中不同种类的证据材料的收集可以参考相关材料的种类所对应的技术标准和技术规范，或者邀请有相关资质的人员或者鉴定人员协助审判人员进行。①

取证合法性方面较有争议的是取证的方法和手段，争点主要集中于非法证据问题。当事人自行取证的，应当确保取证方式的合法性。关于证据的合法性和非法证据排除问题，前文已作阐述。民事诉讼中，确实存在当事人通过偷拍、偷录等侵犯他人隐私的方式获取证据的情况，此时，证据是否一定予以否定或者排除？大家一定要准确理解司法解释之变化以及《民事诉讼司法解释》第106条规定的内容，对条文内容中的"严重性"作出准确理解。同时，要注意利益衡量，保证良好的诉讼秩序和当事人权益保护。在非法证据的判断上，应当综合考量实体公正与程序正义的冲突，目的合法与手段违法的冲突，保护自己合法权益与侵犯他人合法权益

---

① 参见最高人民法院民事审判第一庭编著：《最高人民法院新民事诉讼证据规定理解与适用》，人民法院出版社2020年版，第267页。

的冲突，保护合法权益与维护法律秩序的冲突，以将非法证据排除规则建立在各种冲突的最佳平衡点上。[1]

三、证据保全

保全的重要性在民事诉讼中不言而喻，《民事诉讼法》对其作了专门规定。司法实践中适用更多的是财产保全，财产保全既有利于保证诉讼程序的顺利进行，也有利于保证当事人合法权益得到有效维护。现在很多人进行财产保全的意识较强，为了使判决能够得到有效履行，原告在起诉之前会进行诉前财产保全，或者诉讼过程中根据案件情况申请诉讼中的财产保全。有的当事人或代理人以此为诉讼技巧，给予对方当事人压力。

证据保全是指在证据可能灭失或者以后难以取得的情况下，人民法院依申请或者依职权对证据予以调查收集和固定保护的行为。证据保全主要是为了保护可能灭失或者以后难以取得的证据，既是对当事人证据收集权和证据提出权的保护，也是为了确保诉讼程序正常进行，有利于查明案件事实，促进法院正确行使审判权。

> **法官提示**
>
> 原告准备诉讼或者提起诉讼时应当考虑进行证据保全，以便于保障诉讼程序顺畅进行以及后续执行顺畅进行。

（一）证据保全的种类

根据证据保全适用阶段的不同，可以将其区分为诉讼证据保全和诉前证据保全。

1. 诉讼证据保全

诉讼证据保全是指诉讼过程中，在证据可能灭失或者以后难以取得的

---

[1] 参见最高人民法院民法典贯彻实施工作领导小组办公室编著：《最高人民法院新民事诉讼法司法解释理解与适用》，人民法院出版社2022年版，第287页。

情况下，人民法院依申请或者依职权对证据予以调查收集和固定保护的行为。《民事诉讼法》第84条第1款规定，在证据可能灭失或者以后难以取得的情况下，当事人可以在诉讼过程中向人民法院申请保全证据，人民法院也可以主动采取保全措施。此为诉讼证据保全的法律依据。根据该规定，诉讼证据保全的启动主要有两种途径：一是依当事人申请启动；二是法院依职权启动。根据民事诉讼"谁主张，谁举证"规则，通常情况下，法院不宜主动采取证据保全措施，而应在当事人自行举证，并"在证据可能灭失或者以后难以取得的情况下"，申请法院保全时，才予以介入。只有在特殊情况下，因案件审理需要，法院才可依职权保全证据。

典型案例33

浙江某电子公司与某银行股份公司、某银行股份公司上海分行等侵害计算机软件著作权纠纷案[①]

案情简介

浙江某电子公司上诉请求：撤销原审判决，改判支持浙江某电子公司的原审全部诉讼请求。事实和理由：浙江某电子公司作为一家普通民营企业，在其能力范围内无法取得金融机构的软件信息，而该金融机构的软件信息属于当事人及其诉讼代理人因客观原因不能自行收集的证据，依据《民事诉讼法》的规定，浙江某电子公司提出的证据保全和行为保全申请具有必要性和正当性，原审法院驳回浙江某电子公司的申请存在错误。原审法院据此判决浙江某电子公司承担举证不能的不利后果，属于适用法律错误。

---

① 参见最高人民法院（2022）最高法知民终2169号民事判决书。

裁判要旨

采取证据保全应符合被请求保全的证据与待证事实有关、且可能灭失或难以取得的条件。此外，因证据保全可能对被申请人的生产经营产生影响，故只有在初步证据证明可能存在侵权行为的情况下，才有采取证据保全措施的必要性。具体到该案，浙江某电子公司申请调取财务账册时，没有确定所申请调取的财务账册的时间范围，且调取事项过于宽泛。浙江某电子公司调取证据的目的是确认侵权软件数量和赔偿数额，但如前文所述，根据浙江某电子公司提交的派遣函、公证书等初步证据，不能初步得出某银行股份公司、某银行股份公司浙江分行侵权可能性较大的结论，浙江某电子公司的证据保全申请不具有必要性和正当性。故原审法院驳回浙江某电子公司的证据保全申请并无不当。

2. 诉前证据保全

诉前证据保全是指在提起诉讼或者申请仲裁前，因情况紧急，在证据可能灭失或者以后难以取得的情况下，人民法院依申请对证据予以调查收集和固定保护的行为。《民事诉讼法》第 84 条第 2 款规定，因情况紧急，在证据可能灭失或者以后难以取得的情况下，利害关系人可以在提起诉讼或者申请仲裁前向证据所在地、被申请人住所地或者对案件有管辖权的人民法院申请保全证据。关于诉前证据保全，由于管辖问题，会出现采取保全措施的法院与当事人选择起诉的法院不一致的情况，此时涉及保全证据移交问题。如果受理案件的法院不认可之前的证据保全措施的效力，或者与采取保全措施的法院之间无法衔接，则势必造成当事人诉累，也会严重损害当事人合法权益。对此，《民事诉讼司法解释》第 160 条规定，当事人向采取诉前保全措施以外的其他有管辖权的人民法院起诉的，采取诉前保全措施的人民法院应当将保全手续移送受理案件的人民法院。诉前保全的裁定视为受移送人民法院作出的裁定。《民事诉讼证据规定》第 29 条对此再次作了强调，人民法院采取诉前证据保全措施后，当事人向其他有管辖权的人民法院提起诉讼的，采取保全措施的人民法院应当根据当事人的申请，将保全的证据及时移交受理案件的人民法院。上述规定，对法院诉前保全证据的移交进行了明确，一方面明确了裁定的延续性效力，另一方面说明了不仅要移交保全手续，更为重要的是要完整无误地移交证据本身。

根据《民事诉讼法》第 84 条第 1 款的相关规定，当事人申请保全证据的前提必须是"证据可能灭失或者以后难以取得"。比如，买卖合同纠纷中，双方买卖的新鲜蔬菜即将腐烂；相邻房屋滴水纠纷中，一方的房屋即将倒塌；档案部门保管的档案即将到期；证据持有人可能故意破坏证据，等等。《民事诉讼法》第 84 条第 3 款规定，证据保全的其他程序，参照适用《民事诉讼法》第 9 章保全的有关规定。比如，根据《民事诉讼法》第 104 条第 3 款之规定，申请人在人民法院采取保全措施后 30 日内不依法提起诉讼或者申请仲裁的，人民法院应当解除保全。因此，诉前申请证据保全的利害关系人在人民法院采取保全措施后 30 日内不依法提起诉讼或者申请仲裁的，人民法院应当解除保全。

典型案例 34

江苏久联公司与湖北焜烨公司承揽合同纠纷案[①]

案情简介

江苏久联公司上诉主张一审法院诉讼程序严重违法。上诉人不仅提供了备件的清单，还提供了图片作为证据，且一审中被上诉人是同意对备件数量进行核实的，后上诉人在第一次庭审后邮寄了证据保全申请，申请对存放在被上诉人处的备件进行保全，并予以核实。一审法院应该组织双方

[①] 参见湖北省随州市中级人民法院（2022）鄂 13 民终 348 号民事判决书。

核实，但一审法院对上诉人的申请置若罔闻、视而不见。

裁判要旨

关于证据保全问题，《民事诉讼法》第84条规定："在证据可能灭失或者以后难以取得的情况下，当事人可以在诉讼过程中向人民法院申请保全证据，人民法院也可以主动采取保全措施。因情况紧急，在证据可能灭失或者以后难以取得的情况下，利害关系人可以在提起诉讼或者申请仲裁前向证据所在地、被申请人住所地或者对案件有管辖权的人民法院申请保全证据。证据保全的其他程序，参照适用本法第九章保全的有关规定。"该案中的备件并不属于可能灭失或者以后难以取得的证据，一审法院未予保全符合规定。

（二）证据保全的条件

1. 书面申请

人民法院进行证据保全时，以司法权对当事人调查收集证据提供帮助，因此人民法院进行证据保全与人民法院调查收集证据一样，需要当事人以书面方式提出申请，以体现严肃性。[①] 根据《民事诉讼证据规定》第25条第1款的规定，当事人或者利害关系人根据《民事诉讼法》第84条的规定申请证据保全的，申请书应当载明以下内容：

（1）需要保全的证据的基本情况。该基本情况包括种类、形式、存放地点、持有人情况等。申请书应当尽可能全面提供证据的基本情况，这有助于法院第一时间判断该证据保全申请是否与本案有关并及时开展保全工作，切实维护当事人合法权益。

（2）申请保全的理由。申请书主要是要说明申请保全符合《民事诉讼法》第84条的规定，即证据存在"可能灭失或者以后难以取得"的情

---

① 参见宋春雨：《民事证据规则适用通解》，人民法院出版社2024年版，第199页。

况。同时，申请保全的证据应当与本案待证事实具有关联性，这种关联性在申请保全阶段应为形式上的关联性，不必达到实质上的关联性，实际上也无法达到实质关联性的要求。

（3）采取何种保全措施。根据《民事诉讼证据规定》第27条的规定，人民法院可以采取查封、扣押、录音、录像、复制、鉴定、勘验等方法进行证据保全，并制作笔录。在符合证据保全目的的情况下，人民法院应当选择对证据持有人利益影响最小的保全措施。只要足以达到保全证据的目的，对于证据并非必须采取限制其流通和使用的措施。同时，为了充分保障当事人合法权益，法院进行证据保全时，可以要求当事人或者诉讼代理人到场。

2. 举证期限届满前提出

当事人申请证据保全并非没有限制。当事人申请证据保全的行为，被视为当事人举证行为的一种特殊情况对待，这是《民事诉讼证据规定》自2001年公布以来的一贯立场。[①] 因此，《民事诉讼司法解释》第98条第1款规定，当事人根据《民事诉讼法》第84条第1款规定申请证据保全的，可以在举证期限届满前书面提出。《民事诉讼证据规定》第25条第2款对此作了进一步的明确，当事人根据《民事诉讼法》第84条第1款的规定申请证据保全的，应当在举证期限届满前向人民法院提出。司法解释的规定从"可以"到"应当"的变化，体现了对申请证据保全时间上的要求。

> **法官提示**
>
> 当事人参与民事诉讼的，应当提前考虑对相关证据的收集是否有把握，如果需要法院保全相关证据，则应当尽早申请，至迟在举证期限届满前提出。

---

① 参见最高人民法院民事审判第一庭编著：《最高人民法院新民事诉讼证据规定理解与适用》，人民法院出版社2020年版，第273页。

典型案例 35

浙江某公司诉郑州某公司、河南某公司、成都某公司侵害发明专利权纠纷案[①]

案情简介

浙江某公司系名称为"一种转角强化不等厚型波形钢板及制造方法"、专利号为20131030821X.X的发明专利（以下称涉案专利）的专利权人。浙江某公司经调查发现，郑州某公司系某重工股份有限公司与河南某公司合资设立的制造基地，该基地负责转角强化不等厚型波形钢板的生产制造，然后河南某公司参与投标和施工。河南某公司和成都某公司施工的河北省太行山高速邯郸段工程涉及转角强化不等厚型波形钢板产品（以下称被诉侵权产品）制造、采购、运输、施工、安装。河南某公司官网的项目案例中展示了包括太行山高速公路邯郸段的多个项目，相关媒体对郑州某公司参与建设太行山高速公路邯郸段项目的情况进行了宣传报道。浙江某公司据此认为，郑州某公司、河南某公司、成都某公司在太行山高速公路邯郸段项目中实施了侵害涉案专利权的行为，浙江某公司遂起诉至河北省石家庄市中级人民法院，请求判令郑州某公司、河南某公司、成都某公司停止侵害并赔偿经济损失及维权合理开支，承担诉讼费。

河北省石家庄市中级人民法院于2019年7月17日作出（2019）冀01民初348号民事判决：驳回浙江某公司的诉讼请求。

浙江某公司不服，提起上诉，主张一审法院未对其证据保全申请进行任何处理，导致判决结果错误。最高人民法院于2020年8月10日作出（2020）最高法知民终2号民事裁定：（1）撤销河北省石家庄市中级人民

[①] 人民法院案例库入库编号：2023-13-2-160-040。

法院作出的（2019）冀01民初348号民事判决；（2）该案发回河北省石家庄市中级人民法院重审。

裁判要旨

对于证据保全申请，人民法院应当综合考虑申请证据保全所依据的初步证据与拟证明的案件事实之间的关联性、证据保全的必要性和可行性等因素作出判断。证据保全的必要性可以考虑申请保全的证据是否与案件事实存在关联性、申请保全的证据是否存在灭失风险或者以后难以取得，以及申请人是否已经穷尽了合理合法的取证手段等因素。

（三）证据保全的担保

一般情况下，证据保全以固定证据、查明事实为目的，不会对证据本身造成价值上的减损，也不会使证据持有人产生经济损失。因此，申请证据保全并非必须提供担保。但是，司法实践中，当事人申请保全的证据可能为生产资料，可能为需要及时交付的产品，也可能造成证据持有人损失，此时，证据保全申请人应当提供担保。特定情形下要求申请人提供担保，一方面是为了保障证据持有人的权益；另一方面是为了防止申请人滥用权利，保证申请人规范、谨慎申请证据保全。

1. 证据保全担保的条件

根据《民事诉讼司法解释》第98条第2款和《民事诉讼证据规定》第26条第1款的规定，申请人在以下两种情形下申请证据保全的，应当提供担保：

（1）采取查封、扣押等限制保全标的物使用、流通等保全措施。查封是指对物进行检查后，贴上封条就地封存，不准任何组织或个人动用。扣押是指依法强行提取、扣留和封存与案件有关的物品或文件的行为。查封、扣押能够防止证据被隐匿、转移或者被故意毁损，保证其能够在诉讼中正常发挥作用，有利于查明案件事实。但是，查封、扣押等措施会导致证据无法正常使用、无法流通交换，客观上造成证据持有人经济损失，比如货车被扣押，导致无法正常营运，造成营运损失；房产被查封，导致无法交易，造成一定损失。该类情形下，申请人应当提供担保。

（2）保全可能对证据持有人造成损失。除了查封、扣押等限制保全标的物使用、流通的保全措施，司法实践中还有很多保全措施，也可能造成证据持有人损失，对此，司法解释并未也不可能详尽规定，而是作了兜底规定。

《民事诉讼法》第107条规定，财产纠纷案件，被申请人提供担保的，人民法院应当裁定解除保全。财产保全中的反担保是否可以适用于证据保全？财产保全和证据保全虽有相通之处，但从保全目的而言，反担保制度并不能适用于证据保全。财产保全是为了确保申请人后续经济利益的实现，只要经济价值得以保障，无论该保障是通过被保全的财产还是通过被申请人提供的反担保财产实现的，财产保全就可以通过反担保形式予以解除。证据保全的目的在于固定证据本身，便于后续查明案件事实，保障当事人诉讼权益，如果允许证据保全通过反担保形式解除，则证据保全制度完全失去了意义。

> **法官提示**
> 证据保全不得因被申请人提供反担保予以解除。实际上，被申请人无法提供合适的担保物从而申请解除保全，这一点，司法实践中还是要加以注意。

2. 担保方式和数额

《民事诉讼证据规定》第26条第2款规定，担保方式或者数额由人民法院根据保全措施对证据持有人的影响、保全标的物的价值、当事人或者利害关系人争议的诉讼标的金额等因素综合确定。关于具体的担保方式和数额的确定，并未有更为具体的规定。根据《民事诉讼法》第84条第3款的规定，证据保全的其他程序，参照适用《民事诉讼法》第9章保全的有关规定。司法实践中，证据保全的其他程序可以参照《最高人民法院关于人民法院办理财产保全案件若干问题的规定》的程序把握。关于担保的方式，主要有申请保全人或第三人提供财产担保、第三人提供保证担保、保险人以其与申请保全人签订保全责任险合同的方式提供担保、金融监管部门批准设立的金融机构以独立保函形式提供担保等。同时，根据该司法解释第 6 条第 1、2 款的规定，申请保全人或第三人为财产保全提供财产担保的，应当向人民法院出具担保书。担保书应当载明担保人、担保方式、担保范围、担保财产及其价值、担保责任承担等内容，并附相关证据材料。第三人为财产保全提供保证担保的，应当向人民法院提交保证书。保证书应当载明保证人、保证方式、保证范围、保证责任承担等内容，并附相关证据材料。

关于保全担保的数额问题，在财产保全方面，根据《民事诉讼司法解释》第 152 条的规定，申请诉前财产保全的，应当提供相当于请求保全数额的担保；情况特殊的，人民法院可以酌情处理。申请诉前行为保全的，担保的数额由人民法院根据案件的具体情况决定。在诉讼中，人民法院依申请或者依职权采取保全措施的，应当根据案件的具体情况，决定当事人是否应当提供担保以及担保的数额。《最高人民法院关于人民法院办理财产保全案件若干问题的规定》第 5 条第 1、2 款规定，人民法院依照《民事诉讼法》第 103 条规定责令申请保全人提供财产保全担保的，担保数额不超过请求保全数额的百分之三十；申请保全的财产系争议标的的，担保数额不超过争议标的价值的百分之三十。利害关系人申请诉前财产保全的，应当提供相当于请求保全数额的担保；情况特殊的，人民法院可以酌情处理。因此，在一般的民事诉讼案件中，由于双方当事人争议焦点相对集中，特别是诉讼标的额较为明确，对于财产保全而言，当事人提供的担保数额较为明确的，实践当中较好操作。但证据保全和财产保全的目的不同，有关财产保全担保数额的规定，并不适用于证据保全。当事人申请保全的证据与待证事实有关，与诉讼标的额并无直接关联，以当事人诉讼请求主张的标的额为基础计算担保数额，依据不足。证据保全中不存在具体的财产数额，提供担保的数额也无法直接与保全数额挂钩，保全的证据价值往往很难判断，且与当事人的诉讼请求并没有明确的直接联系，因此，在判断证据保全担保的数额时，不能直接以请求保全数额为参照标准，要注意将保全措施对证据持有人的影响和保全标的物本身的价值作为考量因素，同时，当事人或者利害关系人争议的诉讼标的金额也可以作为考量因素之一。①

当事人申请保全证据并应提供担保的，法院应根据《民事诉讼司法解释》第152条的规定下发书面通知，责令利害关系人或者当事人提供担保。经通知，申请人拒绝提供担保的，则人民法院应当根据《民事诉讼法》第103条、第104条的规定，裁定驳回申请。对此，《最高人民法院关于人民法院办理财产保全案件若干问题的规定》第6条第3款作了具体规定，对财产保全担保，人民法院经审查，认为违反《民法典》、《公司法》等有关法律禁止性规定的，应当责令申请保全人在指定期限内提供其他担保；逾期未提供的，裁定驳回申请。

（四）证据保全错误的处理

证据保全就是为了保护好、固定好证据，一般情况下不会对证据本身造成损害，不会造成证据持有人财产损失。但如前文所述，如果对季节性商品，鲜活、易腐烂变质以及其他不宜长期保存的物品采取查封、扣押等保全措施，极易导致该类物品损坏。或者若扣押货物，则易导致供应商不能按照买卖合同约定及时供货，产生违约责任，从而造成经济损失。证据保全造成被申请人损失的情形的出现，既可能是因为申请人申请证据保全错误，也可能是因为人民法院依职权进行证据保全错误，或者人民法院在进行证据保全时存在违法情形。后两种情形受害人应当通过国家赔偿程序

---

① 参见最高人民法院民事审判第一庭编著：《最高人民法院新民事诉讼证据规定理解与适用》，人民法院出版社2020年版，第282页。

寻求救济，不属于人民法院受理民事案件的范围，不存在被申请人向申请人主张民事赔偿问题。①

典型案例 36

荆州中大豪盛置业有限公司与湖北大智慧法务有限公司、彭某忠申请证据保全损害责任纠纷案②

案情简介

上诉人荆州中大豪盛置业有限公司（以下简称中大公司）因与被上诉人湖北大智慧法务有限公司（以下简称大智慧公司）、彭某忠申请证据保全损害责任纠纷一案，不服湖北省荆州市沙市区人民法院作出的（2022）鄂1002民初969号民事判决，提起上诉，请求：（1）撤销原审民事判决，并依法改判被上诉人大智慧公司赔偿上诉人因其错误证据保全造成的位于荆州市沙市区××号商铺自2019年4月2日至2020年11月12日被查封期间的租金损失300074元；被上诉人彭某忠在抽逃出资228870元范围内承担连带赔偿责任；（2）该案一、二审诉讼费用由两被上诉人共同承担。

裁判要旨

该案二审的争议焦点为：大智慧公司申请诉前证据保全是否存在过错。该案系由案涉商铺租赁后进场装修期间，就租赁合同产生争议，中大公司拒绝出租商铺并锁门禁止进场而引发。大智慧公司为装修损失等申请

---

① 参见宋春雨：《民事证据规则适用通解》，人民法院出版社2024年版，第215页。
② 参见湖北省荆州市中级人民法院（2022）鄂10民终2011号民事判决书。

诉前证据保全，其申请证据保全的理由属实。大智慧公司申请证据保全后虽生效判决认定案涉商铺承租方为彭某忠，但鉴于适时彭某忠系大智慧公司的发起人，申请保全时承租主体存在争议，且其后彭某忠申请对保全的案涉商铺装修损失进行了鉴定，该证据保全确有必要。该案不存在保全错误，中大公司主张被上诉人承担证据保全错误损害赔偿责任的理由不能成立。

关于保全错误的损害赔偿责任，《民事诉讼法》第108条规定，申请有错误的，申请人应当赔偿被申请人因保全所遭受的损失。《民事诉讼司法解释》没有对此作出规定。依据上述法律规定，《民事诉讼证据规定》对证据保全错误的赔偿责任作了规定，该司法解释第28条规定，申请证据保全错误造成财产损失，当事人请求申请人承担赔偿责任的，人民法院应予支持。因此，认定该类纠纷的关键是如何认定"申请证据保全错误"。有观点认为，该类纠纷应当适用无过错责任原则，即使申请人主观上没有过错，只要申请人的诉讼请求没有得到支持或者完全胜诉，申请人就应当赔偿被申请人由此遭受的损失。也有观点认为，申请人承担赔偿责任的前提是申请人的申请有错误，且申请人只有在存在故意或者重大过失的情况下，才承担相应赔偿责任，而申请人承担赔偿责任不应以申请人的诉讼请求是否获得法院支持为前提。

1. 申请人承担赔偿责任的前提是申请人存在过错

证据保全错误损害赔偿属于民事侵权损害赔偿的范畴，这在理论上争论不大，《民事案件案由规定》中也将"因申请证据保全损害责任纠纷"列于"侵权责任纠纷"项下。同时，根据司法解释的规定，因申请证据保全损害责任纠纷应当适用过错责任原则，申请人承担赔偿责任的前提是存在过错。

> **裁判规则**
>
> 由证据保全错误引起的损害赔偿案件，属于一般侵权行为引起的损

> 害赔偿纠纷，法律对此并无特殊规定，因此，对于申请人的赔偿责任，要依据申请人的主观意思状态来确定，而不是根据裁判结果来确定，申请人只有存在过错才承担责任。

首先，证据保全具有紧迫性。特别是诉前证据保全的原因在于情况紧急，不立即申请保全措施将会导致利害关系人的合法权益遭受难以弥补的损害。如果不问申请人的过错，仅以裁判结果为是否赔偿的依据，则只要申请人的诉讼请求没有得到支持或者完全支持，申请人就应当赔偿被申请人由此遭受的损失，这实际上对申请人的诉讼能力提出了过高的要求，不仅限制了当事人诉权的行使，更会使当事人不敢申请保全，导致有关证据被转移或者处分，申请人的合法利益受到难以弥补的损害，最终损害的可能是申请人的实体权益。

其次，不能以诉讼结果认定申请人过错与否。已经发生法律效力的判决、裁定或者调解书可能存在错误，这种错误包括判决、裁定在认定事实、适用法律方面有错误，审判活动违反法定程序从而影响正确判决、裁定，调解违反自愿原则，等等。启动审判监督程序有明确的条件要求，正确的判决、裁定或者调解书可以得到维护；但错误的判决、裁定或者调解书经过审判监督程序将重新作出结论，最终发生法律效力的判决、裁定和调解书就能摆脱先前的错误，体现公正，赢得公信，真正化解纠纷，切实发挥法律效力。《民事诉讼法》对人民法院应当再审的具体情形和当事人向人民检察院申请检察建议或者抗诉作了详细的规定。如果根据裁判结果认定保全申请人的损害赔偿责任，则一旦该生效裁判文书又通过审判监督程序予以撤销并改判，当事人的权利义务就又将重新厘定，这增加了当事人的讼累，更有损法律的权威。

最后，无过错责任原则适用于一部分特殊侵权行为，且必须在有法律明确规定的情况下才适用，没有法律的特别规定不得以损害事实为侵权责任规则的标准。

2. 申请人在故意或者重大过失情形下应承担赔偿责任

虽然证据保全错误损害赔偿应以过错责任原则为归责原则，但是否申请人只要主观上存在过错就应当承担赔偿责任。笔者认为，过错是对一个人行为的否定性评价，其可归责性是基于行为人对某种法定或者职业伦理义务的违反，本质上反映了行为人内心的不良性，但并非申请人只要存在主观过错就应当承担责任。

过错责任原则的归责基础在于过错，过错责任以过错为归责的内涵，并以宣告过错为归责的最后界限。过错在我国一般理论中被认为是指主观过错，包括故意和过失两种状态。申请人故意申请证据保全，造成被申请人财产损失的，应当承担赔偿责任，这是不言而喻的。当申请人存在过失时如何认定其赔偿责任？过失实际上是行为人对注意义务的违反，根据传统理论划分，注意义务一般划分为普通人的注意义务、与处理自己事务为同一的注意义务、善良管理人的注意义务。那么，在证据保全损害赔偿案件中，应以何种标准认定申请人对注意义务的违反？笔者认为，应当以普通人的注意义务为标准判断申请人是否存在过失。具体理由如下。

（1）若善良管理人的注意义务标准过高，则不利于被申请人权利的保护。善良管理人的注意义务系通常合理人的注意义务，是一种客观化或类型化的过失标准，即行为人应具备其所从事的职业（如医生、律师等），其作为某种社会活动的成员（如汽车驾驶员）或其所属年龄层（老人或成年人）通常所具备的智识能力。因此，善良管理人只是法律上的一种虚拟概念，善良管理人的注意义务是结合行为人从事的职业或者参加的社会活动甚至年龄等行为人自身因素进行的一种衡量，在适用时需要结合行为人的职业特征等自身因素进行判断。笔者认为，在证据保全损害赔偿纠纷案件中适用该标准要求过高，实际上容易造成申请人权利的滥用，使法官在案件审理过程中难以裁量，不利于保护被申请人的权利。

（2）与处理自己事务为同一的注意义务标准，对被申请人的举证能力要求过高。与处理自己事务为同一的注意义务，应以行为人平日处理自己事务所用的注意义务为标准。判断这种注意义务，应以行为人在主观上是否尽到了注意的义务为标准，即主观标准。如果行为人证明自己在主观上已经尽到了注意义务，应认定其无过失；反之，则应认定其有过失。该标准为主观标准，即依据行为人自己的认识能力进行判断。依据民事诉讼"谁主张，谁举证"的原则，被申请人必须举证证明申请人主观上是否已经尽到了注意义务，并需要举证证明申请人的认识能力、注意能力等主观要素，因此，该标准囿于当事人的举证能力，司法实践当中不易判断。

（3）普通人的注意义务作为客观标准，是一般人在通常情况下能够注意到的标准，更易于把握；若违反了普通人的注意义务，则构成重大过失。在社会观念中，一般人稍微注意即可避免的过失而行为人却未能避免的，即为重大过失。在重大过失的场合，法律所要求的注意程度甚低，若行为人仍怠于注意，则反映了行为人极不负责的态度。因此，在证据保全损害赔偿案件中，判断申请人是否存在过失时，应当以其是否尽到普通人的注意义务为标准，未尽到该义务的，则构成重大过失，应负相应的赔偿责任。

> **裁判规则**
>
> 要从申请保全的对象、方式以及申请保全的证据是否能够证明其所主张的案件事实等方面，考察申请人申请证据保全是否适当。申请保全人提出的诉请或抗辩主张合理且申请证据保全适当的，不属于故意或重大过失。

3. 赔偿数额的认定

《民事诉讼司法解释》第 154 条第 1 款规定，人民法院在财产保全中采取查封、扣押、冻结财产措施时，应当妥善保管被查封、扣押、冻结的财产。不宜由人民法院保管的，人民法院可以指定被保全人负责保管；不宜由被保全人保管的，可以委托他人或者申请保全人保管。在证据保全阶段，如果被保全的证据依然由被保全人保管，此时，被保全人有义务妥善保管，一般不会损害被保全证据的价值。但也有种种原因，导致被保全证据发生损坏、灭失等情形，此时如何计算赔偿数额？《民法典》第1184条规定，侵害他人财产的，财产损失按照损失发生时的市场价格或者其他合理方式计算。根据上述法律规定，证据保全赔偿损失的范围应当以实际损失为准，也就是以在财产损失发生的那个时间，该财产在市场上的价格为计算标准。当价格波动较大时，为了使被侵权人获得充分的救济，法院可以以其他合理方式确定损失。法律没有限定"其他合理方式"的范围，则"其他合理方式"由法官结合具体案情自由裁量。[①] 另外，根据《民法典》第1173条的规定，被侵权人对同一损害的发生或者扩大有过错的，可以减轻侵权人的责任。该条规定了"与有过错"制度，在被侵权人对于损害的发生也有过错的情况下，使侵权人承担全部责任有失公平，因此，侵权人可以以被侵权人的过错为由进行抗辩，要求减轻自己的侵权责任，实践中主要要求减少损害赔偿的数额。上述规定和要求同样适用于证据保全损害赔偿。

四、举证程序

举证，又称证据的提供、提出，是指相关主体将自己收集的证据提交给法院或法庭，以论证其诉讼主张或阐明事实的活动。举证是证明活动的重要环节。前文已经论述了取证问题，取证是举证的前提，或者说当事人或者法院收集证据、保全证据，就是为了能够在诉讼程序中运用证据支持自己的诉请。举证的主体主要是民事诉讼中的各方当事人，举证的客体当然是各类证据。根据《民事诉讼法》第69条和《民事诉讼证据规定》第19条的规定，当事人应当对其提交的证据材料逐一分类编号，对证据材料的来源、证明对象和内容作简要说明，签名盖章，注明提交日期，并依照对方当事人人数提出副本。人民法院收到当事人提交的证据材料，应当

[①] 参见黄薇主编：《中华人民共和国民法典释义》，法律出版社2020年版，第2286页。

出具收据，注明证据的名称、份数和页数以及收到的时间，由经办人员签名或者盖章。

（一）举证释明

《民事诉讼证据规定》第 1 条规定，原告向人民法院起诉或者被告提出反诉，应当提供符合起诉条件的相应的证据。该规定实际上再次重申了《民事诉讼法》第 67 条第 1 款"当事人对自己提出的主张，有责任提供证据"的规定，明确了原告在起诉时具有行为意义上的举证责任。当事人如果不能提供符合起诉条件的相应证据，则应当根据《民事诉讼司法解释》第 90 条第 2 款的规定，承担结果意义上的举证责任。当事人起诉时应当向法院提交起诉状，而根据《民事诉讼法》第 124 条对民事起诉状内容的要求，"证据和证据来源，证人姓名和住所"属于起诉状应当记明的法定事项。当然，上述规定主要是对原告提供起诉证据的要求。对于被告而言，在收到起诉状副本之后，同样需要积极收集并向法院提交证据，以进行抗辩。可以说，举证是法院审理案件的基础和前提，只有举证充分有效，诉讼程序才能顺利进行，法院才能根据证据认定事实和适用法律，最终作出裁判。因此，举证对于证明，就审判而言，具有十分重要的意义。

司法实践中，确实客观存在当事人举证不充分的情况：有的当事人完全没有举证意识，认为证据应由法院收集、提交；有的当事人认为自己对待证事实没有举证责任；有的当事人认为自己的举证已经很充分，足以证明待证事实。正是基于举证之重要性，《民事诉讼证据规定》建立了举证释明制度，该司法解释第 2 条第 1 款规定，人民法院应当向当事人说明举证的要求及法律后果，促使当事人在合理期限内积极、全面、正确、诚实地完成举证。该司法解释第 50 条第 1 款还规定，人民法院应当在审理前的准备阶段向当事人送达举证通知书。

典型案例 37

寿某、新疆某房地产开发有限公司与孔某甲请求公司收购股份纠纷案[①]

案情简介

上诉人寿某、上诉人新疆某房地产开发有限公司因与被上诉人孔某甲请求公司收购股份纠纷一案，不服新疆维吾尔自治区阿克苏地区中级人民法院作出的（2021）新29民初5号民事判决，提起上诉，认为一审法院未对评估鉴定资料进行质证，该行为系严重程序违法。寿某认为评估资料未经法庭质证，这系严重的程序违法行为。人民法院应当组织当事人对鉴定材料进行质证。未经质证的材料，不得作为鉴定的根据。新宝中评报字〔2023〕第060号股权价值评估报告的相关材料未经质证，这违反法律规定，该评估报告应属无效，不得作为定案依据。

裁判要旨

为保证鉴定程序的合理有序和诉讼效率，法院有权要求各方当事人在指定期限内提交证据作为鉴定材料。新疆某房地产开发有限公司在一审法院多次指定提交证据期限的情况下，未能提交证据作为鉴定材料，该行为系其怠于行使举证权利，其应当承担相应的不利法律后果，一审法院不予接受其逾期提交的证据作为补充鉴定材料，并无不当。此外，新疆某房地产开发有限公司上诉称工程造价鉴定意见书漏算7000万元。对此，法院认为，新疆某房地产开发有限公司所主张的漏算金额，均由其自身未能及

---

① 参见新疆维吾尔自治区高级人民法院（2023）新民终274号民事判决书。

第二讲 举 证

时提交相应证据作为鉴定材料导致，这并不足以否定工程造价补充鉴定意见书的证明力。综上，对新疆某房地产开发有限公司关于一审法院未能接受其提供作为补充鉴定材料的证据系程序违法的上诉理由不予采纳。

  有权威观点认为，人民法院应当采取书面的方式向当事人说明举证的具体要求，以及不及时举证或举证不能将会导致哪些不利的后果，并将送达回证入卷存档。① 笔者认为，举证的释明是法官释明制度在举证过程中的适用，以督促当事人积极、全面、正确、诚实地履行举证义务，提出明确、充分的证据证明事实主张，并维护当事人的民事诉讼权利。当事人所举证据材料不充分的，通过释明令其充分。法官不能简单以当事人未尽举证责任为由而判定其败诉，而应当向其释明，促使其积极举证。②"积极"要求当事人在举证期限内主动、认真地履行举证义务；"全面"要求当事人既需提供直接证据，也需提供间接证据，既需提供原始证据，也需提供传来证据；"正确"要求当事人通过正确的取证手段，取得与待证事实有关联性的证据，并在法定期限内举证；"诚实"要求当事人客观地、实事求是地提交证据，不得提交虚假证据。因此，可以看出，举证释明并非一次性完成，虽然司法解释规定了送达书面举证通知书的要求，但该通知书的送达时间为"审理前的准备阶段"，而举证释明应当贯彻民事诉讼的全过程，既包括审理前阶段，也包括开庭审理阶段。并且，举证通知书刊载的内容是关于举证责任分配的原则性规定，并不针对个案，不足以达到举证释明制度的设立目的。在民事案件审理过程中，人民法院根据审理需要，随时通过行使释明权对当事人进行诉讼指导，以口头方式行使释明权是常态。除法律、司法解释明确规定必须以书面方式告知有关举证事项的情形外，释明权均可以口头方式行使。③

---

  ① 参见最高人民法院民事审判第一庭编著：《最高人民法院新民事诉讼证据规定理解与适用》，人民法院出版社2020年版，第83页。
  ② 参见肖峰：《最高人民法院民事诉讼证据规则：条文解析与实务运用》，法律出版社2022年版，第11页。
  ③ 参见宋春雨：《民事证据规则适用通解》，人民法院出版社2024年版，第16页。

> **法官提示**
>
> 法院在进行举证释明时,要注意把握尺度,不能违反举证规则,不能违背中立原则,不得过分干预当事人举证。

(二) 举证期限

举证期限制度是指当事人必须在法定期限、法院指定或认可的期限内向法院提交证据,逾期将承担不利法律后果的制度。举证期限对于当事人权利具有较大影响,对于规范诉讼秩序具有重大意义。

有的当事人或者代理人,为了达到诉讼目的,在证据的提供方面存在以下所谓"技巧":开庭审理前不提供证据,而在开庭过程中提交,搞证据突袭;在一审中不提交,在二审中提交,甚至提交证据申请再审。以上种种,严重扰乱了正常的诉讼秩序,拖延了诉讼进程,有违诚信诉讼原则,损害对方当事人合法权益。由此,国家通过设立举证期限制度予以规范,对方当事人可以以超过举证期限为由进行质证抗辩,法院应当审查该当事人提交的证据是否违反举证期限规定。

《民事诉讼法》第68条规定,当事人对自己提出的主张应当及时提供证据。人民法院根据当事人的主张和案件审理情况,确定当事人应当提供的证据及其期限。当事人在该期限内提供证据确有困难的,可以向人民法院申请延长期限,人民法院根据当事人的申请适当延长。当事人逾期提供证据的,人民法院应当责令其说明理由;拒不说明理由或者理由不成立的,人民法院根据不同情形可以不予采纳该证据,或者采纳该证据但予以训诫、罚款。

1. 举证期限的确定

根据《民事诉讼法》第68条的规定,法院应当根据当事人的主张和案件审理情况确定举证期限。同时,需要注意的是,人民法院在民事案件审理过程中确定当事人的举证期限不一定是一次性的,有些复杂案件要根据诉讼发展不同阶段的需要,多次确定当事人应当提供的证据和提供该证据的期限。①

(1) 关于举证期限的确定时间。根据《民事诉讼司法解释》第 99 条第 1 款和《民事诉讼证据规定》第 50 条之规定，法院应当在审理前的准备阶段确定当事人的举证期限，并向当事人送达举证通知书。举证通知书应当载明举证责任的分配原则和要求、可以向法院申请调查收集证据的情形、人民法院根据案件情况指定的举证期限以及逾期提供证据的法律后果等内容。举证期限的起算点不再采取自当事人收到案件受理通知书和应诉通知书的次日起算的单一标准，审理前的准备阶段中的任一时点均可以作为举证期限的起算点，该起算点由法官依据当事人的主张和案件审理情况来确定。②

> **裁判规则**
>
> 法院可以根据案件性质、当事人诉讼能力等具体情况，确定具体案件的举证期限，以利于诉讼程序正常进行。

(2) 关于举证期限的确定方式。根据《民事诉讼司法解释》第 99 条第 1 款和《民事诉讼证据规定》第 51 条第 1 款之规定，民事诉讼中举证期限的确定方式主要有两种：一种是由当事人协商并经法院准许；另一种是由法院指定。法院指定举证期限的，适用第一审普通程序审理的案件的举证期限不得少于 15 日，当事人提供新的证据的第二审案件的举证期限不得少于 10 日。适用简易程序审理的案件的举证期限不得超过 15 日，小额诉讼案件的举证期限一般不得超过 7 日。人民法院应当根据当事人的主张和案件审理情况来确定举证期限，充分考虑案件的复杂程度，当事人调查收集证据的能力、所需时间，当事人的具体情况以及法院的工作安排等。法院对举证期限的确定，既要注重诉讼进程的紧凑和快速，又绝不能

---

① 参见王瑞贺主编：《中华人民共和国民事诉讼法释义》，法律出版社 2023 年版，第 137 页。
② 参见最高人民法院民事审判第一庭编著：《最高人民法院新民事诉讼证据规定理解与适用》，人民法院出版社 2020 年版，第 488 页。

损害当事人的程序权利，应在兼顾公正和效率原则的前提下，由法官自由确定。①

（3）关于举证期限的重新确定。在以下两种情形下，举证期限可以重新确定。一种是根据《民事诉讼司法解释》第99条第3款和《民事诉讼证据规定》第51条第3款之规定，举证期限届满后，当事人对已经提供的证据，申请提供反驳证据或者对证据来源、形式等方面的瑕疵进行补正的，法院可以酌情再次确定举证期限。另一种是根据《民事诉讼证据规定》第53条第2款之规定，当事人根据法庭审理情况变更诉讼请求的，人民法院应当准许并可以根据案件的具体情况重新指定举证期限。

（4）关于举证期限确定的特殊情形。根据《民事诉讼证据规定》第55条之规定，存在下列情形的，举证期限按照以下方式确定：当事人依照《民事诉讼法》第130条的规定提出管辖权异议的，举证期限中止，自驳回管辖权异议的裁定生效之日起恢复计算；追加当事人、有独立请求权的第三人参加诉讼或者无独立请求权的第三人经人民法院通知参加诉讼的，人民法院应当依照《民事诉讼证据规定》第51条的规定为新参加诉讼的当事人确定举证期限，该举证期限适用于其他当事人；发回重审的案件，第一审人民法院可以结合案件具体情况和发回重审的原因，酌情确定举证期限；当事人增加、变更诉讼请求或者提出反诉的，人民法院应当根据案件具体情况重新确定举证期限；公告送达的，举证期限自公告期届满之次日起计算。

2. 举证期限的延长

司法实践中，因为种种客观原因，确实存在有的当事人无法在举证期限内举证的情形，此时，如果不延长举证期限，则不利于维护当事人合法权益。由此，《民事诉讼法》第68条第2款规定了举证期限的延长制度。当然，当事人如果需要延长举证期限，必须证明其存在《民事诉讼法》

---

① 参见最高人民法院民事审判第一庭编著：《最高人民法院新民事诉讼证据规定理解与适用》，人民法院出版社2020年版，第485页。

第 68 条第 2 款第 2 句规定的"当事人在该期限内提供证据确有困难"的情形。法院应当根据当事人的举证能力、不能在举证期限内提供证据的原因等因素综合判断。必要时，法院可以听取对方当事人的意见。《民事诉讼证据规定》第 52 条进一步规定，当事人在举证期限内提供证据存在客观障碍，属于《民事诉讼法》第 68 条第 2 款第 2 句规定的"当事人在该期限内提供证据确有困难"的情形。所谓客观障碍，是相对于当事人主观因素而言，既包括地震、水灾等自然因素，也包括战争、防疫等社会因素以及他人行为的影响、自身疾病的原因等。将判断标准确定为客观障碍，目的在于排除因当事人主观故意或者过失、懈怠等未能在举证期限内提供证据的情形。①

> **裁判规则**
>
> 当事人提供的延长举证期限的证据的证明标准，并非需要达到高度盖然性，只要达到较大可能性即可。

举证期限的延长对于当事人和法院诉讼程序而言极为重要，但并不意味着该事项属于法院应当主动提示甚至主动释明的事项，否则将有违中立裁判之原则，对另一方当事人明显不公平。因此，举证期限的延长需要当事人主动提出申请，且应当遵循举证要求，在举证期限届满前提出。同时，当事人申请延长举证期限的，应当以书面形式提出，一方面是由于举证期限属于诉讼重大事项；另一方面便于法院对其申请理由的审查。据此，《民事诉讼司法解释》第 100 条第 1 款明确规定，当事人申请延长举证期限的，应当在举证期限届满前向人民法院提出书面申请。

对于当事人延长举证期限的申请，根据《民事诉讼司法解释》第 100 条第 2 款、第 3 款和《民事诉讼证据规定》第 54 条的规定，申请理由成立的，法院应当准许，适当延长举证期限，并通知其他当事人。延长的举

---

① 参见宋春雨：《民事证据规则适用通解》，人民法院出版社 2024 年版，第 266 页。

证期限适用于其他当事人。申请理由不成立的，人民法院不予准许，并通知申请人。需要注意的是以下三点：一是不管是否准许当事人的申请，法院均应当采取通知书的方式告知当事人。二是法院准许一方当事人延长申请的，另一方当事人的举证期限同样得到延长，而不仅是申请方的举证期限得以延长。三是法院不准许一方当事人延长申请的，只需通知申请方，无须通知另一方当事人，因为此时并未影响另一方当事人的诉讼权利。

典型案例 38

厦门圣凯梅生活超市有限公司与樱花卫厨（中国）股份有限公司侵害商标权纠纷案[①]

案情简介

上诉人厦门圣凯梅生活超市有限公司（以下简称圣凯梅公司）因与被上诉人樱花卫厨（中国）股份有限公司（以下简称樱花卫厨公司）侵害商标权纠纷一案，不服福建省厦门市中级人民法院作出的（2021）闽02民初64号民事判决，提起上诉，认为一审程序不合法。圣凯梅公司上诉称：（1）圣凯梅公司的法定代表人在一审庭审中不知如何质证，由法院认定，一审法院应根据双方举证客观认定事实，而不应武断认定"被告对原告的证据的真实性、合法性、关联性无异议"。（2）一审法院没有给圣凯梅公司充分的举证时间，圣凯梅公司在第一次开庭后补充提交了几组证据及代理意见，一审法院未安排质证而直接判决，在判决书中也未对补充的证据进行认定和回应。

---

① 参见福建省高级人民法院（2021）闽民终855号民事判决书。

裁判要旨

一审法院在审理过程中向圣凯梅公司寄送举证通知书，指定了15日的举证期限，一审法院组织双方当事人进行庭前证据交换，圣凯梅公司提交了相关证据并交由樱花卫厨公司质证。由此可见，一审法院依法保障了圣凯梅公司的举证权利。圣凯梅公司如认为仍需补充提交证据，应当在举证期限届满前向一审法院提出延长举证期限的书面申请并经一审法院准许。在一审庭前证据交换中，圣凯梅公司对樱花卫厨公司提交证据的"三性"无异议，一审法院按照圣凯梅公司的质证意见分析认定樱花卫厨公司的证据，并无不当。综上，圣凯梅公司有关一审程序不合法的上诉理由均无事实和法律依据，不能成立。

为提高当事人举证的积极性，防止当事人借举证期限的延长拖延诉讼，法院对"确有困难"的认定应当严格把关。法院只有确认当事人不存在举证懈怠和拖延诉讼之动机的情况下，方可延长举证期限。当事人是否举证懈怠和拖延诉讼，属法官自由裁量的范畴，法院可以听取对方当事人的意见，但是否延长举证期限最终由法院依案件审理的需要来决定。①

（三）逾期举证

逾期举证，有没有法律后果？当然有，不然举证期限制度便没有了设立的必要。可以说，逾期举证的法律后果本身就是举证期限制度发挥作用的关键和保障。

根据《民事诉讼法》第68条之规定，当事人逾期提供证据的，人民法院应当责令其说明理由。《民事诉讼司法解释》第101条第1款对此作

---

① 参见最高人民法院民事审判第一庭编著：《最高人民法院新民事诉讼证据规定理解与适用》，人民法院出版社2020年版，第496页。

了强调。根据上述规定，法院应当对当事人逾期提供证据的理由进行审查，审查是适用逾期举证法律后果的前提。法律要求在当事人逾期提供证据的场合，人民法院在一定程序中责令当事人说明理由，这意味着必须有对方当事人在场，是在保障对方当事人发表意见的权利。通过逾期提供证据的当事人的说明、对方当事人的反驳、双方的辩论，以及必要时双方当事人的举证、质证，人民法院对当事人逾期提供证据的理由是否成立能够更好地作出判断。人民法院在关乎当事人重大利益和程序权利的事项上，应当满足程序公正的基本要求。[①]

关于逾期提供的证据不发生逾期法律后果，视为未逾期的情形，根据《民事诉讼司法解释》第101条第2款之规定，主要有以下两种：

一是当事人因客观原因逾期提供证据。客观原因，如前文所述，既包括地震、水灾等不可抗力，也包括战争、防疫等社会事件以及他人行为的影响、自身疾病的原因等非逾期提供证据的当事人自身所能控制的范畴。

二是对方当事人对逾期提供证据未提出异议。民事权利的处分大体属于私法范畴，当事人逾期提供证据，必然导致对己不利，而有利于对方当事人的法律后果，但如果对方当事人未提出异议，认可当事人逾期提供的证据，则此时应当尊重对方当事人的权利行使。

关于逾期举证的法律后果，根据《民事诉讼司法解释》第102条之规定，主要注意以下几个方面：

一是当事人因故意或者重大过失逾期提供的证据，原则上失权，法院不予采纳。但该证据与案件基本事实有关的，法院应当采纳，并予以训诫、罚款。

---

① 参见最高人民法院民法典贯彻实施工作领导小组办公室编著：《最高人民法院新民事诉讼法司法解释理解与适用》，人民法院出版社2022年版，第277页。

典型案例 39

海通证券股份有限公司甘肃分公司司法制裁复议案[①]

案情简介

复议申请人海通证券股份有限公司甘肃分公司不服甘肃省高级人民法院于 2023 年 3 月 28 日作出的（2023）甘司惩 2 号决定，向最高人民法院申请复议，提出其不存在逾期举证且未申请延长举证期限的重大过失行为，并未拖延案件审理程序，请求撤销甘肃省高级人民法院作出的（2023）甘司惩 2 号决定。

裁判要旨

《民事诉讼法》第 68 条规定，当事人对自己提出的主张应当及时提供证据。人民法院根据当事人的主张和案件审理情况，确定当事人应当提供的证据及其期限。当事人在该期限内提供证据确有困难的，可以向人民法院申请延长期限，人民法院根据当事人的申请适当延长。当事人逾期提供证据的，人民法院应当责令其说明理由；拒不说明理由或者理由不成立的，人民法院根据不同情形可以不予采纳该证据，或者采纳该证据但予以训诫、罚款。海通证券股份有限公司甘肃分公司在民事二审程序中的逾期举证行为已妨害民事诉讼正常进行，甘肃省高级人民法院据此依法作出罚款决定，符合法律规定，并无不当。

二是对于当事人非因故意或者重大过失逾期提供的证据，法院应当采纳，并对当事人予以训诫。

[①] 参见最高人民法院（2023）最高法司惩复 10 号复议决定书。

三是当事人应当承担相应赔偿责任。当事人一方要求另一方赔偿逾期提供证据致使其增加的交通、住宿、就餐、误工、证人出庭作证等必要项目的费用的，法院可予支持。需要注意的是，该赔偿责任并非诉讼法意义上的责任，而属于私法上的责任。

四是关于罚款数额的规定。根据《民事诉讼证据规定》第 59 条之规定，法院对逾期提供证据的当事人处以罚款的，可以结合当事人逾期提供证据的主观过错程度、导致诉讼迟延的情况、诉讼标的金额等因素，确定罚款数额。具体数额，应当在《民事诉讼法》第 118 条第 1 款规定的限额内，即对个人的罚款金额，为人民币 10 万元以下；对单位的罚款金额，为人民币 5 万元以上 100 万元以下。

典型案例 40

河北程睿环保咨询有限公司与北京中科丽景环境检测技术有限公司技术服务合同纠纷案[①]

案情简介

上诉人河北程睿环保咨询有限公司（以下简称程睿公司）与上诉人北京中科丽景环境检测技术有限公司（以下简称中科丽景公司）因技术服务合同纠纷一案，不服河北省石家庄市中级人民法院针对该案作出的民事判决，提起上诉。程睿公司上诉认为，中科丽景公司在原审中当庭提交证据，当时已经超过了一个月的举证期，原审法院仍然组织质证，程序违法。中科丽景公司提供的证据中的微信聊天记录是复印件，未提交原始载体，程睿公司无法进行质证，原审法院将未经质证的微信聊天记录作为定

---

① 参见最高人民法院（2022）最高法知民终 30 号民事判决书。

案依据，程序违法。程睿公司提交了财产保全申请，原审法院未同意程睿公司的申请，程序违法。

裁判要旨

当事人因故意或者重大过失逾期提供与案件基本事实有关的证据，或者非因故意或者重大过失提供证据，并不产生证据失权的法律后果。原审法院不存在程睿公司上诉主张的该项程序违法的情形。首先，经核查原审法院的庭审笔录，中科丽景公司在原审中提交的证据包括涉案合同、微信聊天记录、告知函等有关案件基本事实的证据，人民法院应当组织质证，经审查符合证据要求的，应予采纳。其次，该案并无证据证明中科丽景公司在原审中存在故意或者重大过失逾期提供证据的情况，中科丽景公司在庭审中当庭出示证据，人民法院组织进行质证，符合《民事诉讼法》及司法解释的规定。最后，程睿公司如果认为其不能当庭充分发表质证意见或者提供反驳证据，可以向原审法院申请给予相应的质证及进一步举证的期限，以充分保障其举证及质证的权利，但以中科丽景公司逾期举证为由拒绝质证或者主张对方证据失权，并无相应的法律依据。因此，程睿公司此项上诉理由不能成立。

总之，从以上内容可以看出，若当事人的主观过错程度不同，则将产生不同的法律后果和责任。法律对当事人逾期提供证据还是比较宽容的，就算该证据因当事人故意或者存在重大过失而逾期提供，法律也并不会将该证据绝对排除，还是会基于证据和案件基本事实的关联程度，来确定是否予以采纳。

> **法官提示**
>
> 当事人的实体权利能否有效实现与其举证权利是否充分行使有着密切的联系。如果证据只是由于未能在规定期限内提出就不予采纳，从而妨碍当事人实体权利的实现，实则难以让当事人接受。

五、证据交换

司法实践中，大部分案件不可能经一次开庭即可完结，尤其是证据较多的案件，法官习惯于在审理前的准备阶段进行证据交换，通过证据交换，固定双方争议焦点，展示并固定证据。

证据交换的功能主要体现在以下两个方面：

一是诉讼双方当事人有效的信息交换，可以防止一方当事人实施"证据突袭"，并且为双方当事人充分准备庭审答辩提供了条件。

二是通过双方当事人相互之间的证据披露，能明确双方的共识，凸显双方争议的焦点，法院可以据此整理出争点，庭审时引导双方当事人围绕争点展开法庭对抗，而对庭审前没有争议的证据和事实可以直接采纳。[1]

对此，笔者较有感触，特别是审理适用第一审普通程序的案件，尤其是建设工程施工合同纠纷等类型的案件，证据材料纷繁复杂，如果案件涉及对工程造价进行司法鉴定，庭前的证据交换尤为重要，这便于法官提前接触、了解双方争议焦点和举证情况，如果证据交换都等到开庭审理阶段进行，则后续的诉讼程序将拖沓、冗长，不仅影响举证质证的质量，也同样影响庭审的质量。

根据《民事诉讼法》第136条第4项的规定，人民法院受理的案件如果需要开庭审理，通过要求当事人交换证据等方式，明确争议焦点。以该条文为依据，最高人民法院通过《民事诉讼证据规定》第56-58条设立了民事诉讼证据交换制度，同时，又在《民事诉讼司法解释》通过第224-226条规定了以证据交换为核心的庭前会议制度，进一步完善了我国的民事诉讼审前程序制度。

（一）证据交换的时间

审理前的准备是法院受理原告起诉以后到开庭审理之前进行准备工作

---

[1] 参见潘金贵主编：《证据法学》，法律出版社2022年版，第338页。

的阶段。审理前的准备是第一审普通程序的必经阶段，审理前的准备，既包括送达起诉状副本、告知合议庭组成人员、处理管辖权异议、追加当事人等相关工作，也包括证据交换、整理争议焦点等相关工作，还包括法院组织进行调解等相关工作。证据交换的目的在于整理争议焦点和固定证据，因此，其启动时间必须在开庭审理前，即审理前的准备阶段完成。通过庭前证据交换，明确争议焦点，提高质证的效果，这有利于法官正确判断和认定事实，从而提高案件的质量，降低二审和再审的可能性，使纠纷得到迅速及时的处理。此外，通过证据交换，双方所持有的证据及审理结果胜败预期一目了然，法官稍加推动，就很有可能使纠纷在进入庭审前得到解决。①

根据《民事诉讼司法解释》第224条之规定，法院可以在答辩期届满后，通过组织证据交换、召集庭前会议等方式，做好审理前的准备。因此，审理前的准备的开始时间在答辩期届满后，此时，法院根据双方起诉和答辩情况，确认双方争议焦点，并开展相关工作。根据《民事诉讼证据规定》第56条之规定，通过组织证据交换进行审理前准备的，证据交换之日举证期限届满。证据交换的时间可以由当事人协商一致并经人民法院认可，也可以由人民法院指定。当事人申请延期举证经人民法院准许的，证据交换日相应顺延。由于人民法院指定的一般性举证期限是当事人提供证据证明其主张的基础事实的期限，而证据交换日正是当事人向人民法院和对方当事人出示证据的时点，以证据交换日为举证期限届满的时点，符合证据交换的特点和举证期限的意义。② 如果当事人在整个诉讼过程中可以随时提出证据，不受任何条件和时间的限制，则设立证据交换的目的无从实现。

---

① 参见最高人民法院民法典贯彻实施工作领导小组办公室编著：《最高人民法院新民事诉讼法司法解释理解与适用》，人民法院出版社2022年版，第479页。

② 参见宋春雨：《民事证据规则适用通解》，人民法院出版社2024年版，第286页。

基于构建和完善审理前准备制度的要求,《民事诉讼司法解释》第225条对《民事诉讼法》第136条第4项的内容作了扩展,庭前会议包括下列内容:明确原告的诉讼请求和被告的答辩意见;审查处理当事人增加、变更诉讼请求的申请和提出的反诉,以及第三人提出的与本案有关的诉讼请求;根据当事人的申请决定调查收集证据,委托鉴定,要求当事人提供证据,进行勘验,进行证据保全;组织交换证据;归纳争议焦点;进行调解。由于证据的重要性,组织证据交换,可以说是庭前会议最为重要的一项内容。

关于证据交换具体时间的确定,《民事诉讼司法解释》第99条第2款规定,人民法院确定举证期限,第一审普通程序案件不得少于15日,当事人提供新的证据的第二审案件不得少于10日。因此,法院指定的证据交换具体日期,应当符合上述有关举证期限的规定。

(二) 证据交换的程序

证据交换,既然是审理前的准备工作,当然应在审判人员的主持下进行,这一方面体现了司法的严肃性;另一方面便于审判人员及时、全面了解案件情况。因此,《民事诉讼证据规定》第57条第1款规定,证据交换应当在审判人员的主持下进行。关于审判人员的范围,《民事诉讼证据规定》及《民事诉讼法》均未明确规定,但参考《民事诉讼司法解释》第48条有关回避的规定,审判人员包括参与本案审理的人民法院院长、副院长、审判委员会委员、庭长、副庭长、审判员和人民陪审员。因此,原则上应由上述人员主持证据交换。但司法实践中,案多人少矛盾依然突出,同时随着司法改革的推进,笔者认为,由法官助理、书记员主持证据交换亦无不可。根据《最高人民法院司法责任制实施意见(试行)》第13条第1项的规定,法官助理可以协助法官组织庭前证据交换,根据案件的实际情况,由合议庭委托法官助理协助主持证据交换。法官助理主持,作为承办法官不能主持时的补充，只是辅助性的。[①]

典型案例 41

四川盛德建筑工程有限公司与李某和、李某智建设工程合同纠纷案[②]

案情简介

上诉人四川盛德建筑工程有限公司（以下简称盛德公司）因与被上诉人李某和、李某智建设工程合同纠纷一案，不服四川省隆昌市人民法院作出的（2021）川1028民初2143号民事判决，提起上诉，认为一审对15个方面的事实未进行认定，导致认定事实错误；一审判决书中的争点与庭审中总结的争点不一致；一审存在案由、合议庭组成人员、李某智加入诉讼等方面的程序问题。

裁判要旨

根据《民事诉讼证据规定》第57条"证据交换应当在审判人员的主持下进行。在证据交换的过程中，审判人员对当事人无异议的事实、证据应当记录在卷；对有异议的证据，按照需要证明的事实分类记录在卷，并记载异议的理由。通过证据交换，确定双方当事人争议的主要问题"的规定，证据交换应当由审判员主持。同时，根据《最高人民法院司法责任制实施意见（试行）》第13条第1项的规定，法官助理可以协助法官组织庭前证据交换。从一审卷宗内容可以看出，该案证据交换并未进行当

[①] 参见最高人民法院民事审判第一庭编著：《最高人民法院新民事诉讼证据规定理解与适用》，人民法院出版社2020年版，第534页。

[②] 参见四川省内江市中级人民法院（2021）川10民终1243号民事判决书。

事人陈述和质证的环节，只是程序上的证据交换，故由法官助理组织进行并未违反法律相关规定，盛德公司的该项主张不能成立。

证据交换实际上类似于开庭审理中的质证程序，但有别于质证，因为证据交换并未有公开的程序要求。但从方式而言，证据交换同样需要当事人将其提交的证据材料分类编号，证据较多的，还应当编制目录，说明证据来源、证明对象和内容。对方当事人需要逐一发表质证意见。根据《民事诉讼证据规定》第57条第2款的规定，在证据交换的过程中，审判人员对当事人无异议的事实、证据应当记录在卷；对有异议的证据，按照需要证明的事实分类记录在卷，并记载异议的理由。通过证据交换，固定当事人之间的争议焦点，是证据交换的主要目的。

> **法官提示**
>
> 为提高庭审效率，法院对于当事人无异议的证据和事实，只在开庭审理过程中作原则性询问，不再具体进行举证质证，当事人对于证据交换过程中发表的举证、质证意见，一般也不可变更或者撤回。

证据交换过程中，法官一方面将当事人没有争议的证据、事实记录在案，另一方面将有争议的证据记录在案，并确定当事人的争点，不得对证据效力作出认定或者提出意见，只对证据作程序上的归纳、梳理，不对证据进行"三性"审查。案件争议焦点的归纳，属于审理前准备程序的重要内容，应当在开庭审理前进行。如果争议焦点不明确，会导致庭审辩论的空洞化和形式化，使案件呈现分割式的审理方式，当事人之间缺乏真正的对抗，严重影响诉讼的效率和效益，并在一定程度上损害诉讼的公正性。[1] 争议焦点的归纳一方面依赖于原告起诉、被告答辩；另一方面依赖于证据交换，因此，《民事诉讼司法解释》第226条规定，人民法院应当

---

[1] 参见最高人民法院民法典贯彻实施工作领导小组办公室编著：《最高人民法院新民事诉讼法司法解释理解与适用》，人民法院出版社2022年版，第484页。

根据当事人的诉讼请求、答辩意见以及证据交换的情况，归纳争议焦点，并就归纳的争议焦点征求当事人的意见。根据上述规定，为了使诉讼程序正常进行，被告应当积极进行答辩，法院应当督促被告履行答辩义务。

证据交换的方式主要有以下几种：一是在法院当面交换，此种方式较为方便，有利于固定意见、焦点；二是书面形式，双方通过书面形式发表意见；三是通过网络线上进行交换。三种形式，各有利弊，需要法官根据案件具体情况进行选择。法院可以根据当事人的意见和工作安排灵活确定证据交换的方式，既要防止证据交换简单化、程序化，流于形式，也要防止证据交换庭审化。①

关于证据交换的次数，《民事诉讼证据规定》在2019年修改之前，第40条第2款第1句规定"证据交换一般不超过两次"。此规定虽然有防止当事人通过证据交换拖延诉讼之目的，但从司法实践来看，不利于通过证据交换实现证据之交换目的，如前所举之建设工程施工合同纠纷案件证据多、争议大，往往又涉及工程造价鉴定，基本上不能在二次证据交换中完成举证质证，因此，《民事诉讼证据规定》在2019年修改时，删除了"两次"的限制。但该修改，不是鼓励法院或者当事人进行多次证据交换，而是要求法官根据案情具体情况予以确定。

另外还有一种特殊情况，就是当事人收到对方的证据后有反驳证据需要提交的，根据《民事诉讼证据规定》第58条的规定，法院应当再次组织证据交换。当事人提交反证证明自己的主张，实属正当，为了平等保护当事人的诉讼权利，法院应当再次组织证据交换。

---

① 参见最高人民法院民事审判第一庭编著：《最高人民法院新民事诉讼证据规定理解与适用》，人民法院出版社2020年版，第537页。

第三讲　质　　证

质证是民事诉讼程序中的关键环节，是在开庭审理过程中，在法院的主持下，由当事人、诉讼代理人、第三人等诉讼主体对案件所涉证据进行说明、对质、询问的过程。质证是当事人一项基本的诉讼权利，每个当事人都有权利对对方当事人提供的证据予以辩驳。一方当事人提供的证据材料，有的在内容上不一定为真，甚至在形式上为假，甚至系当事人伪造而成；有的与待证事实没有关联性，"牛头不对马嘴"，与本案无关；有的在合法性上欠缺，侵害当事人或者案外人合法权益。以上种种，如果没有质证环节，缺少了对方当事人的质疑和辩驳，则法院在证据认证和事实的认定上可能会产生较大偏离，甚至完全背离客观实际和事实真相，最终导致案件判决不客观、不公正，有损当事人权益，更有损司法权威。所以，质证不仅是查明案件事实的重要手段，也是实现公平正义的有效途径。《民事诉讼法》第211条第4项将"原判决、裁定认定事实的主要证据未经质证的"，作为法院应当再审的情形。

一、质证的基本要素

实际上，质证与取证、举证、示证不同，后三个概念都是动宾结构，后三个概念中的证的意思是"证据"。质证的"证"并不是作为名词使用的"证据",而是作为动词使用的"验证"。质证就是质疑、验证的意思。①在我国立法中,"质证"一词,最早出现在1991年《民事诉讼法》第66条之规定,其后虽然该法律多次修正,但该内容一直保留,并无变化。

（一）质证主体

在探究质证主体之前,首先要明确另一个问题,就是由谁主导质证的问题。这个问题看似简单,实际上从司法实践来看,包括当事人和法官存在一定的困惑。笔者认为,质证是开庭审理的重要环节,而开庭系由法官组织开展,对此无疑,因此质证也系由法官组织开展,同时,为了庭审的质量和效率,根据司法传统以及当前立法,质证应由法官主导,而非任由当事人自由发挥。法官是庭审活动的指挥者,对庭审质证质量的高低有着极其重要的影响。这种影响主要是通过法官对庭审质证活动的指挥与引导产生的。因而,要明确法官责任,让法官明白正确指挥质证活动、科学合理地引导当事人质证是其职责所在,以此提高法官对质证环节的重视程度,促使法官研究如何提高质证质量、如何提高质证指挥与引导能力,从而促进质证质量得以提升。②

质证的主体是指对当事人提交的证据有权提出异议的人。民事诉讼中,当事人、诉讼代理人、第三人均为质证主体。《民事诉讼法》第71条规定"由当事人互相质证",因此,从法律规定层面来看,当事人才是质证主体,法院不属于质证主体。法院虽然是质证程序的组织者和主导者,但不实质性地介入当事人之间的质证活动。在这一过程中,人民法院始终保持中立的立场,并不实质性介入当事人之间的对抗,更不实质性参与当事人之间的争辩、反驳等。③

---

① 参见张建伟:《"质证"的误解误用及其本义》,载《检察日报》2012年11月1日,第2版。
② 参见温新征:《法庭调查:法官质证引导要到位》,载《人民法院报》2016年8月1日,第2版。
③ 参见宋春雨:《民事证据规则适用通解》,人民法院出版社2024年版,第608页。

作为质证主体的维护者，法官在质证过程中应该充分尊重质证主体的质证权利，耐心听其发表质证意见。作为质证客体的确定者，法官有权对当事人提出异议的证据进行形式审查，不但可以审查该证据在形式上是否满足法定要求，而且可以审查该异议在形式上是否满足法定要求。作为质证内容的甄别者，法官有权对非法证据和不具有关联性的证据予以排除，并最终确定合法证据和关联证据的真实性。作为质证方式的掌控者，法官有义务确保质证主体充分参与法庭论辩并充分表达自己的质证意见，既不得为了片面追求司法效率而进行书面审理，更不得违法剥夺质证主体以论辩方式展开质证的诉讼权利。[1]

有观点认为，根据《民事诉讼法》第67条第2款的规定，当事人及其诉讼代理人因客观原因不能自行收集的证据，或者人民法院认为审理案件需要的证据，人民法院应当调查收集。既然法院有权调查取证，其势必应当将获得的证据进行举证、质证，此时法院成为质证主体。笔者认为，该观点混淆了取证主体和质证主体的区别，即使法院调查收集而来的证据，由法院在开庭审理中展示，质证也仍然由双方当事人进行，对该证据的形式或者实质法院并无争辩、反驳之权利。法官是证据的审查者和判断者，不享有当事人那样的质证权利，无须承担当事人那样的质证责任。

裁判规则

> 法官依职权调取的证据，在本质上仍属当事人提出的支持自身诉讼主张的证据，对此种证据的质证仍依当事人请求而进行，法官亦不成为质证主体。

关于证人是否为质证主体，司法实践中尚存争议。有观点认为，证人对案件相关待证事实较为清楚，其依法出庭作证意味着证人实际参与质证并实施质证行为，所以证人应当成为质证主体。反对观点认为，证人在接

---

[1] 参见刘晓兵：《民事庭审质证的基本要素研究》，载《证据科学》2015年第3期。

受询问时陈述证言、与其他证人对质，只是起到展示证据内容的作用，证人是质证对象的提供者，而非质证的主体，其在质证过程中并不具有诉讼上的利益，也不承受案件事实认定结果的诉讼风险。[1] 笔者认为，证人经当事人申请并经法院同意或者经法院依职权通知的，应当出庭作证，接受审判人员和当事人的询问。证人负有如实陈述的法定义务，并应客观陈述其亲身感知的事实，作证时不得使用猜测、推断或者评论性语言。因此，证人只是向法庭提供了证言，而非对其他证据进行质证，当事人应当围绕证人证言进行举证质证，证人并非质证主体。

（二）质证客体

《民事诉讼法》第 71 条中规定，证据应当在法庭上出示，并由当事人互相质证。从该条文可以看出：一是质证应当在开庭审理期间进行；二是当事人互相质证的客体是证据。

典型案例 42

某甲公司、唐某甲、蒋某甲与某乙公司建设工程施工合同纠纷案[2]

案情简介

上诉人某甲公司、唐某甲、蒋某甲与上诉人某乙公司建设工程施工合同纠纷一案中，双方不服辽宁省高级人民法院作出的民事判决，提起上诉。

---

[1] 参见宋春雨：《民事证据规则适用通解》，人民法院出版社 2024 年版，第 610 页。
[2] 参见最高人民法院（2023）最高法民终 286 号民事裁定书。

裁判要旨

该案系建设工程施工合同纠纷，承包人起诉请求判令发包人支付工程价款，工程造价系该案应查明的基本事实，但一审判决违反质证的法定程序，仅对部分鉴定材料进行质证，致使工程造价数额基本事实不清。质证是法定程序，根据《民事诉讼法》（2017年修正）第68条的规定，证据应当在法庭上出示，并由当事人互相质证。《民事诉讼证据规定》第34条第1款亦明确规定，人民法院应当组织当事人对鉴定材料进行质证。未经质证的材料，不得作为鉴定的根据。对于该案鉴定过程中当事人提交给鉴定机构的多份证据，鉴定机构组织了证据交换，但证据交换与质证有本质区别。证据交换仅是质证的步骤之一，在鉴定机构作出鉴定意见后当事人对鉴定意见的异议，不能代替质证。并且在某甲公司提出作为鉴定依据的多份证据材料未经质证，鉴定机构将部分鉴定项目列为争议项，给出不确定的鉴定意见后，一审法院仍未补充质证，致使该案工程造价数额基本事实不清。

作为认定事实根据的证据，必须在法庭上出示。当事人互相质证，是法院审查核实证据最重要、最基本的方式。法庭本身即为严肃场合，开庭审理同样具有严肃性，质证在此场景下，意味着参与诉讼的当事人，应当实事求是并且高效严谨地进行举证、质证，要紧紧围绕证据陈述意见、进行辩驳。对此，笔者有体会，虽然现在通过在线诉讼可以开庭审理案件，但在同等条件下，线下、现场、面对面地进行开庭、举证、质证、辩论等的实际效果往往好于线上。质证的本质特征是"质"，即对证据资料的质问或质疑，带有当面相互对抗的性质。直接面对面交流，既有利于当事人发表意见，也有利于法官观察双方当事人的"微表情"，对法官审核认定证据、查明案件事实具有较为直接的作用，有助于形成正确的心证，体现诉讼民主和审判的公开。由于涉及国家秘密、商业秘密和个人隐私的证据的特殊性，《民事诉讼法》对此作了不一样的规定，根据该法第71条的规定，对涉及国家秘密、商业秘密和个人隐私的证据应当保密，需要在法庭出示的，不得在公开开庭时出示。另外，《民事诉讼司法解释》第103条第3款规定，涉及国家秘密、商业秘密、个人隐私或者法律规定应当保密的证据，不得公开质证。

根据《民事诉讼司法解释》第103条第1款的规定，证据应当在法庭上出示，由当事人互相质证。未经当事人质证的证据，不得作为认定案件事实的根据。因此，双方当事人提交的所有法定证据都属于质证的客体，包括当事人提交的书证、物证、视听资料、电子数据、证人证言、鉴定意见、勘验笔录等。同时，根据《民事诉讼证据规定》第61条的规定，对书证、物证、视听资料进行质证时，当事人应当出示证据的原件或者原物。但有下列情形之一的除外：出示原件或者原物确有困难并经人民法院准许出示复制件或者复制品的；原件或者原物已不存在，但有证据证明复制件、复制品与原件或者原物一致的。此规定充分体现了民事诉讼中举证质证的原件原物优先规则，只有在特殊情况下，才允许提供复制件、复制品。

质证的目的在于通过对证据的辩驳查明待证事实，质证活动虽然发生在法庭，但是实质要求贯穿于整个庭前审查和开庭审理过程。如果大量的证据留待开庭审理期间质证，则将挤压法庭辩论等其他环节的时间，导致庭审结构失衡。因此，在开庭审理前的准备阶段，法官应组织进行证据交换，对于该已经进行过证据交换的证据，《民事诉讼司法解释》第103条第2款和《民事诉讼证据规定》第60条第1款均明确，当事人在审理前的准备阶段或者人民法院调查、询问过程中发表过质证意见的证据，视为质证过的证据。

> **法官提示**
>
> 根据司法解释的规定,法院应当在开庭审理阶段,询问双方对证据交换时发表的质证意见是否认可,有无补充,实际上是准许补充的,若双方有所补充,法院将不再根据质证顺序一一列举,这体现了对质证环节前置的支持。但当事人如果质证意见有别于证据交换时的意见,应当说明理由,或者提供证据予以证明。

典型案例 43

中石油昆仑燃气有限公司、中石油昆仑燃气有限公司广西分公司与山东胜利股份有限公司、北京中科沃克科技发展中心、钦州胜利天然气利用有限公司股权转让纠纷案[①]

案情简介

再审申请人中石油昆仑燃气有限公司(以下简称昆仑燃气公司)、中石油昆仑燃气有限公司广西分公司(以下简称昆仑燃气广西分公司)因与被申请人山东胜利股份有限公司、北京中科沃克科技发展中心、钦州胜利天然气利用有限公司股权转让纠纷一案,不服山东省高级人民法院作出的民事判决,申请再审称,原判决、裁定认定事实的主要证据未经质证;二审法院对于昆仑燃气广西分公司提交的证据原件未予审查、未予质证;昆仑燃气广西分公司在二审中提交了部分证据原件,但二审法院未对相关证据原件进行开庭质证,仅在二审判决中论述到相关证据与股权转让并无关联,决定不予采纳。

---

① 参见最高人民法院(2021)最高法民申 2579 号民事裁定书。

裁判要旨

《民事诉讼证据规定》第 60 条第 1 款规定："当事人在审理前的准备阶段或者人民法院调查、询问过程中发表过质证意见的证据，视为质证过的证据。"该案中，二审法院已经就昆仑燃气公司、昆仑燃气广西分公司提交的证据材料组织各方当事人发表质证意见，经审查认为不能达到其证明目的或与该案不具有关联性。二审法院未开庭审理该案并未损害昆仑燃气公司、昆仑燃气广西分公司的诉讼权利，并无不当。因此，昆仑燃气公司、昆仑燃气广西分公司关于其提交的证据未经开庭质证，二审法院违反法律程序的主张不成立。

司法实践中，有的当事人在开庭审理时才提交证据，且有正当理由，有的对方当事人因为需要核实等原因无法当庭质证，此时，可以准许庭后提供书面质证意见，法官也不再组织开庭质证。在这种情况下，当事人从节约诉讼成本的角度考虑，可能不要求再次开庭质证，而申请书面质证。因此，一概不允许书面质证，过于绝对，也不符合审判实践的需要。但书面质证并非质证的一般方式，只能在特定的情况下被有条件地准许适用，不能作为一般性规则。[①]《民事诉讼证据规定》第 60 条第 2 款规定，当事人要求以书面方式发表质证意见，人民法院在听取对方当事人意见后认为有必要的，可以准许。人民法院应当及时将书面质证意见送交对方当事人。

（三）质证内容

真实性、合法性和关联性是证据的属性和特征，是证据作为认定案件事实根据的基础，也是在证据的质证中首先需要解决的问题。要想知道诉讼资料在符合证据属性要求的前提下，能否真正发挥对待证事实的证明作

---

① 参见宋春雨：《民事证据规则适用通解》，人民法院出版社 2024 年版，第 613 页。

用，需要人民法院对证据的证明力进行考察。因此，证据的证明力问题是质证必须包含的实质性内容。[①] 关于质证的内容，《民事诉讼司法解释》第 104 条规定，人民法院应当组织当事人围绕证据的真实性、合法性以及与待证事实的关联性进行质证，并针对证据有无证明力和证明力大小进行说明和辩论。能够反映案件真实情况、与待证事实相关联、来源和形式符合法律规定的证据，应当作为认定案件事实的根据。

1. 关于对证据"三性"的质证

司法实践中，很多法官在组织证据交换或者举证质证时，习惯于要求当事人对证据"三性"即证据的真实性、合法性、关联性发表意见。很多当事人或者代理人习惯于围绕证据"三性"发表意见。

在质证的时候，法官询问的第一句话往往是"当事人对该证据的真实性有无异议？"，可以说真实性既是证据的必备属性，也是质证的第一道关口，若真实性存疑或者证据系伪造，后续质证的关联性、合法性就失去了基础。对证据真实性的质证，大多从形式真实和内容真实两个层面进行。形式真实要求当事人提交的证据材料本身是真实的，不是伪造而成的。法官审查核实证据的第一步首先就是确认该证据是否为"真"，当然，形式上的真实性，并不要求该证据应当具备反映案件真实情况的功能。内容真实则要求证据材料能够如实反映案件的客观事实。证据的合法性是指证据必须符合法定的证据形式并且经合法方式取得，因此，在质证证据的合法性问题时，主要考虑以下两个方面：一是证据是否符合法定的形式要求；二是证据是否以合法方式取得。作为民事诉讼的证据，必须形式应当合法、来源应当合法。

证据的合法性要求证据应当符合法定的形式以及证据的形成和获得要合法。但在实践中，形式的合法性通常只有在法律有明确的特定要求时才被考虑，而证据形成、获得途径的合法性主要结合实体法的规定并考虑价

[①] 参见最高人民法院民法典贯彻实施工作领导小组办公室编著：《最高人民法院新民事诉讼法司法解释理解与适用》，人民法院出版社 2022 年版，第 282 页。

值衡量的因素来综合判断。证据的关联性是指证据与其所要证明的案件事实之间具有内在的必然联系，对证据关联性的质证主要包括两个方面：一是需要证明证据与案件事实有无联系；二是需要证明各个证据之间有无联系。证据应当与案件事实具有关联性，与案件事实具有关联性的证据可以采纳，不具有关联性的证据不得采纳。

对于证据"三性"，前文已作具体阐述，在此不再赘述。

典型案例 44

黄某与劳某贵劳务合同纠纷案①

案情简介

再审申请人黄某因与被申请人劳某贵劳务合同纠纷一案，不服钦州市中级人民法院作出的（2018）桂07民终518号民事判决，向广西壮族自治区高级人民法院申请再审称，二审法院没有采信黄某提交的证据，包括证据1"宁某君的证明"、证据2"黄某焕入院记录"、证据3"黄某伟授权委托书"、证据5"黄某焕授权劳某贵授权委托书"、证据6"灵山人民医院医患沟通记录表"，导致认定事实不清；原审判决认定的基本事实缺乏证据证明。

裁判要旨

根据《民事诉讼司法解释》第104条"人民法院应当组织当事人围绕证据的真实性、合法性以及与待证事实的关联性进行质证，并针对证据有无证明力和证明力大小进行说明和辩论。能够反映案件真实情况、与待

---

① 参见广西壮族自治区高级人民法院（2019）桂民申5492号民事裁定书。

证事实相关联、来源和形式符合法律规定的证据，应当作为认定案件事实的根据"的规定，当事人所提交的证据只有具备真实性、合法性、关联性才能作为定案依据。对于黄某在二审诉讼中提交的证据1、证据2及证据3，原审法院已经组织双方当事人质证，并对证据是否采信详细说明理由，因上述证据无法证明申请人想要证明的事实，原审法院不予采纳符合法律规定。

2. 关于对证据的证据能力和证明力的质证

质证的对象是在法庭中出示的证据。质证的主要内容则是证据的证据能力和证明力。对于需要在法庭出示的证据而言，首先，要解决的是有没有证据资格的问题，也就是证据能力。只有适格的证据才不会被法庭所拒绝，对于证据能力的质证涉及较多的是取证程序方面的内容，取证程序合法、规范是证据适格最为基本的要求。其次，在确定证据具有证据资格之后仍需要对其证明力进行考察。证明力是证据本身对于待证案件事实的证明效果。[1]

《民事诉讼司法解释》第105条规定，人民法院应当按照法定程序，全面、客观地审核证据，依照法律规定，运用逻辑推理和日常生活经验法则，对证据有无证明力和证明力大小进行判断，并公开判断的理由和结果。《民事诉讼证据规定》第85条对该规定再次作了强调，实际上，在司法实践中，关于证明力的判断，法官主要基于自由心证，根据内心确信进行。

> **法官提示**
>
> 当事人或者代理人应当就证据是否具有证明力以及具有多大证明力，进行最大限度的举证质证，以便于法官对此作出准确的判断，以支持自己的主张。当然，该证明力的认定，对法官的职业素养提出了更高的要求。

---

[1] 参见汤智：《证据能力与证明力是质证关键》，载《检察日报》2021年4月2日，第3版。

典型案例 45

许某群与马某贵劳务合同纠纷案①

案情简介

再审申请人许某群因与被申请人马某贵劳务合同纠纷一案，不服云南省昆明市中级人民法院作出的（2024）云01民终19216号民事判决，申请再审认为，有足以推翻原判决的新证据；被申请人混淆事实，虚假陈述，法院在未查清认定事实的情况下，就臆断采信被申请人所辩称的借条形成，有偏袒嫌疑。

裁判要旨

原审经审理，依照在案借条、马某贵账目结算清单、双方通话录音所载内容及双方陈述、答辩，认定了被申请人主张的事实并考虑申请人长期拖欠劳务费未清偿的事实及双方借条关于还款期限、违约责任的约定，判决申请人偿还款项及相应资金占用费，符合《民事诉讼司法解释》第105条"人民法院应当按照法定程序，全面、客观地审核证据，依照法律规定，运用逻辑推理和日常生活经验法则，对证据有无证明力和证明力大小进行判断，并公开判断的理由和结果"的规定，原审法院认定事实和适用法律并无不当。

综上所述，当事人在开庭审理质证过程中，首先，应从证据的形式方面即形式真实性、合法性、关联性进行质证，以确定该证据是否具有证据能力；其次，从证据的实质方面即实质真实性、实质关联性进行质证，以

---

① 参见云南省高级人民法院（2024）云民申5026号民事裁定书。

确定该证据的证明力有无及大小；最后，还需注意的是，根据司法解释之规定，应当按照真实性、合法性、关联性的次序进行举证质证。

二、质证顺序

质证环节属于开庭审理的关键环节，一个有次序的举证质证程序，对庭审秩序有着重大影响。如果质证过程次序杂乱、顺序混乱，则不仅影响开庭质量，实际上对当事人合法权益的保护同样会陷入"混乱"。因此，该环节考量着法官的诉讼指挥权的行使是否得当，考量着法官的司法能力和业务水平，当然也考量着当事人的举证质证能力和法律素养。对此，法律必须对质证顺序作出规范，避免质证的随意性。

《民事诉讼证据规定》第62条第1款规定，质证一般按下列顺序进行：原告出示证据，被告、第三人与原告进行质证；被告出示证据，原告、第三人与被告进行质证；第三人出示证据，原告、被告与第三人进行质证。从以上顺序可以看出，各方当事人具有平等的提出证据的权利，同时享有平等的质证的权利，这有助于保护各方当事人的合法权益，并帮助法官全面查明案件事实。

（一）质证的特殊情况

司法实践中还有两种特殊情况，需要引起注意。

1. 法院根据当事人申请调查收集的证据的质证问题

《民事诉讼证据规定》第62条第2款规定，法院根据当事人申请调查收集的证据，审判人员对调查收集证据的情况进行说明后，由提出申请的当事人与对方当事人、第三人进行质证。因此，当事人有权申请法院调查收集证据。根据《民事诉讼司法解释》第94条的规定，当事人及其诉讼代理人因客观原因不能自行收集的证据包括：证据由国家有关部门保存，当事人及其诉讼代理人无权查阅调取的；涉及国家秘密、商业秘密或者个人隐私的；当事人及其诉讼代理人因客观原因不能自行收集的其他证据。

当事人及其诉讼代理人因客观原因不能自行收集的证据，可以在举证期限届满前书面申请人民法院调查收集。

对于上述根据当事人申请调取的证据，依然根据"谁主张，谁举证"的原则，由提出申请的当事人进行举证，由其他当事人进行质证，在此之前，法官还应当对调查取证的缘由、过程予以说明。以上规定实际上更说明了法官不能成为质证主体。

典型案例46

杨某与王某严买卖合同纠纷案[①]

案情简介

上诉人杨某因与被上诉人王某严买卖合同纠纷一案，不服广西壮族自治区来宾市兴宾区人民法院作出的（2022）桂1302民初8803号民事判决，提出上诉认为，一审法院在判决书中陈述的"经咨询有关车管部门，原、被告转让涉案的七部车辆没有违反法律、行政法规的强制性规定，因此双方签订的买卖协议合法、有效"，说明一审法院将所咨询的结果作为认定案件事实的证据，根据《民事诉讼证据规定》第62条"质证一般按下列顺序进行：……人民法院根据当事人申请调查收集的证据，审判人员对调查收集证据的情况进行说明后，由提出申请的当事人与对方当事人、第三人进行质证。人民法院依职权调查收集的证据，由审判人员对调查收集证据的情况进行说明后，听取当事人的意见"及《民事诉讼证据规定》第84条"审判人员可以对有专门知识的人进行询问，经法庭准许，当事人可以对有专门知识的人进行询问，当事人各自申请的有专门知识的人可

---

① 参见广西壮族自治区来宾市中级人民法院（2023）桂13民终566号民事判决书。

以就案件中的有关问题进行对质"的规定，一审法院应将该询问结果告知当事人，并听取当事人的意见或进行质证，一审法院的审理过程是存在违法行为的。

裁判要旨

一审法院向车辆管理部门咨询相关法律法规的解读，这不是调查取证，车辆管理部门给出的意见不是认定案件事实的证据，无须当事人质证。上诉人以一审法院没有组织质证车辆管理部门的意见为由，主张一审判决程序违法，理由不成立，不予支持。

2. 法院依职权调查收集的证据的质证问题

《民事诉讼证据规定》第62条第3款规定，法院依职权调查收集的证据，由审判人员对调查收集证据的情况进行说明后，听取当事人的意见。《民事诉讼司法解释》第96条第1款规定，人民法院认为审理案件需要的证据包括：涉及可能损害国家利益、社会公共利益的；涉及身份关系的；涉及《民事诉讼法》第58条规定诉讼的；当事人有恶意串通损害他人合法权益可能的；涉及依职权追加当事人、中止诉讼、终结诉讼、回避等程序性事项的。出现上述情况后，为了查明案件事实，法院应当依职权调查取证，并且应当在质证过程中予以说明。

> **裁判规则**
>
> 法院调查收集而来的证据，并不具有"免检"的特权，不能成为认定案件事实的当然证据，同样需要经双方当事人发表质证意见。此时法官不是质证主体，不可与当事人进行辩驳。对于法官调查收集的证据，双方当事人不一定持相反意见，有可能发表一致意见。

典型案例 47

西藏朗赛象雄美朵文旅小镇文化产业发展有限公司与西藏川瑞商贸有限公司买卖合同纠纷案[①]

案情简介

再审申请人西藏朗赛象雄美朵文旅小镇文化产业发展有限公司因与被申请人西藏川瑞商贸有限公司（以下简称川瑞公司）及二审被上诉人巴某买卖合同纠纷一案，不服西藏自治区拉萨市中级人民法院作出的民事判决，申请再审称，首先，一、二审法院在庭审结束后主动调取证据的行为严重违反法律规定，本案依法应当发回重审；其次，二审法院庭后主动调取询问笔录没有法律依据，其程序严重违反法律规定；最后，根据《民事诉讼证据规定》第62条第3款"人民法院依职权调查收集的证据，由审判人员对调查收集证据的情况进行说明后，听取当事人的意见"的规定，二审法院庭审后调取的询问笔录应当在庭审中出示，但二审法院并未在庭审中出示该证据，也未作说明，故二审法院在审理中存在严重违反程序的情形。

裁判要旨

川瑞公司在二审开庭前已经提交了调查取证申请书，请求二审法院依法向田舍益家公司询问调查，确认涉案争议货款是否应由川瑞公司结算收取，川瑞公司陈述了无法自行调取的客观事实及有必要调取的理由，同时还提供了田舍益家公司的详细住所地及相关人员姓名、职位、联系方式等

---
① 参见西藏自治区高级人民法院（2023）藏民申639号民事裁定书。

基本信息，二审法院在其判决书中已明确对川瑞公司申请法院调查取证的事实进行了表述。故不存在法院依职权主动调查取证，违反中立裁判原则的问题。虽然询问笔录形成于庭审结束之后，但二审法院依法组织双方当事人对其进行了质证，并在判决书中对双方提交的质证意见进行了分析认定，充分保障了当事人的诉辩权，证据采信并无不当。

（二）质证方式

质证环节主要由一方当事人出示证据，另一方当事人辨认证据，如果认可即由法院将该证据记录在案，如果不认可则还需发表反驳意见。质证的方式主要有以下几种。

1. 证据一证一质

一方当事人举出一份单独的证据，另一方当事人即刻进行质证，单对单、一对一，此种方式针对性较强，有利于当事人针对每一份证据充分发表意见，也有利于法院充分听取意见，查明案件事实。笔者也比较倾向使用该种方式，该种方式应该是司法实践中比较常见的基本的质证方式。当然，这种方式对于证据不多的案件，较为便利，对于证据较多的案件，比较容易造成质证时间长、庭审程序冗长的情况。但从时间服从案件质量来看，应当提倡该种质证方式。

2. 证据一组一质

对于证据较多或者待证事实较为复杂的案件，可以按照基本要素对证据进行分类分组，并引导当事人按照分类分组情况，由一方当事人举出一组证据，另一方当事人针对该组证据进行质证。比如，在建设工程类案件中，可以将有关事实和证据按照合同效力、开工事实、工程造价、已付工程款等类别进行区分，由当事人按照类别进行举证与质证。该种举证方式，有利于提高证据较多案件的诉讼效率。

3. 证据一方一质

一方当事人全部举证完毕以后，另一方当事人对全部证据进行质证。

该种方式适用于案情简单、证据不多的简易案件。比如，简单的民间借贷纠纷案件中，原告只有借条、打款记录，此时一并举证，并无不当。又如，简单的交通事故财产损失案件中，原告仅有交通事故认定书、财产损失评估书，此时一并举证，也无不当。

以上就是常见的质证方式，不分优劣，应当由法官根据案件具体情况和证据情况，予以确定。

三、自认

自认是指当事人对不利于自己的事实的承认，就是当事人对对方当事人主张的于己不利的事实予以认可。自认一般分为诉讼中的自认和诉讼外的自认。《民事诉讼法》以及相关司法解释或者《民事诉讼证据规定》没有规定诉讼外的自认，更没有规定其作为自认的效力，当事人在诉讼程序之外对相关事实予以认可，并非履行证明责任，但该认可可以成为证据进入诉讼，由法官根据全案证据进行认定和判断。

（一）自认的效力

此处探讨的主要是诉讼中的自认，该自认属于证明责任的一种例外情形，是当事人行使处分权的体现，自认的法律后果是免除对方当事人的举证责任，自认将产生以下两种法律效果：

一是约束当事人的法律效力。基于民事诉讼禁反言原则和诚实信用原则，当事人已经自认，另一方当事人无须举证，并且除非法定情形发生，自认当事人不得撤销或者反悔。

二是约束法院的法律效力。理论上，自认对法院的约束力源于辩论原则，自认对法院的约束力主要有：（1）排除辩论主义的适用，法院不再组织双方当事人辩论；（2）排除法院依职权调查的行为，法院不能再就此方面的证据进行调查，更不能将调查结果作为裁判基础；（3）排除法院另行作其他事实认定，法院应以自认事实为真实；（4）自认效力可约束二审法院。①

> **裁判规则**
>
> 自认并非证据，而是一种可以产生免除当事人证明责任的诉讼行为。自认的对象必须是事实，法律法规、司法解释等不属于自认的对象。

典型案例 48

袁某红与新华信托股份有限公司、成都天之海实业有限公司申请执行人执行异议之诉案②

案情简介

上诉人袁某红因与被上诉人新华信托股份有限公司（以下简称新华信托公司）及原审被告成都天之海实业有限公司（以下简称天之海公司）申请执行人执行异议之诉一案，不服重庆市高级人民法院作出的（2019）渝民初110号民事判决，提起上诉，认为原审判决对部分主要事实未查清。袁某红购买案涉车位时，案涉车位尚未被查封，袁某红已付清了全部款项并开始使用案涉车位。新华信托公司存在明显的违约行为，原审判决新华信托公司胜诉，违反了法律的公平、公正以及诚实信用原则，损害了袁某红的合法权益。

裁判要旨

从袁某红与天海物业服务中心签订的使用协议来看，双方于2017年8

---

① 参见肖峰：《最高人民法院民事诉讼证据规则：条文解析与实务运用》，法律出版社2022年版，第4页。
② 参见最高人民法院（2021）最高法民终563号民事判决书。

月 15 日就案涉车位达成使用协议。袁某红在原审庭审中自述案涉车位于 2017 年 8 月 15 日办理交接手续。《民事诉讼证据规定》第 3 条规定："在诉讼过程中，一方当事人陈述的于己不利的事实，或者对于己不利的事实明确表示承认的，另一方当事人无需举证证明。在证据交换、询问、调查过程中，或者在起诉状、答辩状、代理词等书面材料中，当事人明确承认于己不利的事实的，适用前款规定。"因此，原审判决认定袁某红合法占有使用案涉车位的时间为 2017 年 8 月 15 日，其在重庆市高级人民法院对案涉车位采取查封措施之后合法占有使用案涉车位，原审判决并据此认定袁某红对案涉车位不享有足以排除强制执行的民事权益，并无不当。

自认一般分为以下几类：

一是完全自认和限制自认，该分类系根据自认的内容和范围作出。完全自认较好理解，就是对一方当事人主张的事实予以全部认可，尤其是对不利的事实，并不否认。限制自认则是附条件的自认，对一方当事人主张的事实附条件的认可，对于该所附"条件"，尚需结合案件分配证明责任。比如，常见的民间借贷纠纷案件中，原告起诉要求被告偿还欠款，被告认可欠款的事实，但又主张已经归还欠款，该类自认即为限制自认。

二是明示自认和默示自认。明示自认是指通过积极的、明显的言语、行动对相关事实的认可。默示自认则属于消极的、沉默的对相关事实的认可，又称拟制自认。对一方当事人无中生有、添油加醋的事实主张，按照常理，另一方当事人会进行辩论、驳斥，如果没有则视为默认。

三是当事人的自认和代理人的自认。民事诉讼可以由代理人参加，代理人的自认一般情况下可以视为当事人的自认，法律有例外规定的除外。

自认的形式并不仅限于开庭审理阶段的陈述、答辩，实际上司法解释给予了其较为宽松的态度，根据《民事诉讼司法解释》第 92 条第 1 款和《民事诉讼证据规定》第 3 条之规定，在诉讼过程中，一方当事人陈述的于己不利的事实，或者对于己不利的事实明确表示承认的，另一方当事人无须举证证明。在证据交换、询问、调查过程中，或者在起诉状、答辩状、代理词等书面材料中，当事人明确承认于己不利的事实的，适用前款规定。当然，并非任何事实均适用自认的规定，对于涉及身份关系、国家利益、社会公共利益等应当由人民法院依职权调查的事实，根据《民事诉讼司法解释》第92条第2款之规定，排除适用自认的规定。在民事诉讼中，违反诚实信用原则的行为甚至虚假陈述、虚假诉讼时有发生，因此，对于一方当事人的自认，法院应当作一定的辨别，和法官内心确信不一或者与查明的事实不符的，法院不予确认，对此，《民事诉讼司法解释》第92条第3款予以了明确规定。

> **裁判规则**
>
> 自认是向法院作出的，必须在诉讼过程中作出，以口头或者书面形式均可。此处的诉讼过程，应当是本案的诉讼过程，本案当事人在其他案件审理过程中的自认，不属于本案的自认。当事人在其他案件审理过程中的自认，属于本案诉讼外的自认，属于证据，其有无证明力应由法官作出判断，但其不构成本案的自认。

典型案例 49

马某义、马某和与张某善等股权转让纠纷案[①]

案情简介

上诉人马某义、马某和因与被上诉人张某善、赵某国、赵某山、鄂托克旗东辰煤矿股权转让纠纷一案，不服内蒙古自治区高级人民法院（2018）内民初52号民事判决，提起上诉称，内蒙古自治区乌海市中级人民法院（2016）内03民终478号民事判决书载明："原告（即张某善、

[①] 参见最高人民法院（2022）最高法民终105号民事裁定书。

赵某国、赵某山）主张被告（即马某义、马某和）自签订'合伙煤矿份额转让协议'以来，给付转让金额为 67160866 元，二被告（即马某义、马某和）有异议，辩称给付金额为 80005589 元，双方未能就给付金额对账确认。"本案一审判决基于张某善、赵某国、赵某山在前述另案中关于其收到案涉煤矿份额已付转让款 67160866 元的自认，认定本案马某义、马某和已付转让款 67160866 元，证据采信不当。

裁判要旨

当事人在本案诉讼之外另案自认的事实，不应适用《民事诉讼证据规定》第 3 条的规定。就该案而言，出让方张某善、赵某国、赵某山与受让方马某义、马某和，就案涉煤矿份额转让协议项下马某义、马某和已支付的转让款金额各执一词，且未能通过对账等方式达成一致，该事实尚处于真伪不明的状态。一审法院仅以张某善、赵某国、赵某山在另案中的自认为依据来确定所涉煤矿份额转让款金额，属于基本事实认定不清。

当事人私下承认或者对第三人所作承认，都属于诉讼外的自认，不能对当事人和法院产生约束力，不能达到免证的效果，不属于自认。

> **法官提示**
> 自认是对于己不利事实的承认和陈述，此处的事实指的是实体法事实，程序法事实不属于自认的对象，但同样属于法院依职权调查的对象，如案件的管辖问题，不是当事人自认即可，而是法院应当主动审查的事项。

（二）自认的特殊情形

1. 拟制自认

以当事人是否明确地作出意思表示为标准，可以将当事人自认分为明示自认和默示自认，默示自认在学理上也被称为拟制自认。尽管拟制自认作为自认的一种特殊形态，具有自认的诸多属性，但其中当事人并未自认，因此，其只是法律上的一种拟制、假定。《民事诉讼证据规定》第4条规定，一方当事人对于另一方当事人主张的于己不利的事实既不承认也不否认，经审判人员说明并询问后，其仍然不明确表示肯定或者否定的，视为对该事实的承认。

拟制自认来源于民事诉讼的对抗性。为了避免一方当事人的消极沉默使案件事实因缺少对抗而出现真伪不明，法律设立了拟制自认制度。这一制度的设立旨在促进当事人通过积极的陈述使法官发现案件的事实，在限缩争议焦点、提高诉讼效率、降低诉讼成本以及确保法官的中立性等方面具有重要意义。[①] 拟制自认只能发生自被告收到起诉状副本起至法庭辩论终结时止。

> **法官提示**
>
> 当事人在诉讼之外的消极沉默，只能作为证据材料由法官根据内心确信予以判断，不构成自认，不能免除当事人的证明责任。

司法实践中，根据当事人的表现，拟制自认主要可以分为以下几种：

一是不争执型拟制自认。该种类型的拟制自认最为常见也最为典型，此类型的拟制自认是指一方当事人对对方当事人所提出的事实不否认、不反对、不争执、不表态或者避开对方当事人的话题而陈述其他话题。对于"不争执"的认定，不应当囿于当事人的行为方式，而应当从口头辩论的一体性出发，综合考虑辩论的全部旨意并结合法官释明的结果并作出相应判断。

二是不知陈述型拟制自认。不知陈述是介于争执与自认间的一种特别的陈述方式，是指在诉讼过程中一方当事人对于对方当事人所主张的事实作不知道、不记得之类的陈述。与前一类型相比，此类型的拟制自认的当事人没有选择沉默，而是进行了模糊的表示。对于并非当事人亲历的事

[①] 参见最高人民法院民事审判第一庭编著：《最高人民法院新民事诉讼证据规定理解与适用》，人民法院出版社2020年版，第101页。

实，当事人陈述"不知"的，不能认定为拟制自认；如对于当事人亲历或者明知的事实，其陈述"不知"，则可以视为《民事诉讼证据规定》第4条规定的"不明确表示肯定或者否定"的情形，适用拟制自认。①

三是言辞辩论日不到庭型拟制自认。此类型的拟制自认是指当事人应出庭应诉，却在言辞辩论日既不出庭也不交抗辩材料的情形。此种表现形式的拟制自认在部分大陆法系国家和地区的立法中均有体现，我国并未对此类型的拟制自认在相关法律中进行规定，但笔者认为其在理论上值得探讨。实务中常常会出现这样的情形：被告在收到法院送达的起诉状和举证通知书后，既没有作出书面或口头的意见表示也没有按期出庭，法院依原告的请求作出判决，判决生效后，被告又以提供新证据为由申请再审。如此一来，不但徒增当事人的诉累，同时也耗费大量的司法资源。

> **裁判规则**
>
> 只要构成拟制自认，另一方当事人的证明责任就应予免除，法官无须就此分配举证责任或者调查收集证据。

构成拟制自认，必须"经审判人员说明并询问"，即经过了法官的释明，这是《民事诉讼证据规定》规定的必经程序。该释明应当包括两个方面：一方面，法官对一方当事人的事实主张进行解释、说明，以期能够让另一方当事人完整、准确地理解对方当事人的主张，不产生理解上的偏差。另一方面，法院需将消极沉默最终将导致的法律后果告知当事人。在审判人员说明并询问后，当事人仍然不明确表示肯定或者否定的，视为对该事实的承认。

2. 委托诉讼代理人的自认

诉讼代理较为普遍，当事人委托律师等代理人参与诉讼，有的是基于

---

① 参见最高人民法院民事审判第一庭编著：《最高人民法院新民事诉讼证据规定理解与适用》，人民法院出版社2020年版，第104页。

自身法律专业知识的薄弱，有的是出于自身精力和时间考虑，等等。《民事诉讼法》第 61 条规定，当事人、法定代理人可以委托一至二人作为诉讼代理人。下列人员可以被委托为诉讼代理人：律师、基层法律服务工作者；当事人的近亲属或者工作人员；当事人所在社区、单位以及有关社会团体推荐的公民。第 62 条第 1、2 款规定，委托他人代为诉讼，必须向人民法院提交由委托人签名或者盖章的授权委托书。授权委托书必须记明委托事项和权限。诉讼代理人代为承认、放弃、变更诉讼请求，进行和解，提起反诉或者上诉，必须有委托人的特别授权。《民事诉讼司法解释》第 89 条规定，当事人向人民法院提交的授权委托书，应当在开庭审理前送交人民法院。授权委托书仅写"全权代理"而无具体授权的，诉讼代理人无权代为承认、放弃、变更诉讼请求，进行和解，提出反诉或者提起上诉。适用简易程序审理的案件，双方当事人同时到庭并径行开庭审理的，可以当场口头委托诉讼代理人，由人民法院记入笔录。司法解释对授权委托的具体事项规定得较为明确，对于授权委托书的内容规定得较为具体，委托诉讼代理人必须在授权委托书的范围和权限内进行诉讼。司法解释围绕着诉讼请求并对相关程序性事项作出了规定，并未对认可对方主张或者事实作出例外规定。因此，一般情况下，无论是一般授权的委托诉讼代理人还是特别授权的委托诉讼代理人均可在辩论过程中，基于与当事人诉讼利益的一致性，在当事人不在场时对不利于当事人的事实明确承认，这种承认效力直接归属于被代理人，可视为被代理人的自认。对此，《民事诉讼证据规定》第 5 条第 1 款明确规定，当事人委托诉讼代理人参加诉讼的，除授权委托书明确排除的事项外，诉讼代理人的自认视为当事人的自认。因此，如果当事人与诉讼代理人在授权委托书中明确约定"不得认可对方主张的事实"等，此时，诉讼代理人即使承认对方主张的事实，也不构成自认，但如果没有上述特别约定，则一般情形下构成自认。

典型案例 50

贵州某某公司与涂某刚建设工程施工合同纠纷案[1]

案情简介

再审申请人贵州某某公司因与被申请人涂某刚建设工程施工合同纠纷一案，不服贵州省黔南布依族苗族自治州中级人民法院作出的（2023）黔27民终1937号民事判决，申请再审称，二审中贵州某某公司委托诉讼代理人自认涂某刚的应付价款为743156元，实际上这只是贵州某某公司委托诉讼代理人由于没有出庭经验，在当时法官开庭审判的特殊环境下受被申请人的诉讼代理人误导的情况下作出的，因为这个金额是没有经过被上诉人贵州某某公司与上诉人涂某刚双方签字盖章的最终结算确定的总工程造价金额。二审法院以此为审判依据显然证据不足。

裁判要旨

根据《民事诉讼司法解释》第92条第1款"一方当事人在法庭审理中，或者在起诉状、答辩状、代理词等书面材料中，对于己不利的事实明确表示承认的，另一方当事人无需举证证明"和《民事诉讼证据规定》第5条第1款"当事人委托诉讼代理人参加诉讼的，除授权委托书明确排除的事项外，诉讼代理人的自认视为当事人的自认"、第9条第1款"有下列情形之一，当事人在法庭辩论终结前撤销自认的，人民法院应当准许：（一）经对方当事人同意的；（二）自认是在受胁迫或者重大误解情况下作出的"的规定，委托诉讼代理人的自认视为当事人的自认，自认

---

[1] 参见贵州省高级人民法院（2023）黔民申7644号民事裁定书。

的事实对方当事人无须举证证明。在二审的法庭询问过程中，贵州某某公司的委托诉讼代理人自认涂某刚的应付价款为743156元，现某某公司无正当理由对自认反悔，并无事实和法律依据，依法不予支持。

以上内容针对的是当事人不在场的情况，有的时候，当事人和诉讼代理人一起参加开庭，此时，应当以被代理人的意见为准。按照代理制度的要求，被代理人委托诉讼代理人代为进行诉讼，并没有剥夺被代理人的诉讼行为能力，被代理人仍然可以直接实施诉讼行为，可以与诉讼代理人一同参与诉讼。当被代理人的诉讼行为与委托诉讼代理人的诉讼行为不一致时，一般应以被代理人的诉讼行为为准。同样，委托诉讼代理人与被代理人一并出庭参加诉讼时，应以被代理人的意思表示为准。[1] 需要注意的是，如果诉讼代理人认可了对方的事实主张，而当事人未表态，则视为默认，这属于自认的范畴，当事人对此应当承担责任。但是，如果当事人当场对诉讼代理人的自认表示反对，则不构成自认。对此，《民事诉讼证据规定》第5条第2款规定，当事人在场对诉讼代理人的自认明确否认的，不视为自认。

3. 共同诉讼人的自认

《民事诉讼法》第55条第1款规定，当事人一方或者双方为二人以上，其诉讼标的是共同的，或者诉讼标的是同一种类、人民法院认为可以合并审理并经当事人同意的，为共同诉讼。共同诉讼实际上是诉的主体的合并，分为普通的共同诉讼和必要的共同诉讼，共同诉讼人争议的诉讼标的是共同的，为必要的共同诉讼，共同诉讼人争议的诉讼标的属于同一种类即法律关系性质相同的，为普通共同诉讼。

实践中，存在部分共同诉讼人自认的情形，此时，该自认是否及于其他共同诉讼人？对此，根据《民事诉讼法》第55条第2款之规定，共同诉讼的一方当事人对诉讼标的有共同权利义务的，其中一人的诉讼行为经

---

[1] 参见最高人民法院民事审判第一庭编著：《最高人民法院新民事诉讼证据规定理解与适用》，人民法院出版社2020年版，第112页。

其他共同诉讼人承认，对其他共同诉讼人发生效力；对诉讼标的没有共同权利义务的，其中一人的诉讼行为对其他共同诉讼人不发生效力。对于普通共同诉讼，此种诉的合并系基于诉讼经济的原因而松散合并的诉，共同诉讼人之间各有其独立的诉讼请求，故普通共同诉讼人之间的诉讼行为不具有传递、复制效应，对其他共同诉讼人不发生法律效力；对于必要共同诉讼，基于诉的标的的不可分性，我国《民事诉讼法》采用承认原则来认定各共同诉讼人的内部关系，必要共同诉讼的某一当事人的诉讼行为得到其他共同诉讼人的承认的，该行为即可对全体共同诉讼人产生相同的法律效力。[1]

因此，对两种类型的共同诉讼，司法解释分别作了规定，根据《民事诉讼证据规定》第6条之规定，普通共同诉讼中，共同诉讼人中一人或者数人作出的自认，对作出自认的当事人发生效力，对其他共同诉讼人不发生法律效力。当然，该自认的事实实际上能够对法官的内心确信产生影响。必要共同诉讼中，共同诉讼人中一人或者数人作出自认而其他共同诉讼人予以否认的，不发生自认的效力。其他共同诉讼人既不承认也不否认，经审判人员说明并询问后仍然不明确表示意见的，视为全体共同诉讼人的自认。

典型案例51

中阳建设集团有限公司与吴某明、吴某进等建设工程施工合同纠纷案[2]

案情简介

上诉人中阳建设集团有限公司因与被上诉人吴某明、吴某进、王某

---

[1] 参见最高人民法院民事审判第一庭编著：《最高人民法院新民事诉讼证据规定理解与适用》，人民法院出版社2020年版，第117页。

[2] 参见安徽省安庆市中级人民法院（2021）皖08民终3387号民事判决书。

定、宿松县住房和城乡建设局、余某才、石某光、安徽省宏达装饰工程有限责任公司建设工程施工合同纠纷一案，不服安徽省宿松县人民法院作出的（2021）皖0826民初73号民事判决，提起上诉称，一审判决完全无视吴某明等人在历次审判中前后不一、自相矛盾的陈述，这损害了中阳建设集团有限公司合法权益；中阳建设集团有限公司与王某定办理的结算真实合法有效。

裁判要旨

王某定并非一审法院审理的该案件中的当事人，且王某定与吴某明、吴某进对合伙事宜本就存在不同意见，双方存在利害关系，该案中并没有对当事人所提交的证据作出最终认定，同时依据《民事诉讼证据规定》第6条第1款、第2款第1句"普通共同诉讼中，共同诉讼人中一人或者数人作出的自认，对作出自认的当事人发生效力。必要共同诉讼中，共同诉讼人中一人或者数人作出自认而其他共同诉讼人予以否认的，不发生自认的效力"的规定，即便王某定对有关工程款结算作出过自认，而吴某明、吴某进对王某定作出的自认并不认可，故该自认对吴某明、吴某进并不发生效力，因此中阳建设集团有限公司以此为由对欠付工程款数额提出抗辩没有法律依据。

4. 限制性或附条件自认

如前文所述，按照当事人自认内容的不同，可以将自认区分为完全自认和限制自认。限制自认是附条件的自认，是对一方当事人主张的事实附条件的认可，该所附"条件"涉及证明责任问题。《民事诉讼证据规定》第7条规定，一方当事人对于另一方当事人主张的于己不利的事实有所限制或者附加条件予以承认的，由人民法院综合案件情况决定是否构成自认。实践中，主要存在以下两种情形：

一是部分自认。部分自认是指对于一方当事人主张的于己不利的事实，另一方当事人承认其中部分事实，不附加条件。此时，该部分事实可以认定为自认的事实，当事人无须承担证明责任。比如，交通事故侵权纠纷案件中，特别是在缺乏交警事故认定书的情形下，受害人主张被告致人伤残，被告认可双方发生交通事故，但对受害人的伤残等级提出异议，则受害人对于交通事实发生的事实无须举证证明，但对伤残等级的问题应当继续举证证明。

二是附条件自认。根据当事人自认的事实和附加条件是否可以分割，可以将附条件自认分为两类：一类是所附条件与承认事实不可分割；另一类是所附条件与承认事实可以分割。

与承认事实不可分割的附件条件，是指当事人虽然承认对方当事人陈述的不利于己的事实，但对此附加了独立的攻击或防御方法，从而否定对方当事人的主张，即附加条件涉及对方当事人主张的法律关系成立所依据的事实。[①] 必须将当事人的自认事实和附加条件事实作为一个不可分割的整体来看待，否则将偏离当事人的真实意思表示。比如，建设工程施工合同纠纷案件中，实际施工人作为原告主张其为被告进行了施工，现提起诉讼要求被告支付欠付的工程款，被告认可原告进行施工的事实和工程造价，但认为工程款已经足额支付，并未欠付工程款。应当将被告承认施工的事实和主张工程款足额支付的事实视为不可分割的整体，不能仅仅认为被告对施工事实进行了自认，要整体看待被告承认的事实。因此，原告无须举证证明其实际施工的事实，但应当承担被告未足额支付工程款的事实的举证责任。类似案件中，有关证明责任的分配，并无强制性规定，需要法官根据案件情况进行综合判断。

与承认事实可以分割的附件条件，是指当事人虽然承认对方主张的事实，但又主张了另一事实进行攻击或者防御，该事实与对方当事人主张事实不具有关联性。两类事实可以分割并具有独立性。还是以建设工程施工合同纠纷案件为例，实际施工人作为原告主张其为被告进行了施工，现提

[①] 参见最高人民法院民事审判第一庭编著：《最高人民法院新民事诉讼证据规定理解与适用》，人民法院出版社2020年版，第124页。

起诉讼要求被告支付欠付的工程款，被告认可原告进行施工的事实和工程造价，承认欠付工程款，但同时认为原告多年前向其借款，双方另有借款纠纷，借款刚好抵扣工程款。被告承认其欠付原告工程款，与其主张的双方之间有借款事实，属于可以分割的事项。被告有关借款的主张，不能否定其欠付工程款的事实。所以，对于被告承认其欠付原告工程款的事实，应认定构成自认，并因此免除原告的证明责任。对于被告主张的借款的事实，应当由被告承担证明责任，且以另行诉讼为宜，当然，原告认可并同意处理的除外。

（三）自认排除情形

民事诉讼中，并非所有事项均可由当事人自认，或者经当事人自认即赋予免证的法律效力，司法解释对此作了例外规定。根据《民事诉讼证据规定》第8条和《民事诉讼司法解释》第96条第1款之规定，以下情形不适用自认规则。

1. 涉及可能损害国家利益、社会公共利益以及公益诉讼的

涉及可能损害国家利益、社会公共利益的事项，不属于当事人自由处分的范畴，在民事诉讼过程中，法院一旦发现可能存在损害国家利益、社会公共利益的行为，就应当主动调查取证、依法查明。《民事诉讼法》第58条规定了公益诉讼特别程序，因此，法院对污染环境、侵害众多消费者合法权益等损害社会公共利益的行为，也应当排除自认，且应主动核实。

2. 涉及身份关系的

其原因在于人身权是自然人与生俱来的一种固有的民事权利，不具备直接的财产上的属性，主要体现的是人格关系与身份关系中的精神权益和价值理念。由于有关身份关系的诉讼直接涉及人的基本权利，关系到一个社会的道德体系建设，因此有必要用一种特殊的社会公共利益保障机制来

加以维护。① 比如当事人主张的收养关系，并非当事人自认即可，必须举证加以证明。

3. 当事人有恶意串通损害他人合法权益可能的

司法实践中，双方当事人恶意串通，损害他人合法权益的情况时有发生，有的甚至通过虚假诉讼达到自己的目的，对此，法院应当坚决予以打击，在证据采信、事实认定方面从严把握，对有关自认不予认可。

4. 涉及依职权追加当事人、中止诉讼、终结诉讼、回避等程序性事项的

法定的程序性事项，涉及诉讼程序的正常进行，涉及当事人合法权益的保护，对于该类事项，法院不受当事人主张的约束。比如对于回避事项，当事人提出申请的，法院应当审查；没有提出申请，但存在回避情形的，相关人员亦应自行回避，而无论当事人是否主张。

5. 自认的事实与已经查明的事实不符的，人民法院不予确认

这实际上是要求法官在案件审理过程中，应当综合全案证据进行判断，并根据内心确信进行认定，而不是一味以当事人自认事实为准。

同时，根据《民事诉讼司法解释》第107条的规定，在诉讼中，当事人为达成调解协议或者和解协议作出妥协而认可的事实，不得在后续的诉讼中作为对其不利的根据，但法律另有规定或者当事人均同意的除外。该条是关于诉讼调解或者和解过程中对事实的认可不适用自认规则的规定。诉讼调解或者和解的过程是当事人双方平等协商，依据自愿合法的原则处分其实体权利和诉讼权利，在互谅互让的基础上解决民事纠纷的过程。当事人为了达成协议，往往对一些有争议的事实予以回避或者承认。如果最终当事人未能达成一致协议，则后续诉讼中其之前承认事实不适用自认规则，这主要考虑到以下两个因素：

其一，诉讼调解与和解过程中对事实的认可，是以达成协议为目的而

---

① 参见肖峰：《最高人民法院民事诉讼证据规则：条文解析与实务运用》，法律出版社2022年版，第44页。

作出的妥协和让步，与诉讼对抗过程中对事实的承认存在本质不同。

其二，如果承认调解或和解过程中对事实的认可能够发生自认的效果，无异于是对违反诚信原则的肯定，不利于鼓励当事人通过调解或和解的方式解决纠纷。①

典型案例52

刘某广与山西中联富地房地产开发有限公司民间借贷纠纷案②

案情简介

再审申请人刘某广因与被申请人山西中联富地房地产开发有限公司（以下简称中联富地公司）、一审被告王某林民间借贷纠纷一案，不服河北省高级人民法院作出的（2019）冀民终1163号民事判决，向最高人民法院申请再审称，《民事诉讼司法解释》第107条适用于同一案件诉讼过程中，当事人希望达成调解协议或和解协议而未达成的情形，在该情形下，在后续的诉讼中不得将当事人为和解妥协而认定的事实作为对其不利的证据，而且中联富地公司出具的保证承诺书是一种承诺、认诺，是涉及中联富地公司实体权利的单方民事法律行为，并非对某一事实的认可。二审判决仅以《民事诉讼司法解释》第107条为由排除保证承诺书的证据效力，改判中联富地公司不承担连带保证责任，既不符合该条规定的精神，也没有法律依据，属于适用法律错误。中联富地公司出具的保证承诺书未违反法律、行政法规的强制性规定，内容具体明确，是中联富地公司

---

① 参见最高人民法院民法典贯彻实施工作领导小组办公室编著：《最高人民法院新民事诉讼法司法解释理解与适用》，人民法院出版社2022年版，第5页。
② 参见最高人民法院（2020）最高法民申4042号民事裁定书。

真实意思表示，应为合法有效。

裁判要旨

诉讼调解或和解的过程是当事人双方平等协商，依自愿合法的原则处分中联富地公司实体权利和诉讼权利，在互谅互让的基础上解决民事纠纷的过程。在这一过程中，当事人为达成调解或者和解的目的，往往对一些有争议的事实不再争辩，或者本着息事宁人的态度予以承认。在调解与和解最终不能达成一致协议的情况下，这种表面上符合自认特征的诉讼行为不能发生自认的后果。当然，当事人双方如果均同意赋予这种对事实的认可以自认效果，则属于对自己程序利益的处分，人民法院应当予以尊重。中联富地公司向刘某广出具的保证承诺书是刘某广、王某林和中联富地公司三方为了达成和解协议而形成的，刘某广认可保证承诺书是和解协议书的基础和前提，并在保证承诺书中认可如果一审法院调解不成，则全部和解协议内容作废无效。因此，在相关各方未经一审法院调解成功的情况下，中联富地公司向刘某广出具的保证承诺书不能作为刘某广对和解协议之外的纠纷主张权利的依据。二审判决改判中联富地公司不承担担保责任，并无不当。

> **法官提示**
>
> 当事人双方如果均同意赋予这种对事实的认可以自认效果，则属于对自己程序利益的处分，人民法院应当予以尊重。

（四）自认的撤销

一方当事人对事实的自认，意味着免除了另一方当事人对该事实的证明责任，法院对该事实原则上不再进行调查取证，诉讼程序将继续往下走。但是，如果一方当事人撤销自认，使得自认的事实回归为待证事实，证明责任规则也将重新启动，负有举证责任的当事人应当提交相应证据；

同时法院应当组织举证、质证，由此势必造成诉讼拖延，妨碍诉讼程序正常进行，实践中有当事人使用上述所谓"诉讼策略"。因此，对于自认的撤销，法律规定采取审慎态度，根据《民事诉讼证据规定》第9条之规定，应当把握好以下几点。

1. 自认的撤销应当在法庭辩论终结前作出

法庭辩论终结，意味着法庭调查已经结束，双方当事人已经充分发表辩论意见，若没有特殊情况，法院应当已经依法作出了判决。如果允许当事人在法庭辩论后撤销自认，则将使诉讼程序回转，严重影响诉讼进程，同时是对诉讼资源的浪费。有鉴于此，司法解释规定，对于自认的撤销，应当在法庭辩论终结前作出，这符合整个诉讼程序规定，较为合理。

2. 经对方当事人同意的，可以撤销

若一方当事人对于相关事实进行自认，则免除了另一方当事人的举证责任，但如果另一方当事人自愿放弃该权益，同意对方当事人撤销自认，基于民事诉讼私权自治角度，应当予以尊重。当然，该种情形在司法实践中较罕见，少数出现在虚假诉讼中，或者调解阶段。

3. 在重大误解或者受胁迫情况下作出的自认可以撤销

《民法典》第147条规定，基于重大误解实施的民事法律行为，行为人有权请求人民法院或者仲裁机构予以撤销。第150条规定，一方或者第三人以胁迫手段，使对方在违背真实意思的情况下实施的民事法律行为，受胁迫方有权请求人民法院或者仲裁机构予以撤销。重大误解是指行为人对行为的性质、对方当事人或者标的物的品种、质量、规格、价格、数量等产生错误认识，按照通常理解，如果不发生该错误认识，行为人就不会作出相应意思表示。胁迫是指以给自然人及其近亲属等的人身权利、财产权利以及其他合法权益造成损害或者以给法人、非法人组织的名誉、荣誉、财产权益等造成损害为要挟，迫使自然人及其近亲属等或者法人、非法人组织基于恐惧心理作出意思表示。

4. 准许当事人撤销自认的，法院应当作出口头或者书面裁定

基于撤销自认之于当事人、诉讼程序的重要性和重大影响，司法解释规定，对于撤销自认，法院应当以裁定方式作出。裁定可以口头或者书面方式作出，具体采用何种方式，应由法院根据案件具体情况决定。

> **裁判规则**
>
> 当事人的自认从成立时起便对自认当事人产生约束力，原则上不得撤销。

典型案例 53

陕西浩钦置业有限公司与朱某香、王某军商品房预售合同纠纷案[①]

案情简介

再审申请人陕西浩钦置业有限公司（以下简称浩钦公司）因与被申请人朱某香、王某军商品房预售合同纠纷一案，不服咸阳市中级人民法院作出的（2023）陕04民终1151号民事判决，申请再审称，一审、二审认定王某军、朱某香向第三人支付的395万元为购房款事实不清、证据不足；一审、二审要求借款人提供相关证明借贷关系的证据显然不符合证据分配规则；以浩钦公司无法提供借款凭证为由认定395万元为购房款事实不清、证据不足；该案的案由应为民间借贷纠纷而非商品房预售合同纠纷。

[①] 参见陕西省高级人民法院（2024）陕民申138号民事裁定书。

裁判要旨

王某军、朱某香为证明双方之间系商品房预售合同关系，提供了浩钦公司加盖公章的商铺买卖合同及收款收据。审查谈话中，浩钦公司认可该公章系其公司公章。同时李某曾出具情况说明证明案涉款项系其与司机郭某收取的购买案涉商铺的款项。与此同时，有生效判决认定李某与浩钦公司共同投资开发案涉项目。王某军、朱某香提交的证据已经达到了高度可能性的证明标准。《民事诉讼证据规定》第9条第1款规定："有下列情形之一，当事人在法庭辩论终结前撤销自认的，人民法院应当准许：（一）经对方当事人同意的；（二）自认是在受胁迫或者重大误解情况下作出的。"庭审中，虽然李某否认购房款的事实并提交相应借条原件否认案涉款项性质，但是李某对其自认过的事实进行否认时并未作出合理说明，且不能证明其是在受胁迫或者重大误解的情况下作出的情况说明。浩钦公司提交的证据不能使待证事实达到真伪不明的状态。

四、免证事实

免证事实是指免除当事人举证责任的事实，即无须当事人提供证据予以证明，法院可以直接认定的事实。免证事实不仅涉及对待证事实承担举证责任的当事人在诉讼中举证负担的免除，而且涉及当事人诉讼权利的保障、诉讼秩序的安定和诉讼效率的维护，因此，其是证据规则中比较重要的问题。[①] 免证事实属于证明责任的例外，是指不需要双方当事人提供证据证明而由法院直接确认的事实。《民事诉讼司法解释》第93条对免证事实作了规定，2019年修正的《民事诉讼证据规定》对该条内容进行了修正。根据《民事诉讼司法解释》起草者的释明，由于《民事诉讼司法解释》仅就证据部分的原则性、框架性的问题进行规定，具体问题的规

[①] 参见宋春雨：《民事证据规则适用通解》，人民法院出版社2024年版，第3页。

定由《民事诉讼证据规定》完成,二者之间的关系相当于"普通法"和"特别法"的关系。虽然《民事诉讼司法解释》在2019年之后又进行了两次修改,但均不涉及证据部分的内容。审判实践中有关证据问题,应当以2019年修正的《民事诉讼证据规定》为准。①

因此,笔者该部分论述主要结合《民事诉讼证据规定》第10条之内容。根据该条规定,下列事实,当事人无须举证证明。

(一) 自然规律以及定理、定律

这类免证事实应该最好理解。自然规律是指存在于自然界的客观事物的内部规律,比如,太阳东升西落,月有阴晴圆缺等。自然规律不以人的主观意志为转移,人类可以认识、掌握或者利用自然规律,但无法改变甚至消灭自然规律。定理、定律是指在科学上、在特定条件下已经被反复证明的客观规律和必然联系,如大家所熟知的勾股定理、能量守恒定律等。

这些自然规律和定理、定律,有的广为人知,成为众所周知事实的一部分,因而不必举证证明;有的虽然不具有公知性,但已经过生活事件或科学技术反复检验和证明,属客观存在的真理,因此同样可免除当事人的举证责任。对于自然规律和定理,我国司法解释未允许当事人提出反证推翻。②

(二) 众所周知的事实

所谓众所周知的事实,是指一定区域内为具有一定知识经验的一般人共同知晓的常识性事实。比如每年10月1日为国庆节,农历8月15日为中秋节以及重大历史事件,等等。对于该类众所周知的事实,当事人无须提供证据证明。

---

① 参见最高人民法院民法典贯彻实施工作领导小组办公室编著:《最高人民法院新民事诉讼法司法解释理解与适用》,人民法院出版社2022年版,第259页。
② 参见最高人民法院民事审判第一庭编著:《最高人民法院新民事诉讼证据规定理解与适用》,人民法院出版社2020年版,第149页。

事实是否众所周知,应根据能否从具体社会生活中的通常知识或经验中知悉而定。某事实如果仅为从事特定职业或具有特定地位的人知悉,而非为一般人知晓,则不属于众所周知的事实;某事实如果并非显著的或尚存争议,则不是众所周知的事实,仍应作为证明的对象。① 众所周知的事实具有时间性,20 年前众所周知的事实在今天未必众所周知,只有诉讼发生时为一般社会公众所知晓并相信的事实才属于免证事实中众所周知的事实。众所周知的事实具有地域性特点,甲地众所周知的事实在乙地未必众所周知,故众所周知的事实应当是受诉法院辖区内为一般人所知晓的事实。②

另外,众所周知的事实,是以法官的认识为标准还是以一般人的认识为标准在理论上尚存争议。笔者认为,实际上两者并非完全对立。一般人周知的事实,法官应当知晓,但该事实如果属于当地特有的民风民俗,法官有可能不知晓,对此,当事人应当辅助提供民风民俗的有关情况,但不能对其科以举证责任。

典型案例 54

成都中铁蓉丰置业有限公司与四川旌正商业管理有限公司商品房委托代理销售合同纠纷案[③]

案情简介

再审申请人成都中铁蓉丰置业有限公司(以下简称蓉丰公司)因与被申请人四川旌正商业管理有限公司(以下简称旌正公司)商品房委托

[①] 参见最高人民法院民事审判第一庭编著:《最高人民法院新民事诉讼证据规定理解与适用》,人民法院出版社 2020 年版,第 149 页。
[②] 参见宋春雨:《民事证据规则适用通解》,人民法院出版社 2024 年版,第 3 页。
[③] 参见最高人民法院(2019)最高法民申 1700 号民事裁定书。

代理销售合同纠纷一案，不服四川省高级人民法院作出的（2018）川民终 124 号民事判决，向最高人民法院申请再审称，二审法院在违约责任认定上存在错误；蓉丰公司无影响旌正公司销售的行为；商品房市场供大于求是旌正公司在签约时就应该明知的，从签约到合同解除历时 6 个月，市场变化不大，且旌正公司并未据此抗辩；同时，二审法院在确认违约责任时错误审查违约方的主观过错；二审法院在旌正公司未提出对违约金过高予以调整的情况下，自行认定合同约定的违约金过高，违反法律规定。

裁判要旨

对于申请人主张的二审法院主动援引市场行情以及对违约金过高的抗辩有违中立原则的问题，由于市场行情属于众所周知的事实，当事人无须举证，法院可以主动释明并加以援引，并且在一审程序中，旌正公司主动请求调减违约金，因此二审法院的做法并无不当之处。

（三）推定的事实

推定是指根据法律规定或者经验法则，从已知的前提事实推断未知的结果事实存在的证明法则。根据发生的依据不同，推定可以分为法律推定和事实推定。

1. 根据法律规定推定的事实

法律推定是由法律明文确立的推定，当出现符合法律推定的法律规范条件的事实时，可以直接依据该规范推断出推定事实。比如，《民法典》第 1222 条规定，患者在诊疗活动中受到损害，有下列情形之一的，推定医疗机构有过错：（1）违反法律、行政法规、规章以及其他有关诊疗规范的规定；（2）隐匿或者拒绝提供与纠纷有关的病历资料；（3）遗失、伪造、篡改或者违法销毁病历资料。适用法律推定首先要确认前提事实的存在，该条中的三种情形即为前提事实。法律推定事实是根据前提事实作出的推断，不需要作为证明对象予以证明。但是前提事实，从举证责任角度，应当由主张该事实的当事人举证证明。

由此可见，法律推定实际上不变更证明的主体，即用对前提事实的证明代替对推定事实的证明，是当事人通过对前提事实的证明较容易地完成对相对困难的推定事实的证明，从而大大减轻了主张推定事实存在的当事人的举证责任。[1]

因此，只要当事人提出反证使前提事实的存在与否处于不明的状态，就能有效地排除适用法律推定的可能。比如，《民法典》第623条规定，当事人对检验期限未作约定，买受人签收的送货单、确认单等载明标的物数量、型号、规格的，推定买受人已经对数量和外观瑕疵进行检验，但是有相关证据足以推翻的除外。

> **法官提示**
>
> 在适用法律推定的情形下，当事人最有效率的抗辩方法是就前提事实进行反证，使前提事实达不到法定证明标准，此时推定事实就失去了成立基础。

2. 根据已知的事实和日常生活经验法则推定出的另一事实

事实推定是指法官根据经验法则，从已知的前提事实推断出待证事实的过程。比如邻居阻断通道，可以推定其有妨碍相邻通行的意思。事实推定和法律推定相比，二者的差异就在于有无法律明文规定。法律有明文规定的，则为法律推定，法律没有明文规定，需要法官根据逻辑经验等进行推定的，则为事实推定。前提事实和推定事实之间须有必然联系。这种联系或互为因果，或互为主从，或互相排斥，或互相包容。除此之外的联系，都不能成为必然联系。这是事实推定的逻辑条件，是最为关键的条件。[2]

---

[1] 参见最高人民法院民事审判第一庭编著：《最高人民法院新民事诉讼证据规定理解与适用》，人民法院出版社2020年版，第152页。

[2] 参见最高人民法院民事审判第一庭编著：《最高人民法院新民事诉讼证据规定理解与适用》，人民法院出版社2020年版，第154页。

典型案例 55

袁某诉某银行等储蓄存款合同纠纷案[①]

案情简介

原告袁某诉称，其于2011年10月26日，在某银行柜台办理了一张存款卡，并存款90000元，同时办理了网上银行业务和手机通知绑定业务，并购买了USB-KEY。第二天中午11时48分，原告收到银行短信，该短信称该卡通过网银转账扣掉了89900元以及交易费20元。原告立即致电银行客服95599，并表示其没有网银转账，客服称具体情况要去后台查，需要几天时间。后原告一直追问但无结果，故诉至法院，要求判令：(1) 被告赔偿原告损失89920元；(2) 被告赔偿原告精神损失费10000元。

法院经审理查明：2011年10月初，原告收到一条声称提供无抵押贷款的短信，根据短信内容致电询问具体情况，与对方联系后，于同年10月26日到某银行柜台办理了银行卡，同时存入90000元，并购买了USB-KEY。次日11时03分左右，原告在位于闵行区某路的该公司内开通网上银行，下载电子证书，设置USB-KEY密码，之后USB-KEY一直在原告身边，密码也只有原告自己知道。同日11时48分，原告收到银行短信，该短信提示其账户通过网上银行转账89900元，并发生交易费20元。原告立即拨打银行95599客服电话，表示其没有在网上银行转账。同日14时45分许，原告至派出所报案，称其在2011年10月初收到一条无抵押贷款短信，信以为真，与对方联系后，在2011年10月27日11时许，在公司内，通过某银行网银按对方要求操作办理手续，后发现手机有扣款提示，因此发现上当，故来派出所报案。原告提供对方电话和QQ

[①] 人民法院案例库入库编号：2023-08-2-109-002。

号。原告报案后，公安一直没有立案处理，原告追问被告没有结果，故诉至法院。

上海市闵行区人民法院于 2012 年 12 月 24 日作出（2012）闵民四（商）初字第 223 号民事判决，驳回袁某诉请。袁某不服该判决，提起上诉，二审驳回上诉，维持原判。

裁判要旨

网银操作系非面对面业务，实际操作情形难以通过有效证据直接查明。根据《民事诉讼证据规定》第 10 条第 1 款第 4 项的规定，"根据已知的事实和日常生活经验法则推定出的另一事实"，本案无须当事人举证证明。在网银转账中，法院可以通过网银转账的身份验证流程、网络操作的 IP 地址等事实，推定网银操作的实际操作人。

从推定的过程来看，法律推定的逻辑和事实推定的逻辑并无本质不同，只是法律推定是在法律规范所要求的前提事实成立的情况下，直接推定结果事实；事实推定则需要法官运用经验法则进行逻辑推理，从前提事实推导出结果事实。推定的事实并非证据所证明的事实，而是基于基础事实与推定事实之间高度盖然的因果关系或逻辑关系而推断出的结果，因此，推定的结果允许反证。①

（四）裁决、公证类事项

1. 已为仲裁机构的生效裁决所确认的事实

该条款在司法解释修订时曾经有过争议，有观点认为，人民法院的裁判不应该受到仲裁裁决的约束，而且仲裁对争议事实的认定并不严格遵守证明规则，仲裁认定的事实并非一定符合客观实际。最高人民法院经过讨论以后，保留了该条文内容，但降低了反证的要求，即将仲裁裁决确认的

---

① 参见宋春雨：《民事证据规则适用通解》，人民法院出版社 2024 年版，第 119 页。

事实的反证要求由《民事诉讼司法解释》第114条第1句中规定的"有相反证据足以推翻"修改为《民事诉讼证据规定》第10条第2款中的"有相反证据足以反驳",也就是说,要想反驳生效仲裁裁决认定的事实,不必达到推翻该事实的程度,只需要按照一般的反证要求处理即可。

2. 已为人民法院发生法律效力的裁判所确认的基本事实

生效裁判确认的事实免证效力虽然在修订司法解释的时候同样有争议,但在最终出台的司法解释中还是得以保留了。主要理由如下:其一,生效裁判确认的事实在后诉中作为免证事实,并非涉及既判力问题,而属于生效裁判的事实证明力范畴;其二,生效裁判确认的事实的免证效力确实与自由心证原则存在一定的矛盾,但与其他国家和地区不同的是,我国对于人民法院裁判的一致性要求很高,这种一致性不仅体现在裁判结果的一致性,也体现为事实查明的一致性。在我国立法尚未规定既判力规则的情况下,事实认定不一致导致裁判结果不一致的情形,不易被社会公众所理解和接受,甚至会使社会公众对司法公信力产生质疑。因此,现阶段保留这一规定有现实的必要性。[1]

当然,并非生效裁判认定的所有事实均可以作为免证事实,根据司法解释的规定,只有生效裁判认定的"基本事实"才属于免证事实范畴。"基本事实"在《民事诉讼法》中出现在以下几个条款:一是第40条第2款,适用简易程序审理的民事案件,由审判员一人独任审理。基层人民法院审理的基本事实清楚、权利义务关系明确的第一审民事案件,可以由审判员一人适用普通程序独任审理。二是第115条第2款,当事人单方捏造民事案件基本事实,向人民法院提起诉讼,企图侵害国家利益、社会公共利益或者他人合法权益的,适用前款规定。三是第177条第1款第3项,原判决认定基本事实不清的,裁定撤销原判决,发回原审人民法院重审,或者查清事实后改判。四是第211条第2项,原判决、裁定认定的基本事

---

[1] 参见宋春雨:《民事证据规则适用通解》,人民法院出版社2024年版,第123页。

实缺乏证据证明的。五是第282条第1款第1项，案件争议的基本事实不是发生在中华人民共和国领域内，人民法院审理案件和当事人参加诉讼均明显不方便。这几处的"基本事实"的含义应当是一致的。

这里的基本事实可参考《民事诉讼司法解释》第333条的规定，该条将基本事实界定为用以确定当事人主体资格、案件性质、民事权利义务等对原判决、裁定的结果有实质性影响的事实。显然，这些事实是人民法院审理案件时需要重点查明的事实。生效裁判所认定的基本事实系人民法院经过审理重点查明的事实，其本身已经经过严格的质证与审查认定，人民法院对其客观真实性更有把握。故《民事诉讼司法解释》第93条第1款第5项将该项免证事实的范围限缩为"已为人民法院发生法律效力的裁判所确认的事实"。当然，反向解释，如果人民法院生效裁判所确认的事实并非上述基本事实，则另案当事人不能主张该事实为免证事实，仍应举证证明该事实的存在。①

典型案例 56

闫某与常某劳务合同纠纷案②

案情简介

再审申请人闫某、常某因与一审第三人王某劳务合同纠纷一案，不服新疆维吾尔自治区阿克苏地区中级人民法院作出的（2023）新29民终959号民事判决，向新疆维吾尔自治区高级人民法院申请再审。常某申请再审称，有新证据证明闫某未提供劳务，双方不存在劳务合同关系，其亦

---

① 参见肖峰：《最高人民法院民事诉讼证据规则：条文解析与实务运用》，法律出版社2022年版，第58页。
② 参见新疆维吾尔自治区高级人民法院（2024）新民申1090号民事裁定书。

不欠付闫某劳务费；闫某编造事实、伪造证据提起诉讼，其提供的欠条及结算清单不是由常某出具的，欠条记载的劳务费 13500 元系因闫某给龚某提供劳务产生，经龚某和王某确认，与常某无关。欠条所记载内容存在涂改痕迹，因此欠条不符合法定证据形式，系闫某伪造。原审法院未依法传唤第三人出庭参加诉讼而径直依据伪造证据作出判决，违反法律规定。常某申请对欠条上的签字进行司法鉴定。另案民事判决认定事实与该案事实不相同，原审判决依据该民事判决认定事实认定该案劳务费错误。

裁判要旨

当事人无须举证证明已为人民法院发生法律效力的裁判所确认的基本事实。该案中，发生法律效力的另案民事判决确认某某公司承包的某某县 3 号棚户区改造安置小区 2 号商铺由原某文作为工程内部项目承包人全面负责施工。后原某文将工程的涂料粉刷部分分包给了常某，常某组织陈某班组、闫某班组进行施工。王某作为原某文的工地施工员管理工地。常某于 2021 年 1 月 13 日出具承诺书，言明除闫某班组外，其他涂料班组的所有人工工资已全部结清，其本人同意在闫某班组账目清算完成后再拿剩余工程款。该事实足以认定常某与闫某存在劳务合同关系，常某于 2021 年 1 月 13 日曾出具承诺书确认欠付闫某劳务费。现常某依据刘某出具的证明、龚某的通话录音、董某等人出具的收条主张与闫某不存在劳务合同关系，不欠付劳务费。经审查，刘某出具的证明、龚某的通话录音属于证人证言，证人未到庭作证，闫某不认可真实性。董某等人出具的收条所记载的内容与该案不具有关联性。常某提供的上述证据不足以推翻已发生法律效力的另案民事判决确认的事实。原审判决以另案民事判决确认事实为认定该案事实的依据，符合法律规定。

需要注意的是，根据条文规定，生效裁判只有由人民法院作出时才免证，不包括其他地区或者国外的法院作出的裁判。另外，除了民事裁判，人民法院主要还会作出行政裁判、刑事裁判，该两类裁判认定的基本事实在后续的民事诉讼中是否属于免证事实？首先是行政诉讼。该类争议相对较少，因为行政诉讼的证明标准与民事诉讼的证明标准相近，为了维护裁判统一性，应当允许行政生效裁判认定的主要事实成为民事诉讼免证事实。其次是刑事裁判。根据裁判统一性的要求，民事判决与刑事判决对于同一事实真实性的认定应当是一致的，并且相对民事诉讼而言，刑事诉讼中拥有更多、更有效的查明事实的手段和措施，且刑事诉讼的证明标准更高，虽民事诉讼的证明标准为优势盖然性，但尽量逼近案件真相是民事诉讼所追求的理念，所以刑事判决预决事实在后行的民事诉讼中一般有预决效力。①

> **法官提示**
>
> "生效裁判"主要是指普通程序中判决，通过特别程序作出的判决认定的事实不宜纳入此类免证事实范围，因为该类判决作出后，有关事实状态可能发生变化，后续民事诉讼中应当进一步审理查明有关事实。

3. 已为有效公证文书所证明的事实

公证，是指公证机关依据自然人、法人或者其他组织的申请，依照公证法律、法规规定的法定程序对民事法律行为、有法律意义的事实和文书的真实性、合法性予以证明的活动和过程。公证机构是依法设立，不以营利为目的，依法独立行使公证职能、承担民事责任的证明机构。公证机构办理公证时，应当遵守法律，坚持客观、公正的原则。

《民事诉讼法》第 72 条规定，经过法定程序公证证明的法律事实和文书，人民法院应当作为认定事实的根据，但有相反证据足以推翻公证证明的除外。《公证法》第 36 条规定，经公证的民事法律行为、有法律意义的事实和文书，应当作为认定事实的根据，但有相反证据足以推翻该项公证的除外。公证本质上是一种证明活动。作为公证最为核心、最为广泛

---

① 参见最高人民法院民事审判第一庭编著：《最高人民法院新民事诉讼证据规定理解与适用》，人民法院出版社 2020 年版，第 159 页。

的公证证明，其效力的正当性、权威性源于法律对公证证明的合法性、真实性的实体和程序的系统保障，其由此具有高度公信力。公证文书在性质上属于公文书证，作为证据时遵循公文书证记载的内容推定为真实的规则，在反证时应当满足有相反证据足以推翻的要求。①

> **裁判规则**
>
> 虽然法律和司法解释赋予公证文书较强的证明力，使公证文书属于民事诉讼免证范畴，但这并非意味着所有的公证文书理所当然地作为后续民事诉讼的定案依据，还是应当对公证文书进行合理审查，如果由于公证机构导致公证文书出现错误，只要有相反的证据足以推翻公证文书，就不应当采信该文书。

根据《民事诉讼证据规定》第10条第2款之规定，众所周知的事实、根据法律规定推定的事实、根据已知的事实和日常生活经验法则推定出的另一事实、已为仲裁机构的生效裁决所确认的事实，以上四类事实，当事人有相反证据足以反驳的，不属于当然免证范围。已为人民法院发生法律效力的裁判所确认的基本事实、已为有效公证文书所证明的事实，当事人有相反证据足以推翻的，不属于当然免证范围。这两类免证事实的否定条件，在表达上有细微的差异：从语义上对两者进行比较，"足以推翻"比"足以反驳"的否定程度更高。推翻意味着要彻底否定这些事实存在，当事人必须重新对案件事实提出证据加以证明。反驳则只需要对事实的某一部分进行否定或者指出其相关证据的瑕疵，达到能够动摇法官的内心确信程度即可，并不一定需要提出证据才能完成。虽然从语义上看，两者的否定程度不尽相同，但在司法实践操作上，有时确实很难区分两者。笔者认为，当出现确实无法区分的情形时，从依职权查明事实予以纠错仍是从我国法院基本职能以及当前社会公众对司法的认知水平出发，一般宜对两者

---

① 参见宋春雨：《民事证据规则适用通解》，人民法院出版社2024年版，第125页。

的构成从宽解释。[1]

> **裁判规则**
>
> 当事人自认事实与免证事实不一致的,应当以法定的免证事实为依据,自认事实无效,除非当事人提供的证据足以推翻免证事实。
>
> 免证事实与自认事实不同,自认事实虽然也是免证事实,但属于当事人的单方诉讼行为,存在限制条件甚至撤销的可能性。

---

[1] 参见肖峰:《最高人民法院民事诉讼证据规则:条文解析与实务运用》,法律出版社2022年版,第57页。

第四讲　当事人陈述

民事案件中，当事人参与诉讼活动主要以言词方式进行，当事人陈述系最为常见的证据形式，可以说在任何一个民事案件中都存在。由于当事人是民事纠纷的亲历者，对民事纠纷的发生和变化最为了解，因此，当事人陈述对法院了解案情、查明案件事实具有不可替代的重要作用。《民事诉讼法》第162条规定，基层人民法院和它派出的法庭审理简单的民事案件，可以用简便方式传唤当事人和证人、送达诉讼文书、审理案件，但应当保障当事人陈述意见的权利。因此，法院即便对简单案件适用简易程序进行审理，在诉讼过程中简化送达、传唤等其他程序性事项，但仍然必须保障当事人陈述的权利，由此可以确定，当事人陈述是民事诉讼中的首要内容，是体现当事人权利的主要环节。

一、当事人陈述的证据功能

当事人在民事诉讼中具有多重身份，既是诉讼主体又是证明主体。作为诉讼主体的当事人的陈述，主要表现在当事人在诉讼过程中的各类主张，并在诉讼程序中遵循处分权原则和辩论主义原则。作为证明主体的当事人的陈述，主要表现在作为证据类型的当事人陈述，遵循自由心证评价原则，二者的诉讼目的及诉讼机理差异明显。因此，当事人陈述具有以下两种不同的功能：一是当事人作为诉讼主体，说明案情，充分表达自己的事实主张，从而确定案件的事实争议点，限定调查证据的范围；二是当事人作为证据方法，就其亲身所见所闻向法院陈述有关案件事实，以作为证据资料供法院认定和参考。

典型案例 57

林某能与林某川、刘某芳民间借贷纠纷案[①]

案情简介

林某能诉称，林某川与刘某芳在夫妻关系存续期间，林某川以经营需要为由，以现金形式向林某能借款 350 万元，并立下借据 1 份。后经林某能多次催讨，至今分文未还，请求判令林某川、刘某芳偿还 350 万元借款本息。林某川与刘某芳原系夫妻关系，两人经人民法院调解离婚。林某川曾出具借据 1 份，载明：本人林某川，因经营需要，兹向出借人林某能借款并收到现金人民币 350 万元。

福建省惠安县人民法院判决：林某川、刘某芳应偿还林某能借款 350 万元。林某川、刘某芳不服，提起上诉。福建省泉州市中级人民法院判决驳回上诉，维持原判。刘某芳不服该判决，向检察机关申诉，福建省高级人民法院提审该案，并作出民事判决：撤销一审、二审判决，驳回林某能诉讼请求。

裁判要旨

在民间借贷案件审理中，对于存在借贷关系及借贷内容等事实，出借人应承担举证责任；对已经归还借款的事实，借款人应承担举证责任。对

---

① 人民法院案例库入库编号：2023-16-2-103-015。

第四讲 当事人陈述　173

形式有瑕疵的欠条或收条等，审判人员应结合其他证据认定是否存在借贷关系。借款人对借贷的真实性有异议的，审判人员不能仅凭借据、收据、欠条等，认定借贷关系的发生以及借贷关系的内容，应从各证据与案件事实的关联程度、各证据之间的联系等方面进行综合审查，结合借款债务形成的具体经过、交付凭证、交易习惯、资金流向以及当事人陈述等因素综合判断是否存在真实的借贷关系。

（一）当事人陈述并非均属于证据范畴

根据当事人身份的多重性和当事人陈述的不同功能，当事人陈述可以分为广义和狭义两类。广义的当事人陈述包括案件事实以外的陈述。广义的当事人陈述是指当事人在诉讼过程中发表的所有意见，不仅包括对案件事实的陈述，而且包括对诉讼请求的说明、对证据的质证意见、对案件最终处理的陈述意见、法律适用方面的意见以及其他主张。根据《民事诉讼法》第141条之规定，法庭调查应当按照一定的顺序进行，其中排在第一位的即为当事人陈述，当事人陈述既包括原告陈述其诉讼请求、事实和理由，同时提出有关证据，也包括被告陈述其是否承认原告诉讼请求、事实和理由，并提出反驳证据。狭义的当事人陈述仅指当事人就案件事实向法院所作的陈述，包括当事人自己说明的案件事实和对案件事实的承认，即当事人对有利事实的陈述和不利事实的陈述。

> **法官提示**
>
> 作为证据方法的当事人陈述即为狭义层面的当事人陈述。因此，并非当事人作出的所有陈述都是证据材料，只有关于案件事实的陈述，包括涉及实体法律关系的各种事实和民事纠纷的发生事实以及其他有关事实的陈述，才构成证据材料。除此之外的当事人陈述，如关于诉讼请求的陈述、对证据的分析、对事实的法律评断或对法律适用的意见等，不能作为证明案件事实的当事人陈述。

当事人陈述作为民事诉讼之法定证据种类之一，是任何民事案件审理中都存在的重要诉讼材料，其程序功能呈多元化发展趋势，当事人陈述在《民事诉讼法》第66条第1款规定的证据种类中排第一位，重申当事人的陈述在证据领域的独立价值，鼓励当事人和法官对该类证据进行更为有效的利用。

当事人陈述在审判实务中存在一个亟待解决的问题：作为证据的当事人陈述与当事人的主张和辩论相混同。根据上述有关广义和狭义的区分，显然，作为证据方法的当事人陈述与法庭辩论中当事人所作的陈述存在明显区别。庭审过程中以辩论形式表现出来的当事人陈述并没有诉讼法上的证据效力，在民事诉讼中作为证据方法使用的当事人陈述和当事人在法庭辩论中的陈述应当有着较大区别，前者是当事人运用证明手段证明案件事实，后者则是当事人实施的辩论行为。

有观点认为，证据法意义上的当事人陈述仅限于在诉讼过程中出现，对此，笔者认为，法律和司法解释中既有在审前程序中有关当事人陈述的规定，也有在法庭调查中有关当事人陈述的规定，还有在庭外调查时有关当事人陈述的规定，等等。因此，当事人陈述在审前程序、法庭调查到庭外调查等诉讼的每个阶段都有可能出现，并且以不同的形式出现在诉讼过程中，而不仅限于在开庭审理期间的法庭调查阶段出现。

> **裁判规则**
>
> 诉讼中当事人陈述的诉讼请求和主张，是辩论原则以及处分原则的客观要求，当事人对案件真实的推断、感知均为其自由意志表达，不能作为证据性陈述。

（二）当事人的真实陈述义务

当事人是纠纷实体法律关系的主体，对纠纷的产生、发展最为了解，其所处的地位决定其陈述所反映的案件事实最为直接具体，当事人陈述较之其他证据具有最直观乃至决定性的价值。当事人作为案件事实的亲历者，又作为诉讼结果的承受者，在纠纷处理中具有较为复杂的诉讼心理，一方面为了能够使自己的主张为法官采信，会积极提供证据，尽可能还原案件真实；另一方面因为案件结果与其利益相关，有的当事人会只陈述对其有利的事实，或者隐瞒对其不利的事实，甚至进行虚假陈述。因此，与其他证据方法相比，当事人陈述具有较大的主观性，由此产生了当事人的真实陈述义务。由于当事人陈述具有虚假性、主观性和片面性，因此，法律和司法解释对当事人陈述作了不同层面的规制。

《民事诉讼法》第13条第1款规定，民事诉讼应当遵循诚信原则。确立诚实信用原则可以抑制在司法实务中出现的不诚信的虚假诉讼和虚假陈述等现象，实现诉讼的程序公正和实体公正的价值。《民事诉讼证据规定》第63条第1款规定，当事人应当就案件事实作真实、完整的陈述。当事人的真实义务有广义和狭义之分。狭义的当事人的真实义务禁止当事人违反自己的主观性认识进行主张和抗辩，是指当事人负有不违反主观真实陈述的义务，即当事人知其主张为不真实或认为其主张不真实时不得主张，知对方之主张符合真实或认为其符合真实时不得加以争执。广义的当事人的真实义务除狭义当事人的真实义务的内容外，还包括完全义务，即当事人就诉或抗辩基础之事实关系所知之事实，不问有利或不利应为完全之陈述，对于他造之事实关系之主张，亦应如此。当事人真实义务的核心在于"当事人在民事诉讼中是否被容许说谎，以及当事人对于己不利的事实是否亦有据实陈述的义务"。[①]

裁判规则

> 由于当事人在诉讼程序上对于事实的陈述，可能因其心理与生理能力不同而有差异，因此其应仅就主观上所认识到的事实负真实与完全陈述之义务，而不可故意作出已知事实相违之陈述。当事人陈述仅仅违反客观性事实（非主观故意）的，当事人并不构成对真实义务的违反。

---

① 宋春雨：《民事证据规则适用通解》，人民法院出版社2024年版，第495页。

典型案例58

申某某与重庆某建设公司、
盘州某房产公司等建设工程施工合同纠纷案[①]

案情简介

2013年1月11日,盘州某房产公司(甲方)作为发包人与承包人重庆某建设公司(乙方)签订建设工程施工合同,约定由重庆某建设公司承建盘州某房产公司开发的案涉工程项目。同年1月16日,盘州某房产公司与重庆某建设公司签订补充协议。2013年1月25日,申某某向盘州某房产公司缴纳案涉工程项目施工保证金500万元。同年1月26日,重庆某建设公司作为甲方、项目责任人申某某作为乙方,签订工程项目责任人承包合同书,约定甲方将此工程项目以包盈亏、包质量的方式交给乙方经营管理。2014年11月22日,朱某某作为甲方、彭某作为乙方、申某某作为丙方、万某某和袁某某作为丁方签订合伙出资协议书,共同加入建设。截至该案审理终结,案涉工程尚未通过竣工验收。申某某、重庆某建设公司、盘州某房产公司之间至今未对申某某施工的工程进行结算。

另外,2014年11月24日,申某某向案外人刘某某借款300万元。2015年6月17日,盘州某房产公司向刘某某付款300万元。后申某某将盘州某房产公司与重庆某建设公司诉至一审法院,申某某否认盘州某房产公司向刘某某支付的300万元款项为已付工程款,一审判决予以支持。基于此,刘某某另案起诉,人民法院判决申某某应偿还刘某某300万元及利息。二审中,申某某推翻其在一审中作出的陈述,认可该款项系盘州某房产公司向其支付的工程款,并抵扣其欠付刘某某的债务。各方当事人因该

[①] 人民法院案例库入库编号:2023-07-2-115-007。

项目发生了数起诉讼。

裁判要旨

当事人仅对一审法院未予支持的诉讼请求具有上诉权益,有权对该部分诉讼请求提出上诉。在一审法院审理中,当事人所作陈述如果不存在重大误解或受欺诈、胁迫等情形,应当认定为当事人的真实意思表示。当事人因另案结果于本案主张不利而否定已获一审法院支持的主张,有违诉讼诚信,人民法院对本案主张不予支持。

民事诉讼案件不断增多且日渐复杂化,在司法实践中不断出现虚假陈述、虚假诉讼、滥用诉讼权利、妨碍举证以及规避执行等违反诚实信用原则的行为,当事人在诉讼过程中为追求胜诉的结果而使用许多不当的手段,从而使我国司法中产生了大量违反诚信原则的不当诉讼。实践中,有的当事人出于利益考虑,根据攻防需要,在诉讼中的不同时刻,采用不同的诉讼策略,实施矛盾的诉讼行为,或对事实作出不一致的主张。当事人虽然有权在法律规定的范围内处分自己的民事权利和诉讼权利,但在民事诉讼中依然应当遵循诚实信用原则,以及对案件事实的真实陈述义务。但是,当事人仅作有利于己的陈述属人之常情,在司法实践中,利益倾向性是当事人陈述最显著的一个特征,经常导致当事人陈述证据价值的贬损。由于诉讼结果与当事人权益息息相关,因此当事人存在趋利避害的心理,只陈述对其有利的部分,甚至虚假陈述。所以,当事人一方面是案件的亲历者,最知悉案情;另一方面是直接利害关系人,其陈述证明力相较于其他证据形式的证明力更低。

当事人在诉讼中的地位决定了当事人在庭审过程中无论是在阐述案情时,还是在陈述案件事实时往往趋利避害,并带有主观色彩,不能完全保障当事人陈述的客观性。通常情况下,当事人只向法官陈述对自己有利的事实,而故意隐瞒自己明知但对自己不利的事实,且虚假陈述的情况时有发生。因此,法律必须对此予以调整、引导和规范。特别是根据《民事诉讼法》第 115 条之规定，当事人单方捏造民事案件基本事实，向人民法院提起诉讼，企图侵害国家利益、社会公共利益或者他人合法权益的，人民法院应当驳回其请求，并根据情节轻重予以罚款、拘留；构成犯罪的，依法追究刑事责任。因此，对虚假诉讼的法律规制已经形成诉讼制裁与刑事处罚的"二元双轨制"。在民事制裁方面，《民事诉讼证据规定》第 63 条第 3 款规定，当事人故意作虚假陈述妨碍人民法院审理的，人民法院应当根据情节，依照《民事诉讼法》第 114 条之规定进行处罚，可以根据情节轻重予以罚款、拘留；构成犯罪的，依法追究刑事责任。当然，此处进行处罚的前提应当是当事人"故意"为之，明知而为，当事人如果仅仅是因为自身认知、记忆偏差等作了虚假陈述，则不适用以上规定。

典型案例 59

河南海虹公司、河南弘博公司、周某海司法惩戒申请复议案[①]

案情简介

河南海虹公司、河南弘博公司、周某海申请撤销河南省高级人民法院作出的（2021）豫司惩 5 号罚款决定。主要理由包括：（1）河南海虹公司、河南弘博公司、周某海不存在滥用诉权的行为。河南海虹公司、河南弘博公司、周某海为维护自己的合法权益，就河南省信阳市中级人民法院作出的（2013）信中法民初字第 23 号民事调解书申请再审，被裁定驳回；后周某海就驳回裁定提出申诉，河南省高级人民法院提审该案；再审审理过程中，周某海基于各方压力与逼迫，无奈撤回再审申请；后河南海虹公

[①] 参见最高人民法院（2022）最高法司惩复 2 号复议决定书。

司、河南弘博公司发现被欺骗，再次向河南省高级人民法院申请再审，河南省高级人民法院已经审理并作出最终判决，支持了河南海虹公司、河南弘博公司的再审请求。（2）河南海虹公司、河南弘博公司、周某海不存在虚假陈述行为。河南海虹公司、河南弘博公司一直主张未实际收到郭某的2700万元借款，一审期间误以为郭某提供的四张银行转账凭证所显示的款项已实际转入单某账户，基于此，一审期间达成调解，后通过查询得知没有所谓出借2700万元款项，四张银行转账凭证系周某胜操控郭某和单某的银行账户闭环进行伪造的。（3）河南海虹公司、河南弘博公司、周某海系真正受害人。河南海虹公司、河南弘博公司、周某海没有伪造、毁灭证据情形，应当对周某胜、郭某、单某、盛世通宝典当行的恶意诉讼行为进行处罚，河南省高级人民法院对受害方的处罚远重于对郭某、周某胜的处罚，与法律情理不符。

裁判要旨

民事诉讼应当遵循诚信原则。《民事诉讼证据规定》第63条规定："当事人应当就案件事实作真实、完整的陈述。当事人的陈述与此前陈述不一致的，人民法院应当责令其说明理由，并结合当事人的诉讼能力、证据和案件具体情况进行审查认定。当事人故意作虚假陈述妨碍人民法院审理的，人民法院应当根据情节，依照民事诉讼法第一百一十一条的规定进行处罚。"河南海虹公司、河南弘博公司、周某海在诉讼中通过签订调解协议、达成执行和解协议、撤回再审申请等方式多次认可案涉债务的真实性，之后却又向人民法院申诉，主张不存在债务，并申请撤销调解书，前后陈述不一致，存在隐瞒事实、虚假陈述的行为以及滥用诉讼权利的行为，妨碍人民法院审理，故河南省高级人民法院对其作出罚款的决定，有事实依据和法律依据，并无不当。

同时，《刑法》第307条之一规定了虚假诉讼罪，根据该条中的规定，以捏造的事实提起民事诉讼，妨害司法秩序或者严重侵害他人合法权益的，处 3 年以下有期徒刑、拘役或者管制，并处或者单处罚金；情节严重的，处 3 年以上 7 年以下有期徒刑，并处罚金。单位犯前款罪的，对单位判处罚金，并对其直接负责的主管人员和其他直接责任人员，依照前款的规定处罚。

典型案例 60

周某琼等虚假诉讼案①

案情简介

被告人周某琼和邓某泉系夫妻关系，二人因欠下高额债务，经济状况恶化，于 2015 年 3 月 12 日与邓某泉的亲属周某成（被告人）签订虚假借款协议，捏造周某琼和邓某泉向周某成借款 220 万元的事实。同年 3 月 16 日和 17 日，周某琼将筹集到的资金 220 万元通过亲属银行账户转入周某成的银行账户，再由周某成的银行账户转回到周某琼的银行账户，制造周某成向周某琼交付 220 万元的资金流水记录。周某琼和邓某泉于 2015 年 3 月 16 日将二人名下的两套房产抵押给周某成。2018 年，债权人余某勤提起民事诉讼，要求周某琼、邓某泉偿还借款 300 万元及相应利息，法院作出民事判决，判令由周某琼、邓某泉限期偿还余某勤借款及利息共计约 580 万元，周某琼、邓某泉遂唆使周某成以此前捏造的借款协议等材料为依据，于 2019 年 1 月 8 日向某区人民法院提起民事诉讼，并出资为周某成聘请律师担任诉讼代理人参加诉讼。某区人民法院基于三人捏造的债权债务关系，先后出具民事调解书和多份执行法律文书。其后，周某琼、邓某泉将之前抵押给周某成的二人名下的两套房产抵偿给周某成，并伙同周

---

① 人民法院案例库入库编号：2023-05-1-293-008。

某成以358万元的价格将房产出售给他人,这导致余某勤等债权人的债权无法实现。

四川天府新区成都片区人民法院于2021年8月27日作出(2021)川0192刑初226号刑事判决:以虚假诉讼罪判处被告人周某琼有期徒刑3年6个月,并处罚金人民币4万元;判处被告人邓某泉有期徒刑3年,并处罚金人民币4万元;判处被告人周某成有期徒刑2年,缓刑4年,并处罚金人民币3万元。一审宣判后无抗诉、上诉,判决已发生法律效力。

裁判要旨

行为人与他人恶意串通,捏造债权债务关系向人民法院提起虚假民事诉讼转移财产,以达到逃避履行债务的非法目的,属于《刑法》规定的虚假诉讼行为。此类行为直接侵害债权人合法权益,极大干扰司法秩序,社会危害严重。对于共同实施虚假诉讼行为的多个被告人,要坚持宽严相济刑事政策,突出打击重点,正确区分责任,妥当裁量刑罚。对于其中的犯意提起者、主要实施者和犯罪收益获得者,要依法予以严惩。在对被告人决定是否适用缓刑时,应考虑其犯罪的事实、性质、情节及对社会的危害程度等。

典型案例61

某轴承厂诉单某强虚假诉讼案[①]

案情简介

浙江省嘉善县某镇某村某经济合作社(以下简称某村合作社)于2014年8月22日向人民法院起诉某轴承厂,同时提交了财产保全申请书。

[①] 人民法院案例库入库编号:2023-05-1-293-004。

人民法院根据某村合作社的申请，裁定查封、扣押、冻结某轴承厂价值数百万元的机器设备和银行存款。之后，某村合作社未按规定缴纳诉讼费用，亦未提出减、缓、免交诉讼费用申请，人民法院于同年9月4日作出民事裁定，以某村合作社未在规定时间内及时缴纳案件受理费及保全费用为由，解除了对某轴承厂财产的查封、扣押、冻结措施，但某轴承厂的财产始终下落不明。某轴承厂向浙江省嘉善县人民法院提起自诉，认为某村合作社社长、法定代表人单某强作为合作社直接负责的主管人员，以捏造的事实提起民事诉讼，妨害司法秩序，致使自诉人某轴承厂遭受重大经济损失，严重侵害了某轴承厂的合法权益，单某强的行为涉嫌构成虚假诉讼罪，请求依法追究单某强的刑事责任。

浙江省嘉善县人民法院于2015年12月2日作出（2015）嘉善刑受字初字第00002号刑事裁定，对自诉人某轴承厂的刑事自诉不予受理。一审宣判后，某轴承厂提出上诉。浙江省嘉兴市中级人民法院于2015年12月28日作出（2015）浙嘉刑受终字第00010号刑事裁定，裁定驳回上诉、维持原判。

裁判要旨

根据有关法律的规定，虚假诉讼案件的被害人享有向人民法院提起刑事自诉的权利。为避免刑事自诉权被滥用、成为部分民事诉讼当事人用以恶意干扰民事诉讼进程的工具，对虚假诉讼犯罪案件的被害人行使自诉权的条件应当依法严格把握。虚假诉讼犯罪案件中的被害人提起刑事自诉，应当同时满足以下三个方面的条件：第一，自己的人身、财产权利遭到虚假诉讼犯罪行为侵害，这是提起自诉的主体条件。第二，有证据证明对被告人通过虚假诉讼侵犯自己人身、财产权利的行为应当依法追究刑事责任，这是提起自诉的证据条件。第三，有证据证明被害人曾向公安机关或者人民检察院控告被告人实施虚假诉讼犯罪行为，而公安机关或者人民检察院不追究被告人刑事责任。这是提起自诉的程序条件。

二、法院询问当事人的规则

当事人陈述对于案件事实的认定至关重要，实际上直接影响着法官的内心确信，影响适用法律甚至影响案件裁判结果。因此，《民事诉讼法》虽然将当事人陈述规定为法定证据类型，但并未就当事人询问作出具体规定，因此司法解释对当事人接受询问作了明确规定，并具体地规定了签署保证书的义务，该明确规定主要体现在《民事诉讼司法解释》第110条，2019年《民事诉讼证据规定》修正时又进一步作了调整和完善。

（一）当事人有接受询问的义务

虽然有的案件当事人委托了诉讼代理人，但根据《民事诉讼司法解释》和《民事诉讼证据规定》的规定，人民法院认为有必要的，可以要求当事人就案件有关事实接受询问。此时，当事人应当按照通知的时间、地点接受询问。比如诸多的民间借贷纠纷案件，往往缺乏其他有效证据，此时当事人接受询问、陈述案件事实尤为重要。"当事人"的范围包括了原告、被告等所有案件当事人，而无论当事人对待证事实是否具有证明责任。关于当事人接受询问的规定，司法解释存在修正的情况，《民事诉讼司法解释》第110条第1款第1句规定，人民法院认为有必要的，可以要求当事人本人到庭，就案件有关事实接受询问。此时，要求当事人"到庭"陈述，这实际上将当事人陈述限定在开庭审理阶段发表。《民事诉讼证据规定》第64条第1款对此作了修正，该条款规定人民法院认为有必要的，可以要求当事人本人到场，就案件的有关事实接受询问。将"到庭"修正为"到场"，符合司法实践需要，因为当事人就有关案件事实的陈述，并非仅限于在开庭审理阶段发表。

典型案例 62

程某某与温某某财产损害赔偿纠纷案[①]

案情简介

2023年6月19日，程某某以15000元的价格购买一头牛。程某某称，2023年7月15日早上6时许，其在放牛的时候，牛突然掉进温某某位于二道江乡三道江村小石门承包地上挖的排水沟里。程某某雇用7人将牛救出，给付每人200元的人工费，雇用一人开车拉牛并给付200元费用。另查明，2023年7月16日，牛倒地不起，程某某为了减少损失以4200元的价格将牛出售。2023年7月19日，程某某才通知温某某牛受伤一事。程某某向一审法院起诉请求：温某某赔偿原告耕牛损失12400元。

裁判要旨

程某某主张在放牛过程中，牛突然掉进温某某承包的林地的排水沟里，其在一审时提供了徐某某的证人证言及吕某才等人的书面证言。因徐某某系程某某丈夫的亲弟弟，与程某某存在利害关系，吕某某等7人均未出庭，故上述证据不能作为该案的定案依据。另外，在审理过程中，法院要求程某某到庭就有关案件事实接受询问，但程某某本人无正当理由拒不到庭。综上，程某某的牛的受伤原因不明，程某某主张牛因掉进排水沟而受伤，证据不足，无法予以认定。

什么是"人民法院认为有必要"？一般而言，人民法院通过对当事人提供的证据的审查，不能形成确切的心证，或者当事人本就没有较为有力

[①] 参见吉林省通化市中级人民法院（2023）吉05民终1029号民事判决书。

的证据时，人民法院有必要对作为事实亲历者的当事人进行询问，通过询问获得与案件事实有关的必要信息，并以此为自由心证的基础。作为询问当事人的适用条件，"人民法院认为有必要"并不排斥当事人申请。如果一方当事人无法收集、提供足够的证据，或者认为自己提供的证据不足以使法官形成对自己有利的内心确信，也可以申请人民法院询问对方当事人。人民法院认为当事人申请的理由合理的，可以理解为属于人民法院认为有必要的情形。[①] 实际上，司法解释并未限制当事人申请询问对方当事人，因此，对于一方当事人提出的申请，法院均可以从必要性方面予以考量并作出决定。司法实践中，还有另一类特殊情况，即离婚案件当事人的出庭义务，根据《民事诉讼法》第 65 条之规定，离婚案件有诉讼代理人的，本人除不能表达意思的以外，仍应出庭；确因特殊情况无法出庭的，必须向人民法院提交书面意见。

根据《民事诉讼证据规定》第 64 条第 2 款之规定，人民法院要求当事人到场接受询问的，应当通知当事人询问的时间、地点、拒不到场的后果等内容。因此，如果开庭审理过程中需要询问当事人，则应当由当事人具结并进行询问。如果非开庭期间需要询问当事人，则应当通知当事人时间、地点及拒不到场的后果等。需要注意的是，当事人如果不是案件事实的亲历者，则不应当作为询问对象，即法院对当事人进行询问时，应当就当事人亲历的事实进行询问，而不能让当事人就有关主观认识、判断作陈述。

> **法官提示**
>
> 并非所有的当事人都是案件事实的经历者，如交通事故案件中，受害人死亡的，则由其近亲属参与诉讼，该近亲属并非案件事实的亲历者，其有关案件事实的陈述并不必然属于证据层面的"当事人陈述"。

[①] 参见宋春雨：《民事证据规则适用通解》，人民法院出版社 2024 年版，第 501 页。

典型案例 63

程某、刘某清与罗某德合同纠纷案[①]

案情简介

再审申请人程某、刘某清因与被申请人罗某德合同纠纷一案，不服黑龙江省高级人民法院作出的民事判决，申请再审称，一审、二审法院拒绝刘某清调取证据的申请，侵害了其合法权益。一审判决以刘某清本人未出庭为由，判令其承担不利后果没有法律依据；一审判决认为刘某清未发表最终辩论意见，应视为其放弃此项诉讼权利错误。

裁判要旨

根据《民事诉讼证据规定》第 64 条第 1 款"人民法院认为有必要的，可以要求当事人本人到场，就案件的有关事实接受询问"的规定，再审申请人的委托诉讼代理人在一审庭审就对被申请人提供的刘某清签名的数份银行交易凭证质证时表示无法确认，需和刘某清本人核实后，再将核实结果回复该院。一审法院告知该委托诉讼代理人通知刘某清限期到庭，对银行交易凭证上的签名质证，若刘某清逾期不到庭，一审法院将以上述书证上刘某清的签名为鉴定检材。而后，一审法院收到署名为"刘某清"的情况说明一份。一审法院因无法判断该情况说明是否为刘某清本人书写，对该证据未予采纳，将上述银行交易凭证上的"刘某清"签名作为检材委托鉴定。此后，一审、二审法院未准许再审申请人提出的另行调取收集检材，以及对协议书重新鉴定的申请并不违反相关法律规定。

[①] 参见最高人民法院（2021）最高法民申 5822 号民事裁定书。

（二）当事人应当签署保证书

设立当事人询问制度的目的是通过询问当事人的方式，获取当事人对亲身经历的见闻的陈述，帮助法院查明案件事实。所谓当事人询问，是指将当事人作为一种证据方法，对其所亲历的见闻进行询问，并将从询问中获取的内容作为证据资料的一种调查证据的方法。[①] 因此，与证人出庭作证类似，司法解释规定作为证据方法的当事人，在陈述之前应当签署保证书。

《民事诉讼司法解释》第110条第1款第2句规定，在询问当事人之前，可以要求其签署保证书。《民事诉讼证据规定》第65条第1款进一步规定，人民法院应当在询问前责令当事人签署保证书并宣读保证书的内容。当事人具结的时间应为"询问之前"，而非询问之后，否则具结对于督促当事人、查明案件事实毫无意义。《民事诉讼证据规定》第65条第1款将"可以要求"调整为"应当"，明确了当事人法定的具结义务，同时当事人除签名外，还应当宣读保证书的内容，从心理学的角度，大声宣读尤其在庄严的法庭公开宣读保证书内容，对当事人具有较强的震慑作用，主要是为了督促其能够如实陈述案件相关事实。当然，如果当事人有正当理由不能宣读保证书，根据《民事诉讼证据规定》第65条第3款的规定，应当由书记员宣读并进行说明。此处的"正当理由"由法院根据案件具体情况进行判断，如有的当事人无法言语、不识字等。应当注意的是，具结的对象只能是"当事人"本人，不包括诉讼代理人，否则就失去了"当事人陈述"作为证据材料的应有意义。

关于保证书的内容，《民事诉讼司法解释》第110条第2款中规定，保证书应当载明据实陈述、如有虚假陈述愿意接受处罚等内容。《民事诉讼证据规定》第65条第2款对此作了细化规定，保证书应当载明保证

[①] 参见最高人民法院民事审判第一庭编著：《最高人民法院新民事诉讼证据规定理解与适用》，人民法院出版社2020年版，第589页。

实陈述，绝无隐瞒、歪曲、增减，如有虚假陈述应当接受处罚等内容，即对"虚假陈述"的具体情形作了列举，这有利于在司法实践中对该条款把握。最后，当事人应当在保证书上签名、捺印，以此让当事人对自己的行为负责。

> **裁判规则**
>
> 具结包括签署保证书和宣读保证书两个环节，这两个环节缺一不可，否则具结将失去意义，因此，如果当事人缺少上述环节，应当予以纠正。

典型案例64

马某永与中山市民众镇缘某商行、广东美某有限公司买卖合同纠纷案[①]

案情简介

再审申请人马某永因与被申请人中山市民众镇缘某商行（以下简称缘某商行）、广东美某有限公司（以下简称美某公司）买卖合同纠纷一案，不服广东省中山市第一人民法院作出的（2023）粤2071民初11719号民事判决，提起再审申请，认为原审认定事实和适用法律错误。申请人在原审庭前已经提交了证据证明被申请人的酒不符合《食品安全法》的规定。

裁判要旨

对于马某永因原审要求其当庭签署当事人保证书，而未要求被申请人

---

① 参见广东省中山市第一人民法院（2023）粤2071民申143号民事裁定书。

的委托诉讼代理人或法定代表人签署当事人保证书，而认为原审程序违法的问题，根据《民事诉讼证据规定》第 65 条第 1 款的规定，人民法院应当在询问前责令当事人签署保证书并宣读保证书的内容，该规定明确了当事人的具结义务，具结的对象应当为当事人本人，不包括委托诉讼代理人等，故原审要求当事人本人签署保证书并宣读保证书的做法符合该司法解释的规定，并无不当。

（三）当事人的"禁反言"义务

当事人在民事诉讼中实施的诉讼行为应当前后一致，如果前后矛盾，既损害对方当事人的利益，也破坏了民事诉讼程序的正常进行。当然，司法实践中当事人陈述前后不一致的情形还是较为常见的。例如，一起简单的交通事故案件中，由于没有摄像头记录下事故发生过程，有的当事人会陈述没有撞到受害人，而后迫于各方面压力，又陈述确实撞到了受害人；有的事故受害人在公安机关未陈述被人致伤，而后又主张对方致其受伤并要求赔偿，等等。真真假假，难以分辨，一起简单的交通事故案件甚至可能引起全国热议。

民事诉讼应当遵循诚信原则，当事人在诉讼过程中反复无常的行为直接影响了诉讼程序的安定及效益价值的实现，禁反言原则作为诚信原则规范当事人行为的具体形式，主要用于排除当事人在诉讼过程中的矛盾行为。禁反言原则是诚信原则在民事诉讼实务中的具体体现。近年来，该原则受到当事人和法院的普遍重视，法院以此作出裁判。在中国裁判文书网，通过搜索关键词"禁反言"进行统计可以发现，适用禁反言原则的裁判文书共有 10000 余篇。

《民事诉讼法》没有规定禁反言原则，但根据诚信原则的要求，司法解释对此作了明确规定。通过禁反言来具体适用诚信原则，基本上成为立法界学者和司法实务部门的共识。根据《民事诉讼证据规定》第 63 条第 2 款和《民事诉讼司法解释》第 229 条之规定，当事人的陈述与此前陈述不一致的，人民法院应当责令其说明理由，并结合当事人的诉讼能力、证据和案件具体情况进行审查认定。当事人在庭审中对其在审理前的准备阶段认可的事实和证据提出不同意见的，人民法院应当责令其说明理由。必要时，可以责令其提供相应证据。人民法院应当结合当事人的诉讼能力、证据和案件的具体情况进行审查。理由成立的，可以列入争议焦点进行审理。

典型案例 65

王某战与湖北中新建筑工程有限公司建设工程分包合同纠纷案[①]

案情简介

再审申请人王某战因与被申请人湖北中新建筑工程有限公司建设工程分包合同纠纷一案，不服辽宁省沈阳市中级人民法院作出的（2021）辽01民终10217号民事判决，申请再审称，原审判决并未依法以证据为裁判依据，事实不清，且无证据佐证，适用法律严重错误。

裁判要旨

再审申请人作为多个案件的原告，应当向法庭就案件事实作真实、完整陈述。关于再审申请人已收到的案涉工程款总数额，再审申请人在多个案件的起诉状及调解、询问、开庭等程序中作出多种陈述，原审判决结合该案相关证据及与该案相关的其他案件的具体情况，认为再审申请人违反民事诉讼"禁止反言"的规定，以不利于再审申请人的陈述为认定事实

---

① 参见辽宁省高级人民法院（2021）辽民申7723号民事裁定书。

的依据并无不当。

从我国目前的实际情况来看，司法实践中律师代理诉讼尚不普遍充分，有的当事人对自身程序利益的认识还比较模糊，一些相关的配套制度，包括法官阐明义务制度还不完善，当事人诉讼能力有待提高，对于当事人在庭审中对此前准备过程中认可的证据和事实的否认，不宜"一刀切"地机械适用禁反言原则予以否定，应当结合当事人诉讼能力、相应的证据和案件具体情况对当事人的理由进行审查，理由成立的，可以列入争议焦点进行审理。[①] 另外，还有一个略有争议的问题，就是法院能否主动适用禁反言原则，还是需要对方当事人提出异议方可适用。笔者认为，该原则不同于诉讼时效制度，即使当事人的诉讼请求超过了诉讼时效，只要对方当事人未提异议，法院不得主动审查，这是对当事人处分权行使的充分尊重，《民法典》第193条规定，人民法院不得主动适用诉讼时效的规定。但是禁反言原则的目的是查明案件事实，对于可能存在的当事人"选择性"陈述甚至虚假陈述，法院还是应当主动进行审查。适用禁反言原则可以在审理案件时快捷、正确地认定案件事实，确保裁判的正确性，有利于弘扬诚实信用的《民事诉讼法》原则。

> **裁判规则**
>
> 禁反言实质上是一种对法律事实的认定，并非意味着对相反的事实主张一律禁止，也不是对反言不予采信，而是对没有相应证据支持的反言应予以禁止，以免扰乱诉讼秩序，对有证据支持的反言允许主张并且采纳。

[①] 参见最高人民法院民法典贯彻实施工作领导小组办公室编著：《最高人民法院新民事诉讼法司法解释理解与适用》，人民法院出版社2022年版，第492页。

三、当事人陈述的采信规则

(一) 当事人陈述具有辅助性

从一般生活经验出发,当事人是最知晓案情的主体,合理利用当事人陈述不仅有助于诉讼有序开展,而且有助于法官查明案件事实,正确裁判。在民事诉讼中,由于当事人与案件结果具有直接的利益关系,当事人在陈述相关案件事实时具有较强的主观性,同时,由于个体在记忆、语言组织等方面的差异性,因此当事人陈述与其他证据类型相比,主观性太强,可靠性较弱。因此,《民事诉讼法》第78条规定,人民法院对当事人的陈述,应当结合本案的其他证据,审查确定能否作为认定事实的根据。当事人拒绝陈述的,不影响人民法院根据证据认定案件事实。《民事诉讼证据规定》第90条第1项直接规定"当事人的陈述"不能单独作为认定案件事实的根据。由此可见,我国民事证据规则一般性地否认了当事人陈述的独立证明力,规定其不得单独作为定案根据。所以,当事人陈述虽然在立法上是单独的证据形式,但是其地位及重要性明显低于其他证据方法的地位及重要性,其在司法实践中并不能作为单独认定案件事实的依据,其地位依然是辅助性的,并且其在民事诉讼实践中运用率较低,其应有的证据价值尚未充分发挥。不可否认的是,很多法官对"当事人陈述"缺乏正确的认识,没有充分认识其证据地位和价值,因此实践中运用其的法官少之又少。尽管如此,审判实践中还存在因缺乏其他证据只能通过询问当事人打破审理僵局的情形。

> **裁判规则**
>
> 当事人陈述尽管在立法上属于单独的证据种类,但其地位仍然是辅助性的,需要结合案件其他证据,综合判断其能否作为认定案件事实的依据。

典型案例 66

聂某明与施某卿、李某萍民间借贷纠纷案[①]

案情简介

再审申请人聂某明因与被申请人施某卿、李某萍民间借贷纠纷一案，不服云南省昆明市中级人民法院作出的（2020）云01民终6288号民事判决，申请再审称，原审法院错误采信证据，导致错误认定申请人转账给被申请人李某萍和施某卿的款项系合伙为他人提供居间服务后李某萍应当获取的报酬。一审、二审法院认定涉诉款项为因合伙关系而产生的款项明显与现有证据相矛盾，侵害了申请人的诉权。申请人提交的证据足以证实申请人与被申请人设立了明确合法有效的借贷关系，原审判决认定事实错误，适用法律错误。

裁判要旨

根据《民事诉讼法》第67条第1款"当事人对自己提出的主张，有责任提供证据"、第78条第1款"人民法院对当事人的陈述，应当结合本案的其他证据，审查确定能否作为认定事实的根据"、《民事诉讼司法解释》第108条第1、2款"对负有举证证明责任的当事人提供的证据，人民法院经审查并结合相关事实，确信待证事实的存在具有高度可能性的，应当认定该事实存在。对一方当事人为反驳负有举证证明责任的当事人所主张事实而提供的证据，人民法院经审查并结合相关事实，认为待证事实真伪不明的，应当认定该事实不存在"、2015年《最高人民法院关于审理

[①] 参见云南省高级人民法院（2021）云民申3430号民事裁定书。

民间借贷案件适用法律若干问题的规定》第17条"原告仅依据金融机构的转账凭证提起民间借贷诉讼，被告抗辩转账系偿还双方之前借款或其他债务，被告应当对其主张提供证据证明。被告提供相应证据证明其主张后，原告仍应就借贷关系的成立承担举证证明责任"的规定，聂某明应当提供证据进一步证明借贷关系成立，但并未进一步举证，故应当承担举证不能的不利后果。原审结合申请人在一审、二审中的陈述及在案证据认为"双方借贷合意事实不存在，民间借贷法律关系的相关诉求于法无据"并无不当。

（二）缺乏当事人陈述时的应对

虽然法律和司法解释规定了当事人真实陈述的义务，也规定了采信规则，但在民事诉讼中并非所有当事人均能按照制度设计参加诉讼，遵守各类程序规则，有当事人无正当理由拒不到场、拒不签署或宣读保证书或者拒不接受询问的情形，此时，根据《民事诉讼证据规定》第66条的规定，人民法院应当综合案件情况，判断待证事实的真伪。待证事实无其他证据证明的，人民法院应当作出不利于该当事人的认定。《民事诉讼司法解释》第110条第3款作了类似规定，即负有举证证明责任的当事人拒绝到庭、拒绝接受询问或者拒绝签署保证书，待证事实又欠缺其他证据证明的，人民法院对其主张的事实不予认定。本条款只对负有举证责任的当事人拒绝接受询问作出规定，审判实践中如果出现不负有举证责任的当事人拒绝接受询问，人民法院可以根据案件的具体情况，将其拒绝接受询问的行为视为妨碍举证的行为。[1]

当事人陈述尽管是作为一种独立的证据方法而存在，但是在实践中确实存在尴尬之处，通过查阅中国裁判文书网可以发现，对于双方无异议的事实、有其他证据证明的待证事实或者对方当事人未答辩时，很多判决不

---

[1] 参见最高人民法院民法典贯彻实施工作领导小组办公室编著：《最高人民法院新民事诉讼法司法解释理解与适用》，人民法院出版社2022年版，第297页。

据"当事人陈述"或者仅用一句话带过，一般为"上述事实，有……证据及当事人陈述等证据证明"，有的判决并未将当事人陈述在不同情形下的证据属性加以区分，甚至将当事人陈述与广义层面的当事人陈述杂糅。在案件卷宗中基本无法查找到关于当事人陈述的证据方法，通过卷宗实际上无法完全区分当事人的主张与当事人对案件事实的陈述，卷宗更多关注的是当事人对于己不利事实的自认，而那些于己有利且不能够证明案件事实的当事人陈述并没有被纳入证据之列，这是司法实践中普遍存在且诸多法官可能尚未意识到的问题。

（三）专家辅助人意见视为当事人陈述

民事诉讼中，当事人申请司法鉴定的情形较为常见，包括对伤残情况、工程造价等申请司法鉴定，对于该类鉴定意见，另一方当事人往往缺乏相应的专业知识进行质证，由此，法律规定了专家辅助人制度。《民事诉讼法》第82条规定，当事人可以申请人民法院通知有专门知识的人出庭，就鉴定人作出的鉴定意见或者专业问题提出意见。《民事诉讼司法解释》第122条第1、2款规定，当事人可以依照《民事诉讼法》第82条的规定，在举证期限届满前申请一至二名具有专门知识的人出庭，代表当事人对鉴定意见进行质证，或者对案件事实所涉及的专业问题提出意见。具有专门知识的人在法庭上就专业问题提出的意见，视为当事人的陈述。上述规定构成了我国专家辅助人制度的法律依据。

专家辅助人是诉讼辅助人，因此，在出席法庭审理时不能被视为证人并在证人席陈述意见，而应与当事人及当事人的诉讼代理人在法庭上的位置保持一致。专家辅助人作为当事人的诉讼辅助人，其在法庭上的活动视为当事人的活动，故其对专门性问题进行的陈述视为当事人的陈述。作为鉴定人制度补充的专家辅助人制度为当事人提供了鉴定人制度之外的充足的证据手段，从而对鉴定人的行为和作用形成有效的制约，防止鉴定人过度介入诉讼而成为实际的事实审理者，有利于法官综合各方面的因素对诉讼中的专业问题作出更客观的判断。这种制度，既是对民事审判实践经验的总结，也是对法治发达国家制度和规则批判继受的成果，体现了立法机关对源于审判实践的智慧和创新精神的认可和尊重。[1]

典型案例 67

阿克苏文化旅游发展集团有限公司与高某房屋租赁合同纠纷案[2]

案情简介

再审申请人阿克苏文化旅游发展集团有限公司因与高某房屋租赁合同纠纷一案，不服新疆维吾尔自治区阿克苏地区中级人民法院作出的（2022）新29民终1422号民事判决，申请再审。再审审查期间，申请人提供石河子市恒信价格评估事务所的评估价格师徐某权发表的意见，拟证明案涉价格鉴定报告中高某的营业损失包括固定费用及房屋租赁费、物业费、暖气费。高某发表质证意见，徐某权并非案涉价格鉴定报告的作出人员，故不认可徐某权发表的意见。

裁判要旨

《民事诉讼司法解释》第122条第1、2款规定，当事人可以依照《民事诉讼法》第82条的规定，在举证期限届满前申请一至二名具有专门知识的人出庭，代表当事人对鉴定意见进行质证，或者对案件事实所涉及的专业问题提出意见。具有专门知识的人在法庭上就专业问题提出的意见，

---

[1] 参见最高人民法院民法典贯彻实施工作领导小组办公室编著：《最高人民法院新民事诉讼法司法解释理解与适用》，人民法院出版社2022年版，第324页。
[2] 参见新疆维吾尔自治区高级人民法院（2023）新民申1548号民事裁定书。

视为当事人的陈述。因此，徐某权的陈述意见的性质为当事人陈述。案涉价格鉴定报告载明的营业损失的计算公式为：营业损失＝总收入－变动费用（含人工工资），案涉价格鉴定报告并未显示该营业损失包括固定费用。故在无证据佐证徐某权的意见且经询问，申请人对案涉价格鉴定报告本身无异议，仅认为原审法院对该报告理解有误的情况下，对徐某权的陈述意见不予采信。

第五讲　书　　证

在民事诉讼中，书证是指以文字、符号、图画等表达的思想或者记载的内容来证明有关案件事实的书面文件或其他物品。书证的范围十分广泛，书证包括载有文字、符号、数字、图画、印章或其他具有表情达意功能的许多实物材料，如出生证、工作证、身份证、护照、营业执照、户口簿、账册、账单、票据、收据、经济合同、车船票、飞机票、日记、信件等。[①] 书证应当具有书面形式，这是书证在形式上的基本特征，且书证的载体多为纸张，当然也可以为其他物体，如写在墙上的字、刻在木板上的图案等，可以证明待证事实的，属于书证。书证以其记载的内容来证明案件事实，这是书证在内容上的基本特征，也是书证与物证的主要区别。

一份书面材料，既可能是书证，也可能是物证。比如一份书面借条，如果在民间借贷纠纷中用以证明双方之间的借款事实，则为书证，如果与其他财物一起被他人盗窃，则为物证。当事人陈述、证人证言和鉴定意见可以是书面形式，其内容也可以证明案件事实，但是其不属于书证的范畴。在有些案件中，上述书面证言或陈述与书证有很多相似之处，司法人

[①] 参见陈光中主编：《证据法学》（第5版），法律出版社2023年版，第129页。

员、执法人员根据具体书面材料的制作情况来判断该书面材料是否属于书证。[1] 书证是司法实践中最常见且最重要的证据类型，甚至成为具有决定性意义的证明手段。

> **裁判规则**
>
> 具体案件中某一证据属于书证还是物证，需要根据其欲以证明的内容判断，以其外部特征、物质属性等证明案件事实的为物证，以其思想内容证明案件事实的为书证。

典型案例68

安徽某甲（集团）有限公司与某乙公司
国际货物买卖合同纠纷案[2]

案情简介

安徽某甲（集团）有限公司（以下简称某甲公司）与某乙公司签订一份购销合同，主要约定：某乙公司向某甲公司供应9台42钛白粉汽粉机及相关设备。某甲公司按照购销合同约定在某乙公司指派的技术人员的指导下对汽粉机中的3台进行试运行。某甲公司在试运行过程中发现汽粉机存在进料反喷等异常情况，产品的产量和质量均无法达到双方约定的标准。随后，某甲公司开始在厂家工程师的指导下，安装两台新汽粉机。该两台新汽粉机在第一次进料过程中，出现进料管套筒滑落等问题。

此后，双方就案涉汽粉机无法正常运行的原因及解决方法通过多封电子邮件进行了沟通，但沟通未果。某丙公司受某甲公司委托出具汽粉机质

---
[1] 参见何家弘、刘品新：《证据法学》（第7版），法律出版社2022年版，第172页。
[2] 人民法院案例库入库编号：2024-10-2-084-002。

量分析报告，某丙公司的意见为：涉事汽粉机因存在所用材质不合适、安装不匹配等诸多质量缺陷且未合理设置添加分散剂进口而不能满足委托方现有钛白粉加工生产工艺的要求，从而在现有条件下无法正常使用于钛白粉的加工生产。某丙公司系广东省高级人民法院印发的《广东法院2018年度司法委托专业机构增补名册》中的有权进行产品质量鉴定的专业机构。

裁判要旨

一方当事人就专门性问题单方自行委托有关机构或者个人出具的书面意见，仅是一份书面证据材料，并非《民事诉讼法》规定的鉴定意见，应对其采用私文书证的审查认定规则，并结合案件查明的事实和其他证据进行审核判断。对方当事人既未举示足以反驳该意见内容和结论的证据，也未提交证据证明存在鉴定机构或鉴定人员不具备相关鉴定资质、鉴定程序严重违法、鉴定意见明显依据不足等情形，因此，该书面意见可以作为认定案件事实的依据。

一、书证应当提供原件

书证作为民事诉讼中最常见、最具证明力或者说对案件事实的认定最具关键性的证据，在日常司法实践中，应当提供原件已成为共识，重点应当围绕着证据"三性"进行综合审查，审查主要关注以下几个方面。

（一）审查书证是否为原件

原件是指文书制作人作出的最初定稿、签字的原本或者加盖印章、与原本有同一效力的正本，属于记载内容的最初文本载体，最原始、最真实、最客观。对此，《民事诉讼法》第73条第1款第1句规定，书证应当提交原件。证据与案件事实的关系越直接、越接近时，其可靠度就越高，证明力就越强。相反，当证据与案件事实被复制、复印、传抄等中间环节阻隔时，其间所发生的失误、偏差、信息损耗、变形，甚至有意变造、篡改等，就会使证据失真，不能如实反映案件事实原貌。因此，原件（物）作为原始证据，与作为传来证据的复印件或复制件相比，更接近案件事实，可靠性和证明力更大，因此，要求当事人提交原件或原物，更有利于证明案件事实。[1] 在当前民事诉讼实践中，当事人或者法官要求提交原件，既为法律规定，又为司法惯例。

> **裁判规则**
>
> 原件规则是书证最重要的规则，民事诉讼中，当事人如果欲以书证证明其事实主张，原则上应当提供书证原件。

典型案例 69

安顺开发区某某餐饮店与唐某江劳动争议纠纷案[2]

案情简介

再审申请人安顺开发区某某餐饮店因与被申请人唐某江劳动争议一案，不服贵州省安顺市中级人民法院作出的（2024）黔04民终200号民事判决，申请再审称，申请人未能提交与被申请人签订的劳务雇佣合同书原件系由原件被盗而丢失的客观原因造成的，并非故意的。申请人提交的报案回执能够证明，申请人在发现合同不见的第一时间就进行了报警处理，但因监控录像被删除，警方无法进行核实而未进行立案。申请人已经竭尽自己所能地收集证据原件，最终无法提供系非因申请人的原因，根据

---

[1] 参见最高人民法院民事审判第一庭编著：《最高人民法院新民事诉讼证据规定理解与适用》，人民法院出版社2020年版，第169页。

[2] 参见贵州省高级人民法院（2024）黔民申4766号民事裁定书。

《民事诉讼法》第73条第1款"书证应当提交原件。物证应当提交原物。提交原件或者原物确有困难的，可以提交复制品、照片、副本、节录本"的规定，申请人提交合同复印件符合法律规定，人民法院应予以核对认定。

裁判要旨

申请人提交了劳务雇佣合同书作为证据，以证实双方签订了书面劳动合同，但因该合同书系复印件，被申请人对此予以否认，申请人未能提供合同书的原件进行核对，声称合同书原件被盗，但是申请人提交的报案回执不能证明有盗窃事实发生和案涉合同书原件被盗，申请人应当承担举证不能的后果。

按照法学理论的最佳证据规则或者从审查证据的真实性角度，原始文字材料的效力要优于复印件的效力，因而原始文字材料是"最佳证据"，书证在取得原件确有困难时才采用复印件。在诉讼中优先采纳书证原件，绝不意味着在任何情况下均必须使用书证原件，在特定情形下，复制件可被准入。当事人或专门机关提供书证原件时，可能存在客观不能的情形，此时，若一味要求可能会影响诉讼的经济、效率和公正价值。在确立书证原件优先规则的同时，也应在特定条件下允许非原件的运用。因此，《民事诉讼证据规定》第11条重申当事人向人民法院提供证据，应当提供原件或者原物，并同时规定，如需自己保存证据原件、原物或者提供原件、原物确有困难的，可以提供经人民法院核对无异的复制件或者复制品。

典型案例 70

盛京银行股份有限公司北京分行与上海中油天宝钢管有限公司、沈阳东油（集团）股份有限公司等金融纠纷案[1]

案情简介

盛京银行股份有限公司北京分行（以下简称盛京银行）不服上海市高级人民法院作出的执行裁定，申诉称，其除提供了债权转让协议的复印件，还将原件带到上海市高级人民法院，但上海市高级人民法院要求将协议原件留存，其提出反对，并申请核实原件内容，但上海市高级人民法院不予核实，最终其未将原件留存于上海市高级人民法院。盛京银行认为，其已提供原件供上海市高级人民法院核实，但该院不予核实，并以其未提供原件为由不受理其执行申请，无法律和事实依据。

裁判要旨

《民事诉讼证据规定》第 11 条规定，当事人向人民法院提供证据，应当提供原件或者原物。如需自己保存证据原件、原物或者提供原件、原物确有困难的，可以提供经人民法院核对无异的复制件或者复制品。因此，在特殊情形下，应当允许当事人提供经人民法院核对无异的复制件或复制品作为证据使用。该案中，盛京银行提供了债权转让协议复印件，并提出了不能提供原件的合理理由，人民法院在可以通过核对原件、发函或者当面询问（制作笔录）等方式核实生效法律文书确定的债权人是否认

---

[1] 参见最高人民法院（2020）最高法执复 91 号执行裁定书。

可第三人取得债权的情况下,仅以盛京银行未能提交原件为由,裁定驳回其执行申请欠妥。

(二) 审查书证来源的真实性

书证,尤其是由相关单位或者个人出具的书证,要审核其出处和来源,即使该书证上有签名或者盖章,即使对方当事人认可,亦应当进行核实,谨防因恶意串通而出现虚假诉讼。比如对于银行流水,当事人实无造假之必要,一般情况下,对方当事人无异议的,可以认定其真实性,但对于打印的"借条"或者其他书面"协议",有的当事人主张其系另一方当事人千方百计地获取"签章"后添加的内容,对此,要进一步核实。当然,如果当事人质疑"签章"真实性,还可能由此启动司法鉴定程序。

根据书证是否依据公共职权制作,可以将书证分为公文书证和私文书证,该分类是最为重要的。公文书证是国家机关或者其他具有社会公共管理职能的组织,在其职权范围内制作的文书,比如房产证、结婚证,当然包括法院的裁判文书。对于公文书证,司法解释赋予其较强的证明力,《民事诉讼司法解释》第114条规定,国家机关或者其他依法具有社会管理职能的组织,在其职权范围内制作的文书所记载的事项推定为真实,但有相反证据足以推翻的除外。必要时,人民法院可以要求制作文书的机关或者组织对文书的真实性予以说明。同时,《民事诉讼证据规定》第91条规定,公文书证的制作者根据文书原件制作的载有部分或者全部内容的副本,与正本具有相同的证明力。在国家机关存档的文件,其复制件、副本、节录本经档案部门或者制作原本的机关证明其内容与原本一致的,该复制件、副本、节录本具有与原本相同的证明力。该类情形,在日常生活中还是较为普遍的,司法实践中对于该类情形是予以认可的。

典型案例 71

某水产公司与某船舶公司海上养殖损害责任纠纷案[①]

案情简介

某水产公司持有海域使用权证书与养殖证。2020年10月3日，某船舶公司的船舶进入某水产公司经营的养殖海域造成养殖区内鲍鱼、牡蛎及扇贝等养殖物受损。海事部门现场勘验，出具《水上交通事故现场勘验记录》。法院依某船舶公司申请向交通运输部北海航海保障中心发函调取了案外船舶 AIS 数据及轨迹。某水产公司与某船舶公司分别委托评估公司进行损失评估，两家评估公司均进行了现场勘查，评估报告中记载了受损情况，认定了损失数额，但两份报告的数据与结论有相同之处，亦有不同之处。双方当事人对对方的报告不予认可，但均未提供否定报告效力的充足理由与证据。两份评估报告的评估程序均合法。

裁判要旨

关于某水产公司的损失认定，事故发生后，海事部门经现场勘验作出的调查报告系由国家行政主管机关依职权作出的公文书证，具有较高的证明效力，其中记载的养殖区受损情况可以作为损失认定依据。

私文书证主要有两种：一是非国家机关或者其他不具有社会公共管理职能的组织制作的书证；二是国家机关或者其他具有社会公共管理职能的组织未行使职权而制作的文书。《民事诉讼证据规定》第92条规定，私文书证的真实性，由主张以私文书证证明案件事实的当事人承担举证责

[①] 人民法院案例库入库编号：2023-10-2-198-002。

任。私文书证由制作者或者其代理人签名、盖章或捺印的，推定为真实。私文书证上有删除、涂改、增添或者其他形式瑕疵的，人民法院应当综合案件的具体情况判断其证明力。该规定贯彻了民事诉讼"谁主张，谁举证"原则。有的当事人会主张书证上的签名、盖章、捺印并非本人真实意思表示，提出抗辩。此时，需要注意的是，该当事人对于签名、印章的真实性并无异议，应对"非真实意思表示"承担举证责任，另一方当事人无须进一步举证。

> **裁判规则**
>
> 对瑕疵书证的证明力进行判定，需要依据具体案件进行慎重分析，不得对证据一概予以否认，也不能单凭主观断然认定瑕疵书证证明力不足。

对于形式上有瑕疵的私文书证，应当审查其删除、涂改之背景或者原因，或者有无就改动本身的签字、捺印确认的情况，对书证的收集程序、方式进行审查，看其是否符合法律及有关规定。

典型案例 72

马某甲、马某乙与李某民间借贷纠纷案[①]

案情简介

再审申请人马某甲、马某乙因与再审申请人李某民间借贷纠纷一案，不服新疆生产建设兵团第二师中级人民法院作出的（2022）兵02民终177号民事判决，申请再审，其中李某称，一审、二审法院均程序违法，

[①] 参见新疆维吾尔自治区高级人民法院生产建设兵团分院（2023）兵民申708号民事裁定书。

在诉讼中未按照《民事诉讼证据规定》的规定，依职权向李某释明可申请对承诺保证书上的签名和借条上手写注明的内容进行鉴定，从而导致判决结果对李某不公。根据《民事诉讼证据规定》的规定，应由马某甲对承诺保证书的真实性承担举证证明责任。

裁判要旨

马某甲作为债权人请求判令李某个人偿还借款，向人民法院提交了由李某签名、捺印的借条，李某对签名、捺印未提出异议，仅针对借条左下角手写的内容不予认可。《民事诉讼司法解释》第90条规定："当事人对自己提出的诉讼请求所依据的事实或者反驳对方诉讼请求所依据的事实，应当提供证据加以证明，但法律另有规定的除外。在作出判决前，当事人未能提供证据或者证据不足以证明其事实主张的，由负有举证证明责任的当事人承担不利的后果。"马某甲作为债权人，在该案中已完成了初步证明责任。一审第三次开庭期间，在马某甲当庭提出鉴定申请后，李某的委托诉讼代理人明确表示不同意做鉴定，且提出该问题不是焦点问题，不能因一句话就判定李某承担责任的代理意见。一审、二审法院经全面、客观地审核双方提交的其他证据，运用逻辑推理、日常生活经验对借条上的内容进行判断后，未启动鉴定程序，并将该笔借款认定为李某个人借款并无不当。

尽管单位出具的证明材料的性质类似于证人证言的性质，但单位出具的证明材料以内容为证，应属于书证。无论制作主体是否具有社会管理职能，这种书证均与公文书证无关，其在类别上属于私文书证应无异议。[1]根据《民事诉讼司法解释》第115条之规定，单位向人民法院提出的证明材料，应当由单位负责人及制作证明材料的人员签名或者盖章，并加盖单位印章。人民法院就单位出具的证明材料，可以向单位及制作证明材料

---

[1] 参见宋春雨：《民事证据规则适用通解》，人民法院出版社2024年版，第553页。

的人员进行调查核实。必要时，可以要求制作证明材料的人员出庭作证。单位及制作证明材料的人员拒绝人民法院调查核实，或者制作证明材料的人员无正当理由拒绝出庭作证的，该证明材料不得作为认定案件事实的根据。

> **法官提示**
>
> 有的案件中甚至还出现了先签章后填写内容的情况，对该类证据要慎重，不宜一概采信，亦不可一概不予采信，不可简单地以"谁主张，谁举证"原则驳回一方当事人的质疑，对此，应当综合全案证据，予以综合判断。

典型案例 73

东方市新龙镇龙卧村村民委员会第九村民小组与陈某崇土地承包经营权合同纠纷案[①]

案情简介

再审申请人东方市新龙镇龙卧村村民委员会第九村民小组（以下简称龙卧村九组）因与被申请人陈某崇土地承包经营权合同纠纷一案，不服海南省第二中级人民法院作出的（2023）琼97民终1419号民事判决，申请再审称，一审、二审判决用以认定事实的主要证据是伪造的，应当裁定再审。龙卧村九组和陈某崇分别提供了承包土地合同书，陈某崇还多提供了几份收据，除此之外，该案并无其他任何证据。二审法院凭着陈某崇提供的有限证据认为其提供的承包土地合同书有效，龙卧村九组提供的承包土

[①] 参见海南省高级人民法院（2024）琼民申82号民事裁定书。

地合同书无效。但事实上，二审判决用以认定事实的主要证据均系伪造。

裁判要旨

该案的主要争议焦点是陈某崇与龙卧村九组签订的承包土地合同书是否真实有效。陈某崇提交了承包土地合同书，并提交了缴交土地承包费的多份收据，二审判决认为陈某崇所举证据已达到高度盖然性的标准，可证明陈某崇与龙卧村九组就案涉地存在土地承包合同关系，并无不当。龙卧村九组主张陈某崇提交的证据系伪造的，并提交了龙卧村委会的证明及林某丰、秦某山、秦某藏、秦某荣、秦某胜、苏某胜六人的证明。根据《民事诉讼司法解释》第115条第1款的规定："单位向人民法院提出的证明材料，应当由单位负责人及制作证明材料的人员签名或者盖章，并加盖单位印章。人民法院就单位出具的证明材料，可以向单位及制作证明材料的人员进行调查核实。必要时，可以要求制作证明材料的人员出庭作证。"龙卧村委会出具的证明无单位负责人及制作证明材料人员的签名或盖章，形式要件缺失，且不属于再审审查阶段的新证据，故对该证据不予采信。林某丰、秦某山、秦某藏、秦某荣、秦某胜、苏某胜六人出具的证明，实质上属于证人证言，没有其他证据进行佐证，且不属于新证据，故龙卧村九组提交的证据不足以证明龙卧村九组关于陈某崇提交的证据系伪造的主张。

二、书证提出命令

民事诉讼中"谁主张，谁举证"，当事人未能举证的，将承担不利法律后果。但并非所有的证据均能为负有举证责任的当事人掌控，部分证据可能被对方当事人或者其他案件人掌控。此时，如果证据掌控者不提供证据，将严重影响对方当事人的举证和法院对案件事实的查明。在现实生活中，证据尤其是书证往往存在"证据偏在"的现象，从而使承担举证责任的一方当事人的权利难以得到有效救济。由此，设立"书证提出命令"制度以解决该问题，这增加了当事人进行证据收集的途径，扩充了当事人的证据收集手段，增强了当事人的举证能力，有利于缓解司法实践中存在的取证困难问题，有利于帮助法院减轻依职权调查取证的负担，帮助法院发现案件真实，明确争议焦点，提高诉讼效率，节约司法资源。需要注意的是，《民事诉讼法》并未规定该项制度，该项制度主要规定于司法解释。

（一）"书证提出命令"需依当事人申请

《民事诉讼司法解释》第 112 条第 1 款规定，书证在对方当事人控制之下的，承担举证证明责任的当事人可以在举证期限届满前书面申请人民法院责令对方当事人提交。因此，对待证事实负有举证责任的当事人为申请人，控制书证的一方当事人为被申请人。作为被申请人的当事人的范围应当从广义的角度进行理解，即作为被申请人的当事人包括参与诉讼的原告、被告、第三人等，但特别需要注意的是，不包括诉讼外第三人。对此，司法解释起草者认为，由于我国的"书证提出命令"制度是由司法解释所创设的，而司法解释囿于其局限性不能为诉讼外第三人设定诉讼法上的义务，书证提出义务的主体只能限于控制书证的对方当事人。[①]

典型案例 74

贵州某某汽车贸易有限公司与贵州某某工贸有限公司等买卖合同纠纷案[②]

案情简介

再审申请人贵州某某汽车贸易有限公司因与被申请人贵州某某工贸有

---

① 参见最高人民法院民事审判第一庭编著：《最高人民法院新民事诉讼证据规定理解与适用》，人民法院出版社 2020 年版，第 436 页。
② 参见贵州省高级人民法院（2023）黔民申 8701 号民事裁定书。

限公司及一审第三人田某军、龚某莹买卖合同纠纷一案，不服贵州省贵阳市中级人民法院作出的（2022）黔01民终11620号民事判决，申请再审称，（1）二审判决认定被申请人所拖欠的购车款477605元已与买断服务说明中约定的服务费48万元进行了抵扣的案件事实所依据的证据是伪造的，该证据没有原件。相反，上诉人在二审程序中依法提供的相关原件没有被二审法院采信。二审法院依据伪造的证据认定的案件事实，导致申请人的诉请被驳回。（2）被申请人违约还款的银行流水是申请人的诉请是否获得支持的关键证据，但该证据由被申请人控制，对申请人不利，申请人请求两级法院责令被申请人提交，但一审、二审法院均不予理会，也不依职权和依申请调取该证据，这导致被申请人的诉请被违法不当支持。

裁判要旨

首先，二审中申请人并未根据《民事诉讼司法解释》第94条第2款"当事人及其诉讼代理人因客观原因不能自行收集的证据，可以在举证期限届满前书面申请人民法院调查收集"、第112条第1款"书证在对方当事人控制之下的，承担举证证明责任的当事人可以在举证期限届满前书面申请人民法院责令对方当事人提交"的规定，调取被申请人的还款记录向法院提交书面申请。其次，该证据也不属于《民事诉讼司法解释》第96条规定的法院可依职权调取的证据，二审法院未予调取并不违反法律规定，故该项申请再审事由不能成立。

关于"书证提出命令"的条件，《民事诉讼证据规定》第45条第1款规定了"申请书"应当载明的内容，该内容主要包括以下几个方面。

1. 当事人申请对方当事人提交的书证的名称或者内容

当事人对其申请的书证对象的描述必须是具体的，该描述的指向性应当是明确的、特定的，而非泛泛而谈。当然，此时不应当苛求当事人对该书证的名称或者内容的描述必须准确无误，可以指向特定对象即可。

2. 需要以该书证证明的事实及事实的重要性

当事人申请"提出书证"的，应当说明该书证可以证明的案件事实，以及该待证事实对于查明案件事实或者法院作出正确裁判具有重要性或者重要影响。

3. 对方当事人控制该书证的根据

正因为书证为对方所控制，且对待证事实具有重要影响，当事人才会提出申请，此时根据司法解释的规定，当事人尚需提供证据证明该书证客观存在且为对方控制。《民事诉讼证据规定》第45条第2款规定，对方当事人否认控制书证的，人民法院应当根据法律规定、习惯等因素，结合案件的事实、证据，对于书证是否在对方当事人控制之下的事实作出综合判断。

4. 应当提交该书证的理由

当事人应当说明对方当事人提供书证的法定理由或者原因，该法定理由的来源可以是实体法，也可以是诉讼法。

关于对当事人申请的审查，可以从以下几个方面进行。

1. 审查方式

《民事诉讼证据规定》第46条第1款规定，人民法院对当事人提交书证的申请进行审查时，应当听取对方当事人的意见，必要时可以要求双方当事人提供证据、进行辩论。法院在作出裁定前，应当充分听取双方当事人的意见，尤其是被申请人的意见，有的被申请人会主张其并未控制相关书证，或者主张其不负有举证义务，由此，对于被申请人的抗辩权应当予以保障。

2. 审查内容

需审查的内容包括当事人申请提交的书证是否明确，书证对于待证事实的证明是否具有必要性，待证事实对于裁判结果是否具有实质性影响，书证是否处于对方当事人控制之下。根据《民事诉讼证据规定》第46条第2款的规定，当事人申请提交的书证不明确、书证对于待证事实的证明无必要、待证事实对于裁判结果无实质性影响、书证未在对方当事人控制之下或者不符合《民事诉讼证据规定》第47条情形的，人民法院不予准许。

3. 审查后的处理

《民事诉讼司法解释》第112条第2款中规定，申请理由成立的，人民法院应当责令对方当事人提交，因提交书证所产生的费用，由申请人负担。但该条款未明确法院采用何种形式要求被申请人提供书证。《民事诉讼证据规定》第46条第3款对此作了完善补充，当事人申请理由成立的，人民法院应当作出裁定，责令对方当事人提交书证；理由不成立的，通知申请人。同时根据司法解释之规定，对方当事人无正当理由拒不提交的，人民法院可以认定申请人所主张的书证内容为真实。

典型案例 75

中国信达资产管理股份有限公司山东省分公司与山东兴鲁有色金属集团有限公司等与公司有关的纠纷案[①]

案情简介

再审申请人中国信达资产管理股份有限公司山东省分公司（以下简称信达山东公司）因与被申请人山东兴鲁有色金属集团有限公司（以下简称兴鲁集团公司）等与公司有关的纠纷一案，不服山东省高级人民法院作出的（2021）鲁民终371号民事判决，申请再审，并提交书证提出命令申请书、调查取证申请书，主张其因客观因素无法调取证明案件基本事实的证据，申请责令被申请人提交相应会计账簿、记账原始凭证等财务会

---

① 参见最高人民法院（2021）最高法民申6603号民事裁定书。

计资料，向东营农村商业银行股份有限公司东城支行、中国建设银行股份有限公司东营东城支行、中国农业银行股份有限公司东营东城支行、中国工商银行股份有限公司东营东城支行等调取亨圆铜业公司、兴鲁集团公司、兴鲁防腐公司、泛亚公司等的有关银行账户交易明细，以证明各公司之间存在财产混同。

裁判要旨

在原审已对相关基本事实予以认定，而信达山东公司未能提供足够证据证明原审判决存在其主张的法定再审事由的情况下，信达山东公司申请最高人民法院调查取证、责令相关主体提交书证以证明其法定再审事由成立的主张，缺乏法律与事实根据。

（二）"书证提出命令"的客体范围

如前文所述，一般情形下，民事诉讼举证应当遵循"谁主张，谁举证"原则，当事人主张于己有利的事实时，负有举证责任，对于于己不利的证据没有提交的义务。但是在"书证提出命令"制度下，当事人亦负有一定的书证提出法定义务。根据《民事诉讼证据规定》第47条第1款的规定，下列情形，控制书证的当事人应当提交书证：

1. 控制书证的当事人在诉讼中曾经引用过的书证

控制书证的当事人在诉讼中引用过该书证，意味着其愿意将该书证公开，且其引用该书证本身意味着其有利用、公开该书证的积极意愿，因此，负有举证责任的当事人有权要求控制人提交该书证。即使书证控制人在引用该书证后撤销或者放弃引用，其书证提出义务也不能免除。[①]

[①] 参见宋春雨：《民事证据规则适用通解》，人民法院出版社2024年版，第529页。

> **法官提示**
>
> "诉讼中"指的是本案中,不包括在其他案件中的引用;"引用"不仅是指将书证作为证据提供,也包括控制书证的当事人在阐述其主张时的引用。

2. 为对方当事人的利益制作的书证

"对方当事人"是指负有举证责任的当事人。该书证可以同时包含承担举证责任一方当事人与他人共同的利益,即只要该书证中含有承担举证责任一方当事人的利益即可。该书证若能证明承担举证责任一方当事人的法律地位或权利,或本身就是为证明上述内容提供基础,则属于为他人利益制作的书证。此外,还可以结合书证的制作目的、动机等进行综合判断。例如,在劳动争议纠纷中,工资发放记录(工资单)、考勤表等书证能为证明劳动者的法律地位提供基础,为计算劳动者的工资金额提供保障,对于劳动者(申请人)而言,就属于利益书证。

3. 对方当事人依照法律规定有权查阅、获取的书证

该书证主要基于实体法律的规定,或者根据实体权利的要求而产生。比如,《公司法》第57条第1、2款规定,股东有权查阅、复制公司章程、股东名册、股东会会议记录、董事会会议决议、监事会会议决议和财务会计报告。股东可以要求查阅公司会计账簿、会计凭证。股东要求查阅公司会计账簿、会计凭证的,应当向公司提出书面请求,说明目的。公司有合理根据认为股东查阅会计账簿、会计凭证有不正当目的,可能损害公司合法利益的,可以拒绝提供查阅,并应当自股东提出书面请求之日起15日内书面答复股东并说明理由。公司拒绝提供查阅的,股东可以向人民法院提起诉讼。又如《民法典》第1225条第2款关于患者查阅、复制病历资料权利的规定。

4. 账簿、记账原始凭证

账簿及记账的原始凭证体现了真实的交易情况,能够发挥较好的证明

作用。

5. 人民法院认为应当提交书证的其他情形

此项规定即为兜底性条款，在案件审理时，法院根据案件的具体情况进行考量，即法官可以行使自由裁量权，并根据自由心证对书证作出判断。

> **法官提示**
>
> 以上所列书证，涉及国家秘密、商业秘密、当事人或第三人的隐私，或者存在法律规定应当保密的情形的，提交后不得公开质证。

（三）不遵守"书证提出命令"的后果

一般而言，在待证事实处于真伪不明状态时，法官依据证明责任规范的指引，判决由对待证事实承担证明责任的当事人承担相应的不利后果。但是，如果待证事实真伪不明的原因，并不是负有举证责任的当事人未尽到努力收集、提供证据的义务，而是不负有举证责任的当事人实施了妨害对方当事人举证的行为，使负有举证责任的当事人陷入无证据提供等证据缺失的境地，此时如果适用证明责任规则而作出对负有举证责任的当事人不利的判决，对负有举证责任的当事人而言，有失公平。[1]

对于违反"书证提出命令"的，存在以下两种法律后果：

一是公法上的制裁。《民事诉讼司法解释》第113条规定，持有书证的当事人以妨碍对方当事人使用为目的，毁灭有关书证或者实施其他致使书证不能使用行为的，人民法院可以依照《民事诉讼法》第114条规定，对其处以罚款、拘留。当事人不遵守法院作出的书证提出命令，妨害了诉讼秩序的正常进行，予以罚款或者拘留，实属必要，同时也能够敦促当事人正确履行法定义务。

---

[1] 参见潘金贵主编：《证据法学》，法律出版社2022年版，第301页。

二是证据法上的不利后果。《民事诉讼司法解释》第 112 条第 2 款中规定，对方当事人无正当理由拒不提交的，人民法院可以认定申请人所主张的书证内容为真实。《民事诉讼证据规定》第 48 条第 1 款规定，控制书证的当事人无正当理由拒不提交书证的，人民法院可以认定对方当事人所主张的书证内容为真实。以上两个条文规定了一般情形下，控制书证的当事人不遵守法院作出的书证提出命令的，法院可以认定书证提出命令的申请人所主张的书证内容为真。同时，《民事诉讼证据规定》第 48 条第 2 款进一步规定，控制书证的当事人存在《民事诉讼司法解释》第 113 条规定情形的，人民法院可以认定对方当事人主张以该书证证明的事实为真实。

> **裁判规则**
>
> 当事人毁灭有关书证或者实施其他致使书证不能使用行为的，除罚款、拘留外，法院可以认定书证提出命令的申请人所主张的书证内容为真。

典型案例 76

四川凌众建设工程有限公司喀什分公司与托克逊县明祥混凝土有限公司买卖合同纠纷案[①]

案情简介

再审申请人四川凌众建设工程有限公司喀什分公司（以下简称凌众公司喀什分公司）因与被申请人托克逊县明祥混凝土有限公司（以下简

[①] 参见新疆维吾尔自治区高级人民法院（2023）新民申 1348 号民事裁定书。

称明祥公司）买卖合同纠纷一案，不服新疆维吾尔自治区吐鲁番市中级人民法院作出的（2022）新21民终268号民事判决，申请再审称，（1）原审法院认定的事实缺乏证据支撑。明祥公司提交的结算单系复印件，该结算单没有凌众公司喀什分公司的盖章确认，亦无证据证明结算单签字人员系凌众公司喀什分公司员工，且结算单未按照合同约定的四种标号进行分类汇总，在没有其他证据与该结算单相互印证的情况下，原审法院采纳该结算单作为定案依据不当。（2）原审法院举证责任分配错误。根据举证责任分配原则，明祥公司未提供证据证明其将交货凭据交给凌众公司喀什分公司，双方也未进行对账，无法确定双方争议的标的额，明祥公司对其主张，应当提供证据证明，原审法院要求凌众公司喀什分公司提交相关单据属举证责任倒置。

裁判要旨

凌众公司喀什分公司认可明祥公司向其供应混凝土，但抗辩明祥公司未提供发票，双方未结算。按照常理，凌众公司喀什分公司作为收货方应当留存供货凭证，在原审法院责令其提交相关材料进行对账结算时，其在两级法院均无正当理由不提交相应供货单据，拒绝对账。虽明祥公司提交的结算单为复印件，但明祥公司提供了证人证言相印证，凌众公司喀什分公司不认可该结算单，却拒绝提供供货单进行对账结算，根据上述法律规定，原审法院据此采纳明祥公司提交的结算单认定案涉未支付货款并无不当。

三、复印件的效力

民事诉讼中，有的当事人出于各种目的要求自己保存书证原件而向法院提供复制件，有的审判人员担心承担原件丢失的风险而不愿意收取原件，因此，书证原件由当事人自己保管的情况较为普遍。民事诉讼中，书证原件对案件事实的证明效果无疑是最佳的，《民事诉讼证据规定》第87

条第1项规定，审判人员对单一证据可以从下列方面进行审核认定：证据是否为原件、原物，复制件、复制品与原件、原物是否相符。因此，书证是否为原件，实际上成为法官审核证据真实性的第一步。

（一）当事人可以提供复印件

根据《民事诉讼证据规定》第61条的规定，对书证、物证、视听资料进行质证时，当事人应当出示证据的原件或者原物。但有下列情形之一的除外：（1）出示原件或者原物确有困难并经人民法院准许出示复制件或者复制品的；（2）原件或者原物已不存在，但有证据证明复制件、复制品与原件或者原物一致的。

司法实践中，由于书证原件遗失、为他人控制等诸多客观因素，无法出示原件的情况时有发生，所以，司法解释允许特殊情况下提供复印件。复印件并不当然不具有证据资格，法院应当根据案件具体情况评判其证明力大小。

《民事诉讼证据规定》第11条规定，当事人向人民法院提供证据，应当提供原件或者原物。如需自己保存证据原件、原物或者提供原件、原物确有困难的，可以提供经人民法院核对无异的复制件或者复制品。根据司法解释的规定，允许当事人提供复印件的情形主要有两种：

一是当事人自己需要保存证据原件。有的书证对于当事人而言，具有唯一性，如出生证明、户口簿、房产证等。

二是当事人提供原件确有困难。所谓"确有困难"，根据《民事诉讼司法解释》第111条第1款的规定，包括下列五种情形：

1. 书证原件遗失、灭失或者毁损的

此时书证原件客观上、物理上不复存在，应当允许当事人提供复制件。

2. 原件在对方当事人控制之下，经合法通知提交而拒不提交的

此时应当允许当事人提交复制件。

3. 原件在他人控制之下，而其有权不提交的

他人系指案外人，书证处于案外人合法控制之下，该案外人有权利不提交。

4. 原件因篇幅或者体积过大而不便提交的

书证载体并非仅纸张，有的书证的内容记载于大型石材、大型器械等，而这些大型石材、大型器械等不便搬运。

5. 承担举证证明责任的当事人通过申请人民法院调查收集或者其他方式无法获得书证原件的

书证原件不是由负有举证责任的当事人保管，人民法院进行调查收集，依然不能获取，此时，应当允许当事人提供复制件。

> **裁判规则**
>
> 对于以上司法解释规定的五种情形，人民法院应当结合其他证据和案件具体情况，审查判断书证复制品等能否作为认定案件事实的根据。

需要注意的是，司法解释仅规定了五种情形，因此，对于其他情形下当事人提交的复制件，一般认为不具有证据能力。

典型案例 77

李某与新疆某某房地产开发有限公司买卖合同纠纷案[①]

案情简介

再审申请人李某因与被申请人新疆某某房地产开发有限公司（以下简称某某房地产公司）买卖合同纠纷一案，不服新疆维吾尔自治区巴音

[①] 参见新疆维吾尔自治区高级人民法院（2024）新民申312号民事裁定书。

郭楞蒙古自治州中级人民法院作出的（2023）新28民终1117号民事判决，申请再审称，虽然其提供的协议书、收据、房屋过户授权委托书系复印件，但因某某房地产公司向其出具涉案房屋交款收据的同时，将涉案收据及房屋过户授权委托书当场收回。涉案协议书中涉及的抵账金额7500000元、涉案商铺价值1339800元，仅是其中一小部分，唐某不可能将协议书原件交给其本人，且该协议书经过法院调解，其在一审庭审中要求调查核实，但一审、二审法院均对此事实未予以查明。因此，并非其自身原因导致提交的上述三份证书为复印件。

裁判要旨

《民事诉讼证据规定》第11条规定："当事人向人民法院提供证据，应当提供原件或者原物。如需自己保存证据原件、原物或者提供原件、原物确有困难的，可以提供经人民法院核对无异的复制件或者复制品。"根据上述法律规定，当事人向人民法院提供证据时，应当提供原件或者原物，证据必须查证属实，才能作为认定事实的根据。李某提交的协议书、收据、房屋过户委托书均为复印件，其无其他证据佐证的情况下，原审法院对以上证据的真实性不予采信并无不当。

（二）复印件的效力认定

《民事诉讼证据规定》第90条第5项规定，无法与原件、原物核对的复制件、复制品，不能单独作为认定案件事实的根据。虽然当事人在举证可以提供复制件或复制品，但复制件或复制品必须由人民法院与原件进行核对，核对无异的才能与原件等同，无法与原件核对的属于有瑕疵的证据。复制品和复印件在性质上属于传来证据，是从原件、原物等原始证据中派生出来的，原始证据在传来过程中容易失真，故必须将复制件与复制品与原件、原物进行核对。未经核对的复印件、复制品，其真实性和可靠程度不能断定，其证据能力不够完整，故不能单独作为定案依据，必须经过对方当事人承认、认可或其他证据补正。① 因此，复印件不能单独作为有效证据被直接采信或予以认定，但并非不具备相应的证明效力。

复印件只有在符合以下两种情况之一时，才能够作为有效证据予以使用。一是有其他证据来加以印证。在其他证据与复印件相互印证的情况下，复印件才能成为定案的依据；二是对方当事人对复印件的内容不持异议。

> **裁判规则**
>
> 从证据种类上来说，复印件属于派生证据、传来证据，而原件系原始证据，两者之间的区别在于来源形式不同。复印件能够作为证据使用并被法官认可的，必须与原件核对一致，复印件无法与原件核对一致的，在对方当事人提出异议，原告又无法提出其他证据予以佐证的情形下，法官会对复印件的证据效力不予采信，持有复印件的当事人将因举证不力而承担败诉的风险。

典型案例 78

莎车县某五金机电建材店与新疆兵团某交通（集团）有限公司、新疆兵团某交通（集团）有限公司某分公司、周某某买卖合同纠纷案[②]

案情简介

2016年7月3日，新疆兵团某交通（集团）有限公司某分公司（以

[①] 参见最高人民法院民事审判第一庭编著：《最高人民法院新民事诉讼证据规定理解与适用》，人民法院出版社2020年版，第791页。

[②] 人民法院案例库入库编号：2023-16-2-084-002。

下简称某分公司）（甲方）将第三师莎车农场城镇建设保障性住房（公共租赁住房）4-7号楼、9-11号楼、34-37号楼的土建部分分包给周某某（乙方）施工，双方签订《劳务承包协议》。周某某在施工期间从莎车县某五金机电建材店（以下简称某建材店）赊购材料。原告某建材店开具了80810元的材料费发票。2017年5月2日，周某某向某建材店出具证明，载明：某建材店截至2017年5月2日剩余材料款135629元。现该证明原件已丢失。2017年12月6日，周某某雇用的材料员李某某向某建材店出具证明，载明：某建材店截至2017年9月22日材料费共计32254元。原告某建材店诉称：被告某分公司自2016年起从原告处购买五金、建材，其间被告支付了部分货款，尚欠167883元未付。此款经原告多次催要未果，故原告诉至法院。

裁判要旨

根据《民事诉讼法》第73条的规定，书证应当提交原件。在原件缺失的情况下，复印件作为证据的条件为：一是应当由其他材料来加以印证；二是对方当事人对复印件的内容表示承认。复印件只有符合这两个条件中的其中一条，才可以作为有效证据。虽该案的主要证据（证明一份）为复印件，但有其他大量证据与复印件相互印证，能够证实确有原件以及复印件的真实性，并且该案所有证据能够形成完整的证据链，故该案证明虽系复印件，最终能作为证据材料使用。该案确定与某建材店发生买卖合同关系的相对方系周某某，周某某应当向某建材店支付欠款。

原件又称第一手资料，任何书证均有其最初制成的原件，复印件显然是对原件复制而形成的派生物。因此，作为书证，即使是复印件，只要与其他证据结合使用形成证据链，能够用于证明案件事实，就可作为证据。能够证明案件事实是证据的本质特征，而原件或复印件仅仅是证据的不同表现形式。作为书证的复印件和其他证据一样，必须经过查证属实才能作为认定案件事实的根据。反之，未经查证属实的复印件不能作为证据被采信。

实践中，一方当事人提供复印件作为书证时，另一方当事人往往不予质证，并认为有权拒绝质证，笔者认为，对此应予慎重，书证提供者要充分说明原件缺位的原因，必须说明无法提供原件的理由，且该理由应合法合理。对于作为书证的复印件，代理人或者法官首先应查找、提取原件，并将原件与复印件核对是否一致。比如，双方甚至多方签订的房屋买卖合同等，可能存在多份原件，当事人各方均应持有，除原告以外，还可从被告甚至案外第三人处收集、提取原件。无法获取原件的，应知晓原件的下落及无法获取的原因。将书证复印件与其他书证原件、已核实为真实的其他书证复印件、其他人员提供的复印件书证对照，能够相互印证的，可以确认其真实性。

> **法官提示**
>
> 在民事诉讼中，不管是代理人还是法官，对于有特殊意义或者具有唯一性的书证，在法庭庭审中举证、质证完毕以后，或者在案件审理结束以后，建议将书证原件退还给当事人，由当事人自行保管该书证原件，该保管一方面有利于书证本身的保存，另一方面有利于发挥书证在其他领域的作用，当然该举措应不违反卷宗归档的要求。

第六讲　物证和勘验笔录

物证是各类案件中常见的证据，交通事故损害赔偿案件中的肇事车辆、房屋买卖合同纠纷案件中的房屋、杀人案件中的凶器等，都属于诉讼法中的物证。物证，是指以存在形式、外部特征、物质属性证明案件待证事实的物品、痕迹等物质，即物证包括物体和痕迹。物证的存在形式，是指物证所处的位置，所占有的时间、空间范围等。物证的外部特征包括物证的大小、形状、颜色、光泽、数量、新旧程度等。物质属性主要指物证所具有的物理属性、化学成分、质量重量、结构性能等。

典型案例 79

曹某齐故意伤害案[1]

案情简介

被告人曹某齐与被害人曹某杰系父子关系。2024 年 6 月 25 日 18 时

---

[1] 参见河北省遵化市人民法院（2024）冀 0281 刑初 242 号刑事判决书。

许，被害人曹某杰向被告人曹某齐提议分家另过，但二人未能达成一致意见。当日 20 时许，被害人曹某杰因不满被告人曹某齐将家中的电动三轮车及孩子的手机卖掉，与被告人曹某齐发生口角。被告人曹某齐因对被害人曹某杰不满，趁被害人曹某杰不备持菜刀砍被害人曹某杰左颈部一刀。经遵化市某某医院诊断，被害人曹某杰的左侧颈部开放性损伤。经遵化市公安局物证鉴定室法医临床鉴定，被害人曹某杰左侧颈部创口损伤程度属轻伤一级。

裁判要旨

上述事实，经庭审举证、质证的被告人曹某齐的供述与辩解，被害人曹某杰的陈述，证人郝某芳、郝某军、周某芹、张某花等人的证言，物证菜刀一把、扣押决定书、扣押清单、现场勘验检查笔录、检查笔录、现场平面示意图、现场照片、诊断证明书、门诊病历、住院病历、出院证，法医临床鉴定书，报警案件登记表、立案决定书，行政处罚决定书，抓获说明、情况说明，户籍证明信等证据予以证实，足以认定。

上述案例是一起比较典型的故意伤害案件，曹某齐使用的菜刀，在该案中就是典型的物证。

一、对物证特殊性的把握

（一）物证的分类

关于物证的分类，各类教材论述不一，但结合司法实践，最主要的类别如下：

1. 有形物和无形物

根据是否呈现一定形态，可以将物证区分为有形物和无形物。有形物是指具有一定形状的物体，一般以其外部特征如外部形态、规格大小等发挥作用。无形物是指不具有一定形态的物体，如声音、光线等，无形物是随着科技的不断进步逐步纳入物证范畴的。

2. 巨型物证、一般物证和微量物证

根据体积大小，可以将物证区分为巨型物证、一般物证和微量物证。巨型物证是指体积较大，无法提交法庭的物证，如房屋、火车、轮船等。一般物证是指体积适中，可以提交法庭的物证，如衣服、自行车、电视机等。微量物证是指无法以肉眼识别，需要借助科学仪器或者技术手段才能发现的物证，如粉末、纤维等。

3. 有生命物证和无生命物证

根据物体是否具有生命，可以将物证区分为有生命物证和无生命物证。有生命物证是指由活着的人、动物等作为物证，无生命物证是指没有生命的物证，如动物的尸体、植物、汽车等。

4. 固态物证、液态物证和气态物证

根据外观形态，可以将物证区分为固态物证、液态物证和气态物证。固态物证是指在常温下表现为固体的物证，为最常见的物证，如殴打他人的木棍、不当得利中的现金等。液态物证是指在常温下表现为液体的物证，如有质量问题的饮料、伤害他人的硫酸等。气态物证是指在常温下表现为气体的物证，如致人伤亡的煤气、污染环境的汽车尾气等。

对物证进行分类，便于把握不同物证的特点，在收集、固定、提取和应用物证时，可以根据这些不同物证的特点进行。例如，在司法实践中，对物证进行提取、固定和保全，可以根据物证的实际情况，或者直接提取该物证本身，或者采取拍照、录像等方法。对某些体积庞大或者具有挥发性等难以移动或易于消失的物品、痕迹，可以采用制作模型的方式加以提取、固定和保全。在运用证据时，可以提出物证，也可以提出这些照片或模型本身，但原则上能提供原物和痕迹的，不宜用拍摄的照片、复制的模型来替代原物和痕迹。不过，这些照片和模型是在诉讼过程中制作出来的，如果能够正确地反映客观存在的事物，可以起到物证的作用。①

---

① 参见陈光中主编：《证据法学》（第 5 版），法律出版社 2023 年版，第 129 页。

（二）物证的特殊性

任何物质，大到摩天大楼，小到遗传基因，包括可见和不可见的物质，都能够成为物证，物证是我国三大诉讼法都明确规定的证据种类，可见其普遍性和重要性，物证最常见的表现形式为物品、痕迹，随着科技的进步，声音、气味、光电等被纳入物证范围。理论上物证存在于每一个案件中，因为，任何纠纷的发生都位于一定的物质环境，当事人的法律行为均会对物质环境产生影响，并产生痕迹或者留下物体。物证之所以能够证明案件事实，就是因为物证的存在形式、外部特征、物质属性对案件事实具有证明作用。比如，侵权案件中的物品、交通事故中的汽车，均可以佐证侵权事实或者交通事故的发生。

> **法官提示**
>
> 只要是以存在形式、外部特征、物质属性之一来证明案件事实的，即为物证，并不要求三者同时具备。

典型案例 80

许某焕与云某岭机动车交通事故责任纠纷案[①]

案情简介

原告许某焕提出诉讼请求：（1）请求被告为原告进行车辆修理（后保险杠、尾灯、后备箱盖受损，暂计损失35000元）；（2）该案费用由被告承担。事实与理由：2024年3月20日11时21分许，被告驾车与原告在正定县××村口停放的奔驰E300车辆相撞，导致原告车辆后保险杠、

---

① 参见河北省正定县人民法院（2024）冀0123民初2413号民事判决书。

尾灯、后备箱盖均发生损坏，车损合计价值约35000元。后经交警队处理，作出事故认定书，被告对本次事故承担主要责任。虽原告多次催要，但被告未履行赔偿义务。原告提供了车辆损失照片两张、某某汽车美容装饰中心车辆维修清单等证据，以证实实际维修花费31000元。

被告云某岭辩称，对事故认定书责任划分不认可。原告对车损的定责没有经过司法鉴定，只是单方的评估。定责需要查明原告后尾灯、后保险杠及里面的钢板的损坏程度。

诉前原告自行委托对车辆损失进行公估，公估结论：标的车的实际核损金额为37579元。诉讼中被告云某岭对原告诉前单方委托的鉴定有异议，申请车辆损失评估，经法院委托，河北某某保险公估有限公司评估结论：评估人员根据车辆损失资料，结合相关物证，对车辆的损失进行评估鉴定：（1）未扣减残值计算13605元；（2）已扣减残值计算13555元；（3）残值50元。

被告云某岭对鉴定报告无异议。原告对鉴定报告真实性认可，对损失数额不予认可，认为该报告针对损失部分做出的依据是现场照片和勘验人员的描述，与原告车辆的客观实际损失存在差距。原告立案时一并单方进行了公估委托，当时车辆没有发生实际维修，认定是根据实际损失进行，故应当以原告方在车辆维修前进行的鉴定确认的损失为准。

裁判要旨

法院认为，原告提交的鉴定报告为诉前单方委托，原告称车辆已维修，但维修金额与鉴定报告结论金额并不一致，不能证实原告35000元的主张。诉讼中被告申请车辆损失鉴定，故法院依据鉴定报告书确认车辆损失13555元。

上述案例结合双方争辩可以看出，原告的车辆成为该案的物证，该案有关损失最终通过司法鉴定予以确定。

1. 物证具有客观性

有别于书证、证人证言，物证最明显的特征是具有较强的客观性，物证的存在形式证明待证事实，物证是客观存在的物品，不受案件当事人主观因素或者判断的影响，具有直观和便于观察了解的特点，因此物证对当事人、证人等的陈述具有较强的制约作用，当然该种制约是正向的，要求当事人或者证人如实陈述，一旦没有物证，当事人、证人可能会避重就轻、进行虚假陈述甚至作伪证。同时物证的客观性还表现在物证形成后，不会主动地改变自身加载的案件信息。因此，在民事诉讼证据种类中，物证的说服力较强，当事人提供了物证一般意味着胜诉的可能性较大，当然如果当事人失去了本能提供的物证，则不利于形成完整的证据链，对该当事人来说极为不利。

虽然物证具有客观性，但这并非意味着当事人提供的物证都是客观真实的，也存在伪造或者变造物证的情形。物证中存储着各种各样与案件事实有关的信息，可以为查明和证明案件事实提供重要的依据。虽然物证可以造假，但是相对来说伪造的难度比较大，所以物证往往比其他证据更为可靠，因而具有较高的证明价值。美国著名物证技术学家赫伯特·麦克唐奈曾经指出："在审判过程中，被告人会说谎，证人会说谎，辩护律师和检察官会说谎，甚至法官也会说谎。唯有物证不会说谎。"[1]

2. 物证具有间接性

如前文所述，物证不会说谎，但也不会说话，必须结合其他证据证明案件事实，因此，物证一般只能作为间接证据使用，较少作为直接证据使用。单独的一个物证一般无法反映案件的主要事实，只能反映案件事实的某一个方面或者环节。比如，交通事故现场有一辆车辆，但是该车辆本身并不能证明交通事故的发生以及交通事故中当事人的责任，需要交警部门结合其他证据予以认定。由此延伸出物证的特定性，物证一般具有不可替

---

[1] 何家弘、刘品新：《证据法学》（第7版），法律出版社2022年版，第167页。

代性，举例中的交通肇事车辆如果对于该案交通事故而言，具有不可替代性，则具有证明本次交通事故发生的作用，其他与该案无关的车辆无法证明事故的发生。

> **裁判规则**
>
> 物证的固定、收集和提供，可能存在证据形式转化的情形，比如涉及的物证不方便保存或者物证本身为不动产的，客观上需要通过视听资料、勘验等方式固定和提供，此时，物证在形式上已经转化为视听资料、勘验笔录等其他类型的证据。

3. 物证有别于书证

物证与书证均属于民事诉讼中较为常见的证据种类，书证依附于一定的物质载体而存在，两者因为在存在形态、证明功能等方面存在一定的相似性，实践中容易让人混淆，所以有必要作对比分析。

一是证明待证事实的方法不同。物证以其存在形式、外部特征、物质属性发挥证明作用，而其上是否有文字、符号等内容在所不问。书证是指以文字、符号、图画等表达的思想或者记载的内容来证明有关案件事实的书面文件或其他物品，至于其内容记载于何物在所不问。这应该是两者最主要的区别。

二是来源或者形成方式不同。书证以其内容证明待证事实，因此具有主观性和人为来源。物证则不必然具有主观性，以存在形式、外部特征、物质属性等证明待证事实，当然也不排除人为制作的物证。

三是法律要求不同。对于特定形式的书证，法律要求必须具备一定的法定形式和完成一定的法定手续才具有法律效力，否则不发生效力。物证则没有这样的特殊要求。

> **法官提示**
>
> 司法实践中亦存在"书证物证同体"情形，比如一份书面遗嘱，如果

需要证明遗嘱人对其财产的处置内容，则其为书证；如果需要证明其为遗嘱人真实意思表示或者其为真，则需要通过司法鉴定或者结合其他证据予以证实，此时其作为文字痕迹则为物证。

典型案例 81

荣某 1 与荣某 6、荣某 5、荣某 4、荣某 2、荣某 3 遗嘱继承纠纷案[①]

案情简介

荣某 7 与赵某（1923 年出生）系夫妻关系，二人生育荣某 2、荣某 3、荣某 5、荣某 4、荣某 6、荣某 1 六名子女。双方当事人均认可荣某 7 于 2002 年 4 月 22 日去世，赵某于 2014 年 7 月 25 日去世。北京市×××603 号房屋登记在赵某名下。诉讼中经询问，该案当事人均认可该房屋为荣某 7 与赵某的夫妻共同财产，二人各占二分之一的份额；当事人在该案中均不要求确定房屋价值以便析产，仅要求确定各自继承房屋的份额。

诉讼中，荣某 1 提交字条一份，内容为"我所住×××603 室三居室楼房一座，在我病故后遗赠给我三女儿荣某 1，所有房屋居住权、处理权均由我女儿全权处理，任何人不得抢占。赵某 2003 年 6 月 20 日　温某 2003 年 6 月 20 日　高某 2003 年 6 月 20 日"，上述全部内容及签名均为手写。荣某 1 现持上述字条主张对赵某的权利份额进行遗嘱继承，荣某 5、荣某 4、荣某 6 认可该遗嘱，荣某 2、荣某 3 不认可该遗嘱。

诉讼中，荣某 2、荣某 3 申请对荣某 1 所提交的上述赵某的遗嘱中落款处"赵某"的签名进行笔迹鉴定，并提交不动产登记部门档案中案涉

[①] 参见北京市第二中级人民法院（2022）京 02 民终 12991 号民事判决书。

房屋拆迁安置及回购手续中相关"赵某"的签名作为比对样本。鉴定前，荣某1及荣某5、荣某4、荣某6在法院的多次庭审笔录当中均称上述样本签名均为子女代签，办理上述手续时赵某本人均未到场，不同意以上述签名作为样本进行鉴定。后经法院委托，北京长城司法鉴定所利用上述签名样本进行笔迹鉴定，鉴定意见为：检材标注日期为2003年6月20日的"遗嘱"下方"赵某"签名字迹与上述样本中"赵某"签名字迹是同一人所写。鉴定费12700元，已由荣某2、荣某3支付。现当事人双方对该鉴定意见均予以认可，但荣某1及荣某5、荣某4、荣某6又称因年代久远，记忆不清，样本中的签名应为赵某本人所签。

裁判要旨

案涉自书遗嘱符合法律规定的形式要件，司法鉴定确认了签字的真实性。关于立遗嘱的过程，有荣某6的认可并且证人温某、高某到庭证实，结合荣某1缴纳购房款及偿还贷款等事实，法院认为应当认定该遗嘱的真实性。鉴于案涉房屋系赵某与荣某7的夫妻共同财产，赵某立遗嘱处分自己的财产份额有效，处分荣某7的财产份额无效，荣某7的遗产应按法定继承处理。

二、物证的采信规则

物证是一种客观物，往往需要依赖人的能动作用来揭示其与案件事实的联系，发挥其证明作用。因此，物证又称"哑巴证据"，其所承载的信息及与案件事实的相关性，有待于具备相关知识、经验的人员运用生活经验、科技设备、专门知识予以揭示。[①]

（一）物证应当提交原物

民事诉讼中对物证的认定和采信，一般遵循提交原物原则，即最佳物

---

① 参见潘金贵主编：《证据法学》，法律出版社2022年版，第67页。

证原则。《民事诉讼法》第 73 条第 1 款中规定,物证应当提交原物。提交原件或者原物确有困难的,可以提交复制品、照片、副本、节录本。因此,与书证相同,物证的提交,以提交原物为最佳规则,这是对物证提交者的法定要求,当事人应当遵守。对此,《民事诉讼证据规定》第 11 条再次重申,当事人向人民法院提供证据,应当提供原件或者原物。如需自己保存证据原件、原物或者提供原件、原物确有困难的,可以提供经人民法院核对无异的复制件或者复制品。所谓原物,是指在民事法律关系产生、变更、消灭过程中产生的,与实体争议有牵连或作为争议标的的物品。民事诉讼中常见的原始物证有:样品买卖中的样品,对所有权属发生争议的物品,履行合同时交付的质量规格有瑕疵的标的物,因侵权行为造成损害的公私财物,损害赔偿诉讼中被撞坏的车辆、船舶等。"原物"一词只用于物证。[①] 因此,当事人如需自己保存物证或者提供物证确有困难的,可以提供经人民法院核对无异的复制件或者复制品。《民事诉讼证据规定》第 22 条强调人民法院调查收集的物证同样应当是原物,并规定被调查人提供原物确有困难的,可以提供复制品或者影像资料。提供复制品或者影像资料的,应当在调查笔录中说明取证情况。除了举证、取证环节,对于质证环节,司法解释再次强调了原件的重要性,根据《民事诉讼证据规定》第 61 条的规定,对物证进行质证时,当事人应当出示证据的原件或者原物。但有下列情形之一的除外:出示原件或者原物确有困难并经人民法院准许出示复制件或者复制品的;原件或者原物已不存在,但有证据证明复制件、复制品与原件或者原物一致的。对于认证环节,《民事诉讼证据规定》第 87 条第 1 项规定,审判人员对单一证据可以从下列方面进行审核认定:证据是否为原件、原物,复制件、复制品与原件、原物是否相符。同时,《民事诉讼证据规定》第 90 条第 5 项规定,无法与原件、原物核对的复制件、复制品,不能单独作为认定案件事实的根据。

[①] 参见最高人民法院民事审判第一庭编著:《最高人民法院新民事诉讼证据规定理解与适用》,人民法院出版社 2020 年版,第 168 页。

> **裁判规则**
>
> 从物证进入诉讼程序时起,法律即要求提供原物,该规则贯穿于诉讼始终,因此,从有利于诉讼利益角度,当事人应当确保物证真实可靠。

上述司法解释规定了物证提交原物的最佳规则,实际上也规定了例外情形,即"提供原物确有困难"。如何认定"确有困难"?《民事诉讼司法解释》第111条对书证提交的例外情形作了具体规定,但未对物证的提供原物"确有困难"作出规定,鉴于两者之相似性,笔者认为,完全可以参照适用,因此,"提供原物确有困难"主要包括以下几种情形:

1. 物证原物遗失、灭失或者毁损的;

2. 物证原物在对方当事人控制之下,经合法通知提交而拒不提交的;

3. 物证原物在他人控制之下,而其有权不提交的;

4. 物证原物因体积过大而不便提交的;

5. 承担举证证明责任的当事人通过申请人民法院调查收集或者其他方式无法获得物证原物的。

前款规定情形,人民法院应当结合其他证据和案件具体情况,审查判断物证复制品等能否作为认定案件事实的根据。

(二)动产和不动产的提交规则

民法理论关于"物"的最重要分类是动产和不动产。《民法典》第115条中规定,物包括不动产和动产。相应地,根据载体的不同,可以将物证区分为动产物证和不动产物证。关于物证优先提供原物的规则,《民事诉讼证据规定》第11条已经作了明确规定,该司法解释在第12条、第13条分别规定了动产和不动产作为物证提交的操作性规定,该司法解释的第12、13条和第11条构成了一般和特殊的规定。在《民事诉讼法》及其司法解释的基础上,《民事诉讼证据规定》首次将作为物证的动产和不动产区分开来,根据两者不同的特性,分别规定了当事人提交动产证据和不动产证据的要求，使不动产和动产这种民法上对"物"的最重要的区分，在诉讼法上有了其独立的意义和价值。①

1. 关于动产物证

在遵循动产物证应当提交原物的规则之下，《民事诉讼证据规定》第12条规定，以动产作为证据的，应当将原物提交人民法院。原物不宜搬移或者不宜保存的，当事人可以提供复制品、影像资料或者其他替代品。人民法院在收到当事人提交的动产或者替代品后，应当及时通知双方当事人到人民法院或者保存现场查验。因此，根据该规定，动产物证可以不提交原物的例外情形是指"原物不宜搬移或者不宜保存"。

何为"不宜搬移"？动产的范围较大，从普通的手机、手表，到飞机、汽车等，均属于动产。《民法典》第225条规定，船舶、航空器和机动车等的物权的设立、变更、转让和消灭，未经登记，不得对抗善意第三人。该条规定实际上赋予船舶、航空器和机动车等特殊动产"不动产"的属性，对于该类特殊动产，如果作为证据提交法庭，确实"不宜搬移"。文物、雕塑等，也"不宜搬移"。另外还有一种情形，就是维持纠纷现状需要"不宜搬移"，比如交通事故现场中的车辆。何为"不宜保存"？"不宜保存"主要是针对易损耗、变质的物品，比如时令蔬菜、水果，又如炸药、煤气等来说的。对于上述"不宜搬移或者不宜保存"的动产物证，主要可以通过提供复制品、影像资料或者其他替代品等方式举证。在查验方面，需要注意的是，在司法实践中涉及此处的争议大多是法院在勘查物证时没有遵循法定程序或者未通知当事人到场，当事人以此为理由上诉或申请再审。因此，为了减少此类争议的发生，法院在查验物证时应遵循法定程序，最好是以书面通知形式告知当事人查验的具体时间、地点、内容、注意事项等，以确保当事人知情权、参与权的落实。②

---

① 参见最高人民法院民事审判第一庭编著：《最高人民法院新民事诉讼证据规定理解与适用》，人民法院出版社2020年版，第174页。

② 参见肖峰：《最高人民法院民事诉讼证据规则：条文解析与实务运用》，法律出版社2022年版，第68页。

第六讲 物证和勘验笔录

2. 关于不动产物证

不动产是指按照物理性质不能移动或者移动会损害价值的有体物，主要包括土地、房屋、林地等定着物。在遵循物证应当提交原物的规则之下，《民事诉讼证据规定》第 13 条规定，当事人以不动产作为证据的，应当向人民法院提供该不动产的影像资料。人民法院认为有必要的，应当通知双方当事人到场进行查验。因此，如果当事人提供不动产物证，由于不动产不可移动，因此提供影像资料即可，也可以说只能提供影像资料，而无法提供原物。对于不动产物证，同样需要进行查验，但是该查验只在"人民法院认为有必要"时进行，而非必须进行。此处不同于动产物证。动产物证要求人民法院在收到当事人提交的动产或者替代品后，应当及时通知双方当事人到人民法院或者保存现场查验。何为"必要"？《民事诉讼证据规定》第 13 条所指"有必要的"一般是指法院发现当事人提交的不动产影像资料有明显伪造痕迹或者对方当事人争议较大的情形。当然，这里还需要具备一个前提，即查勘不动产现场具有可能性。[1]

典型案例 82

于某波与张某红财产损害赔偿纠纷案[2]

案情简介

于某波申请再审称：（1）二审法院不采信公证书，系认定事实错误，公证书中载明鸡棚着火长度是 20 多米，但评估报告按鸡棚长度 100 米评估损失，系虚构着火损失，张某红关于着火的陈述是虚假陈述；（2）张某

---

[1] 参见肖峰：《最高人民法院民事诉讼证据规则：条文解析与实务运用》，法律出版社 2022 年版，第 71 页。
[2] 参见河南省漯河市中级人民法院（2021）豫 11 民申 173 号民事裁定书。

红诉请的标的额与自身经济状况严重不符，该案属于虚假诉讼；（3）于某波申请二审法院到鸡棚现场进行实地勘察，但二审法院对公证书、实地勘察申请不予理会，程序违法。

裁判要旨

于某波主张原审法院未理会其实地勘验申请、对其提交的公证书不予理睬，系程序违法。经查明，《民事诉讼证据规定》第 13 条规定："当事人以不动产作为证据的，应当向人民法院提供该不动产的影像资料。人民法院认为有必要的，应当通知双方当事人到场进行查验。"据此，现场查验并非法院审理案件的必经程序，且一审法院已依法委托价格评估机构前往现场对事故损失进行专业评估。对于于某波提交的公证书，一审法院已组织双方充分质证，该案审理程序不存在违法情形。

三、勘验笔录

《民事诉讼证据规定》第 27 条第 2 款规定，根据当事人的申请和具体情况，人民法院可以采取查封、扣押、录音、录像、复制、鉴定、勘验等方法进行证据保全，并制作笔录。民事诉讼中，勘验是法院收集和保全证据的重要方法，勘验的进行能更快地促使法官形成内心确信，勘验是法院可依职权进行的活动。

有的案件中，双方争议的标的物或者证据过于庞大，不便提交至法院，而这些物证事关当事人利益或者待证事实的，则需要法院进行勘验。勘验本身并不是证据，而只是一种调查证据的方法，勘验的结果才是证据。勘验的结果不仅包括通过勘验制作的笔录，还包括通过勘验留在事实审理者大脑中的印象。[①] 勘验的目的在于查明案件事实，勘验是对有可能

[①] 参见最高人民法院民法典贯彻实施工作领导小组办公室编著：《最高人民法院新民事诉讼法司法解释理解与适用》，人民法院出版社 2022 年版，第 326 页。

成为认定案件事实的证据进行的证据调查活动，勘验的结果实质是勘验现场真实情况的书证化，本质上具有辅助和补强证据的性质。

典型案例83

车某玲与朱某芳相邻关系纠纷案①

案情简介

车某玲居住的1203房与朱某芳居住的1103房为同一建筑内上下相邻的房屋。朱某芳改变1103房屋内格局，将原来的厨房变更为房间，在靠近入户门的客厅部分划出大概三平方米的空间作为厨房，厨房的油烟管从靠入户门位置通向电梯旁的通风管。根据平面图可见，朱某芳拆除的墙体不属于承重墙。原告车某玲诉称：朱某芳拆除1103房的承重墙，擅自改变厨房位置，穿墙凿洞打通电梯风井的墙体用来排放其厨房油烟，污染整个楼层，损害车某玲的身体健康。故请求判令：朱某芳将1103房承重墙恢复原来的样貌，厨房恢复到原来的位置，风井墙壁上所凿洞口封住、填平。

广东省广州市越秀区人民法院于2021年12月27日作出（2021）粤0104民初44725号民事判决：驳回原告车某玲的全部诉讼请求。宣判后，车某玲以朱某芳改变厨房位置，排放油烟导致车某玲熏呛在内的众多损害为由，提起上诉，并申请对其遭受油烟熏呛的情况进行现场勘验和对其遭受油烟熏呛的原因进行鉴定。广东省广州市中级人民法院组织双方当事人现场勘验，在1103房现有厨房现场炒辣椒并打开油烟机。片刻之后，在1203房对应1103房厨房的房间内可以闻到炒辣椒的油烟味。广东省广州

---

① 人民法院案例库入库编号：2024-18-2-053-001。

市中级人民法院于 2022 年 4 月 12 日作出（2022）粤 01 民终 1669 号民事判决：（1）被告朱某芳于判决生效之日起 30 日内将 1103 房的厨房恢复到原来的位置，并将通风管墙壁上凿的洞封住、填平；（2）驳回原告车某玲的其他诉讼请求。

裁判要旨

当事人对相邻损害事实及发生原因难以自行举证证明的，人民法院可以通过现场勘验、实验等方式固定证据。根据日常生活经验法则可以查明案件事实的，无须启动鉴定程序。

（一）关于勘验的启动

《民事诉讼司法解释》第 124 条规定，人民法院认为有必要的，可以根据当事人的申请或者依职权对物证或者现场进行勘验。勘验时应当保护他人的隐私和尊严。人民法院可以要求鉴定人参与勘验。必要时，可以要求鉴定人在勘验中进行鉴定。因此，勘验的启动包括两种方式：一是依当事人申请启动；二是依职权启动。勘验的主体不仅局限于法官，还应当包括鉴定人。

我国《民事诉讼法》并未明确规定勘验人必须是作为案件事实审理者的法官，从《民事诉讼法》第 83 条第 1 款中"勘验人必须出示人民法院的证件"的规定来看，强调勘验人作为人民法院工作人员的身份而不强调其必须具有作为事实审理者的法官身份。在我国《民事诉讼法》中，由于通过勘验留在事实审理者大脑中的印象并非勘验结果的组成部分，因此在案件事实查明中发挥作用的是勘验笔录，勘验人是否系审理案件的法官，并不十分重要。因此，我国民事诉讼中的勘验人，既可以是法官，也可以是人民法院的其他工作人员。

典型案例 84

中唐基业资产管理有限公司与魏某平等排除妨害纠纷案[①]

案情简介

上诉人中唐基业资产管理有限公司（以下简称中唐公司）因与被上诉人魏某全、魏某平排除妨害纠纷一案，不服北京市延庆区人民法院作出的（2021）京0119民初1146号民事判决，提起上诉称，一审法院程序违法。一审判决中，法院曾去现场实地测量，测量结果为超占9.5厘米，对此上诉人提出异议。根据相关法律规定，测量人员应该为具有相关测量资质且与该案无利害关系的第三方机构。中唐公司认为法官虽是无利害关系的第三方，但并不是具有测量资质的第三方机构，所以对此测量结果中唐公司不予认可。

裁判要旨

《民事诉讼法司法解释》第124条第1款规定，人民法院认为有必要的，可以根据当事人的申请或者依职权对物证或者现场进行勘验。勘验时应当保护他人的隐私和尊严。勘验是法官在诉讼过程中，为了查明一定事实，对与案件争议有关的现场、物品或物体亲自或指定有关人员进行查验、拍照、测量的行为。该案所涉及的现场勘验，并不涉及专门性的问题，所需知识不超过一般人常识的范围，法官可以进行勘验。该案一审法院现场实地测量行为属于现场勘验，且双方当事人均认可勘验结果，中唐公司主张一审法院无权勘验，缺乏依据，故对其该项上诉意见不予采纳。

1. 关于勘验人

《民事诉讼法》第47条第4款将勘验人与法官助理、书记员、司法技

---

① 参见北京市第一中级人民法院（2022）京01民终377号民事判决书。

术人员、翻译人员、鉴定人并列，相关司法解释均将其与证人、鉴定人并列，可以进一步佐证勘验人并非一定系本案承办法官。同时，启动勘验的前提必须是"有必要"的条件。何为"有必要"，司法解释未作进一步规定，笔者认为，应当结合案件具体情况进行判断，如与待证事实的关联性，是否属于不勘验可能导致无法再予固定的情形，等等。

> **法官提示**
>
> 由于勘验既是核实证据的方法，也是收集证据形成勘验笔录的方法，因此，对于法院依职权启动勘验的情形，不必严格遵守法院依职权调查取证的情形，应由法官依据案件具体情况而定。

典型案例85

漯河某某农牧生物科技有限公司、漯河某某食品有限公司与河南省某某实业有限公司侵害商标权纠纷案[①]

案情简介

再审申请人漯河某某农牧生物科技有限公司（以下简称某某农牧公司）、漯河某某食品有限公司（以下简称某某食品公司）因与被申请人河南省某某实业有限公司侵害商标权纠纷一案，不服河南省漯河市中级人民法院作出的（2024）豫11知民终2号民事判决，申请再审称，原审存在程序违法情形。庭审中，二审法官提出要到某某农牧公司、某某食品公司现场勘验，但并未现场勘验，而在事实不清的情况下径行判决。

---

① 参见河南省高级人民法院（2024）豫知民申18号民事裁定书。

> **裁判要旨**

《民事诉讼司法解释》第 124 条第 1 款规定："人民法院认为有必要的，可以根据当事人的申请或者依职权对物证或者现场进行勘验。"据此，现场勘验要以人民法院认为有必要为前提，这种必要性需结合案件的具体情况进行判断。某某农牧公司、某某食品公司提出该案就现场勘验存在程序违法缺乏依据，且未提供证据证明此程序问题影响公正审理且符合再审条件的情形。

2. 关于勘验的时间点

《民事诉讼司法解释》第 225 条第 3 项规定，根据案件具体情况，庭前会议可以包括下列内容：根据当事人的申请决定调查收集证据，委托鉴定，要求当事人提供证据，进行勘验，进行证据保全。因此，原则上，勘验应当在开庭审理之前，庭前准备阶段进行，是否进行勘验，在庭前会议中明确。同时，根据《民事诉讼法》第 141 条第 5 项之规定，法庭调查按照下列顺序进行：宣读勘验笔录。这可以进一步佐证勘验应当在开庭审理之前结束。

> **法官提示**
>
> 司法实践中，存在开庭过程中双方发生新的争议或者对物证等产生新的争议，因案件审理需要，法官应当在开庭之后予以勘验，并重新组织举证、质证。

（二）关于勘验的程序

《民事诉讼法》第 83 条规定，勘验物证或者现场，勘验人必须出示人民法院的证件，并邀请当地基层组织或者当事人所在单位派人参加。当事人或者当事人的成年家属应当到场，拒不到场的，不影响勘验的进行。有关单位和个人根据人民法院的通知，有义务保护现场，协助勘验工作。

勘验人应当将勘验情况和结果制作笔录，由勘验人、当事人和被邀参加人签名或者盖章。《民事诉讼证据规定》第43条作了进一步的具体规定，人民法院应当在勘验前将勘验的时间和地点通知当事人。当事人不参加的，不影响勘验进行。当事人可以就勘验事项向人民法院进行解释和说明，可以请求人民法院注意勘验中的重要事项。人民法院勘验物证或者现场，应当制作笔录，记录勘验的时间、地点、勘验人、在场人、勘验的经过、结果，由勘验人、在场人签名或者盖章。对于绘制的现场图应当注明绘制的时间、方位、测绘人姓名、身份等内容。该条规定对法院勘验物证和现场的规定作了细化，可操作性较强，为勘验活动的正常、顺利开展提供了规范指引。

> **法官提示**
>
> 根据司法解释规定，法院负有在勘验之前的通知义务，但该义务并非意味着必须强制当事人参与勘验，当事人未参加的，不影响勘验进行，同时法院不可以当事人未参加勘验为由取消应当进行的勘验活动。

典型案例 86

上海某某工业科技有限公司与新乡市某某食品有限公司买卖合同纠纷案[1]

案情简介

上诉人上海某某工业科技有限公司（以下简称某甲公司）因与被上诉人新乡市某某食品有限公司（以下简称某乙公司）买卖合同纠纷一案，

---

[1] 参见河南省新乡市中级人民法院（2024）豫07民终1057号民事判决书。

不服河南省辉县市人民法院作出的（2023）豫0782民初8639号民事判决，提起上诉称，一审法院勘验程序违法。一审法院无视某甲公司提出的对于勘验案涉机器设备的必要性、合理性的质疑，强行进行所谓"勘验"行为，并以此"勘验"为依据进行判决违反法定程序。案涉机器设备长期处在某乙公司控制之下，现场勘验根本无法得知8个月前的机器设备的状况。且该次"勘验"活动参与人为原审法官、书记员及被上诉人所在地辉县市冀屯镇副镇长。原审法官及书记员均与该案有直接利害关系，应被排除在勘验人之外，勘验人应由没有参与该案件的其他审理人员担任。冀屯镇副镇长不具备任何该案专业知识，不应参与勘验。另外，勘验人在勘验时未询问某甲公司是否申请人员回避，剥夺了某甲公司申请回避的权利；未出示人民法院的证件，未对勘验活动进行完整详细记录。

裁判要旨

关于原审现场勘验程序的问题。《民事诉讼法》第83条第1款第1句规定，勘验物证或者现场，勘验人必须出示人民法院的证件，并邀请当地基层组织或者当事人所在单位派人参加。《民事诉讼证据规定》第43条第1、3款规定，人民法院应当在勘验前将勘验的时间和地点通知当事人。当事人不参加的，不影响勘验进行。人民法院勘验物证或者现场，应当制作笔录，记录勘验的时间、地点、勘验人、在场人、勘验的经过、结果，由勘验人、在场人签名或者盖章。该案一审中，因双方对于拆除设备的部分存在争议，一审法院在庭审中告知双方进行现场勘验，某甲公司并未提出异议。一审法院主审法官、书记员作为该案的经办人员，对案涉设备进行勘验，符合法律规定，且案涉勘验主要为查证所拆除设备的部分，并不涉及专业知识。后一审法院因现场勘验时某甲公司未到场，故邀请当地基层组织代表参与勘验，符合法律规定。故对某甲公司提出的该部分上诉理由不予采信。

（三）关于勘验笔录

勘验笔录是《民事诉讼法》规定的证据种类之一。勘验笔录是指人民法院对能够证明案件事实的现场或者不能、不便拿到人民法院的物证，就地进行分析、检验、勘查后作出的记录。勘验笔录是客观事物的书面反映，是保全原始证据的一种证据形式。① 比如相邻关系纠纷、农村宅基地纠纷或者林权纠纷等，往往需要法官到现场进行勘查，并制作勘验笔录。

> **法官提示**
>
> 需要注意的是，勘验笔录不仅包括文字形式，而且包括绘图、摄影、录像、模型等形式。

典型案例 87

何某与王某排除妨害纠纷案②

案情简介

上诉人何某因与被上诉人王某排除妨害纠纷一案，不服甘肃省陇南市成县人民法院作出的（2020）甘1221民初779号民事判决，提起上诉称，一审法院现场调查时，对上诉人进出道路做的测量不准确，且不符合新农村建设的要求。（1）一审时法官不辞劳苦，到现场进行勘察，上诉人对一审法官的认真态度表示钦佩和感谢，但是测量后判决认定的道路宽度为2.3米，这显然与事实不符。测量是紧挨郑某家砖混结构平方的外墙进行的，而郑某家背墙后还有一个宽60厘米左右的开放式排水干沟，该宽度不应计算在道路宽度之内，该排水干沟虽是开放式的，但无法作为路面使用。况且这部分土地是郑某家的，郑某家随时有可能圈占。所以被上诉人侵占后，实际的路面宽度仅1.7米左右。（2）被上诉人侵占后狭窄的出路

---

① 参见王瑞贺主编：《中华人民共和国民事诉讼法释义》，法律出版社2023年版，第133页。
② 参见甘肃省陇南市中级人民法院（2020）甘12民终1228号民事判决书。

不能满足上诉人出行需要，更为严重的是，万一发生火灾等事故，消防车辆等无法通行，因此有巨大的安全隐患。被上诉人应当顺应时代潮流，妥善处理邻里关系，给上诉人足以保障安全的通行道路，而不应肆意侵占。

裁判要旨

《民事诉讼司法解释》第 124 条第 1 款中规定，人民法院认为有必要的，可以根据当事人的申请或者依职权对物证或者现场进行勘验。勘验是指人民法院审判人员在诉讼过程中，为了查明一定事实，对与案件争议有关的现场、物品或物体亲自或指定有关人员进行查验、拍照、测量的行为。勘验人将查验的情况和结果制成的笔录，就称为勘验笔录。该案在一审审理期间，主审法官依职权对双方争议现场进行查验、测量，制作了勘验笔录，何某、王某在笔录上签名确认，并对勘验笔录当庭质证，何某称对勘验笔录无意见。故何某对现场调查异议的上诉理由不成立。

勘验笔录的目的在于发现、如实记录现场证据，勘验笔录不能代替勘验现场所发现证据具有的证据能力和证明力。勘验笔录的实质是勘验现场真实情况的书证化，本质上具有辅助和补强证据的性质。同时作为法定的证据种类，勘验笔录必须经过查证属实才能作为定案的依据。对于勘验笔录，法院不管是基于当事人申请还是依职权勘验后作出，在开庭时应当当庭宣读，并要求当事人当庭质证，这既是法院的法定义务又便于当事人及其他诉讼参与人了解勘验情况。对于勘验笔录，应当把握以下几个方面：一是勘验笔录的内容应当是对客观情况的描述或记载，勘验人员的主观判断不应当记入笔录。勘验笔录应既如实、全面，又客观、真实，不包括当事人的陈述或者勘验人的个人意见。二是勘验笔录的内容应当明确，比如对宅基地的四至、面积等的记录，应当准确，而不能以大约、大概或者其他不精准的用语表达。三是勘验笔录应当由勘验人、在场人签名或者盖章。

第七讲　视听资料

民事诉讼中，当事人提交录音、录像等视听资料作为证据的情况较为常见。视听资料系《民事诉讼法》规定的法定证据之一，是指以录音、录像和其他电磁方式记录存储的音像信息来证明案件事实的材料。最为常见的视听资料是当事人提供的监控录像，比如证明交通事故的发生过程的监控录像。

在2012年《民事诉讼法》修正之前，电子计算机存储的数据一般被归于视听资料的范畴，但2012年《民事诉讼法》修正后将电子数据作为独立的证据形式，因此，视听资料的范围限于录音资料和影像资料。《民事诉讼司法解释》第116条第1款规定，视听资料包括录音资料和影像资料。录音资料是应用声、光、电和机械学等方面的科学技术，把正在进行的有关人员演说、对话以及自然声响等声音如实地记录下来，然后通过播放再现原来的声迹，以证明案件真实情况的证据资料；影像资料是应用光电效应和电磁转换的原理，将人或事物运动、发展、变化的客观真实情况原原本本地录制下来，再经过播放重新显示原始的形象来证明案件真实情况的证据资料。[1]

---

[1] 参见最高人民法院民法典贯彻实施工作领导小组办公室编著：《最高人民法院新民事诉讼法司法解释理解与适用》，人民法院出版社2022年版，第310页。

一、视听资料具有特殊性

视听资料具有以下几个特征：一是视听资料依赖于物质载体，不管是录音还是录像，均需要录音带、录像带等载体，无载体即不存在视听资料，该特征类似于书证的特征。二是视听资料具有直观性，不受录制人主观因素的影响，可以直观地展示与案件相关现场的声音和形象，只要录制方法得当，视听资料即可真实准确地反映案件事实。此特征有别于当事人陈述、证人证言的特征，上述均可能因为个体差异或者表达能力、记性模糊等因素，与客观事实发生偏离。三是视听资料的审查具有科学性。

> **裁判规则**
>
> 视听资料往往容易被篡改或者伪造，因此对其真实性，往往根据案件需要或者当事人申请，进行司法鉴定。

鉴于视听资料的重要性以及以上特殊性，在案件审理过程中，需要把握以下几个方面。

（一）提供原始载体为原则

基于最佳证据原则的要求，提供证据原件是民事诉讼基本的举证规则。《民事诉讼证据规定》第15条第1款强调，当事人以视听资料作为证据的，应当提供存储该视听资料的原始载体。同时，《民事诉讼证据规定》第23条第1、2款要求，人民法院调查收集视听资料、电子数据，应当要求被调查人提供原始载体。提供原始载体确有困难的，可以提供复制件。提供复制件的，人民法院应当在调查笔录中说明其来源和制作经过。并且，《民事诉讼证据规定》在第61条重申，对视听资料进行质证时，当事人应当出示证据的原件或者原物。

典型案例 88

河南省地质测绘总院与漯河市勘测规划设计院、漯河市自然资源和规划局合同纠纷案[1]

案情简介

再审申请人河南省地质测绘总院（以下简称河南测绘院）因与漯河市勘测规划设计院（以下简称漯河市设计院）、漯河市自然资源和规划局（以下简称漯河市规划局）合同纠纷一案，不服河南省漯河市中级人民法院作出的（2020）豫11民终2468号民事判决，申请再审称，河南测绘院一审时提交的录音材料能够证明录制时间，且能够证明河南测绘院多次向漯河市设计院追要案涉欠款，河南测绘院起诉未超过诉讼时效。河南测绘院一审时提交三份录音材料，因录制手机损坏不能开机，河南测绘院无法提交录音的原始载体，但第二份录音的内容明确显示该份录音的形成时间是 2017 年 5 月 11 日，具体在录音 5 分 36 秒处显示"今天是星期四"；7 分 18 秒处显示"5 月 20 号为下一周"。经查阅 2012 年至 2019 年日历显示，仅 2017 年 5 月 11 日为周四，5 月 20 日为下一周的周六，这与录音内容完全符合，充分证明该录音形成时间为 2017 年 5 月 11 日。

裁判要旨

《民事诉讼法》第 64 条第 1 款规定，"当事人对自己提出的主张，有责任提供证据"。第 71 条规定，"人民法院对视听资料，应当辨别真伪，并结合本案的其他证据，审查确定能否作为认定事实的根据"。《民事诉

---

[1] 参见河南省高级人民法院（2021）豫民申 5600 号民事裁定书。

讼证据规定》第15条中规定，"当事人以视听资料作为证据的，应当提供存储该视听资料的原始载体"。核验视听资料的真实性需要查验视听资料最初录制的设备即原始载体，以判断视听资料形成的时间，内容的完整性、连贯性，由此认定视听资料是否能够真实地反映案件相关事实。原审中河南测绘院提交的三份录音资料均不属于原始载体，且河南测绘院未能向法院说明其中2016年12月及2017年12月两份录音资料的具体形成时间，2017年5月录音资料的录音形成时间亦是由河南测绘院自己推测得出的，不是通过该份录音资料自身所得出的。并且对于该三份录音资料所要证明的事实，河南测绘院未提交其他证据予以印证。原审法院对录音资料不符合证据的真实性的认定，于法有据。

司法实践中，鉴于视听资料的直观性能更好地证明案件事实，又由于视听资料易于被伪造或剪辑的特点，对于当事人出示的视听资料，原则上要求提供录音带、录像带等原始载体。因为证据的真实性与证据载体的物理特性密切相关，原始载体上往往保留着原始内容、原始内容的形成时间等重要信息。视听资料具有易被篡改的特性，利用一定的设备可以在复制的过程中删除或修改复制的信息，视听资料非常容易被剪辑、拼接、组合伪造成与原始视听资料的含义完全不同的证据材料。故仅通过一般的审查较难辨别视听资料是否被篡改。从技术原理上看，对视听资料进行编辑、篡改，一般通过从原始载体向另外载体上转录的方式才能实现。因此，原始载体中的视听资料可以被认为是未经第二次编辑的第一手证据资料。所谓原始载体，是指以直接来源于案件事实的声音、图像等为内容的视听资料的存储载体。综上所述，从审查证据的真实性抑或完整性角度而言，要求当事人提供存储该视听资料的原始载体，有利于确保视听资料的可采性。[①]

[①] 参见肖峰：《最高人民法院民事诉讼证据规则：条文解析与实务运用》，法律出版社2022年版，第80页。

> **法官提示**
>
> 案件审理过程中，提供复制的录音录像的当事人，应当说明准确的来源。

对于"原始载体"的审查和判断，往往成为举证、质证的争议焦点，当事人往往对该视听资料是否为原始载体提出问题。结合司法实践，笔者认为，可以从以下几个方面进行把握：一是举证当事人应当提供原始载体，如果该载体不便于提供，应当提供该载体所在位置、不便于提供的理由等。例如，交通事故现场监控不可能提交法院，但该监控后台存储的录像，可以通过公证方式予以提取，并作为视听资料进入诉讼。二是视听资料的保管单位作为证人出庭作证，证明视听资料或者其载体为原始载体。三是根据当事人申请予以司法鉴定。

典型案例 89

李某、张掖市七建建筑安装有限责任公司与张掖市甘州区融升小额贷款有限责任公司、杨某借款合同纠纷案[①]

案情简介

再审申请人李某、张掖市七建建筑安装有限责任公司（以下简称七建公司）因与被申请人张掖市甘州区融升小额贷款有限责任公司（以下简称融升公司）、杨某借款合同纠纷一案，不服张掖市中级人民法院作出的（2019）甘07民终1202号民事判决，申请再审称，被申请人融升公司与杨某在2014年7月17日签订的借款合同中约定借款期限为3个月，保

---

① 参见甘肃省高级人民法院（2020）甘民申752号民事裁定书。

证期限为借款期限届满之日起两年，即至2016年10月17日止，被申请人融升公司于2019年6月提起诉讼，该时间早已超过法定担保期限，因此申请人不应承担保证责任。被申请人融升公司提交的视频的形成时间为2016年6月7日，但被申请人不能提供原始载体，无法证明该视频显示时间的真实性，不能作为定案依据。

裁判要旨

《民事诉讼法》第71条规定："人民法院对视听资料，应当辨别真伪，并结合本案的其他证据，审查确定能否作为认定事实的根据。"《民事诉讼司法解释》第116条第1款规定："视听资料包括录音资料和影像资料。"该案中，李某对融升公司提交的视频资料内容并无异议，但对视频形成的时间即融升公司向其主张担保责任的时间不予认可。经原审查明，融升公司虽不能提交视频资料原始载体，但对原始载体的灭失能够作出合理解释。案涉视频资料中的水印时间显示为2016年6月7日18时11分至18时17分，时长6分12秒，原审庭审质证过程中，视频自始至终均显示正常时间进程，辨识不出添加或修改痕迹，可以认定视频中所示水印时间应是设备自动刻录而成。该视频文件属性显示的"修改时间"2016年6月7日星期二下午6时17分22秒，与视频中水印时间一致。因视频或Word文件一经创建形成，只要不对其本身进行编辑修改，无论复制多少次或对存储系统时间如何改变，其文件属性所显示"修改时间"均为文件本身创建形成时间，故在李某、七建公司没有提交足以反驳的相反证据的情况下，可以认定案涉视频创建形成于2016年6月7日，原审以此认定融升公司于2016年6月7日向李某及其担任法定代表人的七建公司主张权利并无不当。

（二）视听资料可以作为认定事实的依据

视听资料作为法定证据种类，可以作为认定待证事实的依据，但因为视听资料本身容易被篡改、剪辑等，立法对此较为审慎。《民事诉讼法》第

74条规定，人民法院对视听资料，应当辨别真伪，并结合本案的其他证据，审查确定能否作为认定事实的根据。这意味着立法者对于视听资料这种证据类型，持谨慎态度，将其与当事人的陈述同等对待，二者不能独立证明案件事实而只有与其他证据相结合时才能作为认定案件事实的根据。

但是有的案件中，当事人往往只有相关视听资料，缺乏其他证据资料，在此情形下，简单地不予采信，对于当事人而言并不公平，而且视听资料本身具有直观展现事实的特征，简单地认为其无其他佐证并不予采信，确实有违对公平正义的追求。对此，司法解释作了一定的调整，《民事诉讼证据规定》第90条第4项规定，存有疑点的视听资料不能单独作为认定案件事实的根据。

> **裁判规则**
>
> 真实性无异议、没有疑点的视听资料可以单独作为认定案件事实的根据。

典型案例90

苏某甲与京山县某音乐厅侵害著作权纠纷案[①]

案情简介

在再审申请人苏某甲因与被申请人京山县某音乐厅（以下简称某音乐厅）侵害著作权纠纷案中，苏某甲通过继承方式取得了苏某乙创作的《黄土高坡》《热血颂》等涉案音乐作品的著作权。2018年10月24日，苏某甲的取证人员通过第三方支付平台向某音乐厅支付费用后，以普通消

---

① 人民法院案例库入库编号：2023-09-2-158-072。

费者身份进入某音乐厅包间，使用智能手机点播和拍摄了涉案音乐作品的盗版音乐电视，此外还拍摄了某音乐厅的门面、招牌、吧台、房间号、消防逃生图、房间内的开关总成等照片以及包间内的360°视频。每一张照片和每一个视频中，都有网络自动设定的精确到秒的拍摄时间信息和地理位置信息，盗版音乐电视中多数画面插入了"欢迎光临：某音乐厅"的信息和电话号码的滚动字幕。各段视频显示的时间信息间隔只有几秒。苏某甲认为某音乐厅未经许可使用涉案作品，侵害了其依法享有的著作权，因此请求某音乐厅承担相应的民事责任。

裁判要旨

该案中，苏某甲为证明某音乐厅使用了其享有著作权的音乐作品，提交了使用智能手机拍摄的包间内点播使用涉案音乐作品的音乐电视的视频，二审法院认定上述视频的真实性无法确定，但是除上述视频外，苏某甲还提交了某音乐厅相关场所的照片、开具发票过程的视频等影像资料，以及第三方支付平台付费凭证等，上述证据能够形成完整的证据链，运用正常的逻辑推理，结合日常生活经验，足以认定某音乐厅使用涉案音乐作品的行为具有高度可能性。虽然某音乐厅"否认其经营场所播放了涉案歌曲，否认手机录制的歌曲来自其经营场所存储设备"，但认可智能手机拍摄的部分影像资料是在其经营场所拍摄的，而且某音乐厅并未提供任何证据对苏某甲提交的证据加以反驳。某音乐厅在再审期间主张手机拍摄的视频易于修改因而不具有证明力，但是，视听资料属于法定证据类型之一，法律和司法解释并未规定智能手机拍摄的影像资料不能作为证据使用，而且该影像资料还有相关照片、第三方平台上的消费记录等证据予以佐证，因此某音乐厅的相关主张不能成立。由于某音乐厅不能提供证据证明其使用涉案音乐作品已经得到合法授权，因此，一审法院判决其依法承担相应民事责任并无不当。

（三）视听资料与书证

书证是民事诉讼中最常见、最具证明力或者说对案件事实的认定最具关键性的证据。在民事诉讼中，书证是指以文字、符号、图画等表达的思想或者记载的内容来证明有关案件事实的书面文件或其他物品，可以说，书证的范围十分广泛，书证既包括录音、录像、照片等，也包括记载于计算机磁盘等电子介质上的数据电文等。但是从我国民事诉讼证据立法来看，视听资料、电子数据是独立的证据类型，因此，从我国证据立法而言，书证应当从狭义角度理解，即系视听资料、电子数据之外的以其记载的内容证明案件事实的资料，也就是说，书证在范围上排除了视听资料和电子证据。

《民事诉讼证据规定》第99条第2款中规定，关于书证的规定适用于视听资料、电子数据。鉴于书证的规则体系较为完备，书证在司法实践中所积累的经验最为丰富，书证在举证、质证及认证活动中所应遵循的具体规则同样可以适用于主要通过证据内容来证明案件事实的视听资料和电子数据。[①]

二、偷拍、偷录视听资料的认定

民事诉讼中，经常会出现当事人通过偷录、偷拍的方式获取视听资料，并将该视听资料作为证据提交法院的情况，该取证方式明显侵犯了他人隐私，但这是否意味着该视听资料存在合法性问题，应作为非法证据予以排除适用呢？此时又涉及民事诉讼非法证据问题。当事人违法收集证据的情态十分复杂，牵扯诸多利益与价值冲突。对于民事诉讼非法证据的适用，理论界争论不一，实务界认识不一。司法实践中，既有采信该类证据的情形，又有对该类证据排除适用的情形。

（一）"偷拍"的法律规制

蹲守、跟踪、偷拍……一些"私家侦探"以"情感咨询""商务调

---

① 参见最高人民法院民事审判第一庭编著：《最高人民法院新民事诉讼证据规定理解与适用》，人民法院出版社2020年版，第869页。

查"为名侵犯、泄露他人隐私和个人信息，这些行为应该受到怎样的惩处？对于偷拍行为，我国法律有明确的禁止性规定。在行政处罚方面，《治安管理处罚法》中规定，偷窥、偷拍、窃听、散布他人隐私的，采取相应罚款、拘留等处罚措施。在民事领域，《民法典》专章规定了隐私权和个人信息保护，《民法典》第1032条规定，自然人享有隐私权。任何组织或者个人不得以刺探、侵扰、泄露、公开等方式侵害他人的隐私权。隐私是自然人的私人生活安宁和不愿为他人知晓的私密空间、私密活动、私密信息。第1033条规定，除法律另有规定或者权利人明确同意外，任何组织或者个人不得实施下列行为：（1）以电话、短信、即时通讯工具、电子邮件、传单等方式侵扰他人的私人生活安宁；（2）进入、拍摄、窥视他人的住宅、宾馆房间等私密空间；（3）拍摄、窥视、窃听、公开他人的私密活动；（4）拍摄、窥视他人身体的私密部位；（5）处理他人的私密信息；（6）以其他方式侵害他人的隐私权。在刑事处罚方面，《刑法》第284条规定，非法使用窃听、窃照专用器材，造成严重后果的，处二年以下有期徒刑、拘役或者管制。

典型案例91

胡某、王某与何某、江苏某某物业服务有限公司淮安分公司排除妨害纠纷案[①]

案情简介

上诉人胡某、王某因与被上诉人何某、原审被告江苏某某物业服务有限公司淮安分公司排除妨害纠纷一案，不服江苏省淮安市淮安区人民法院

---

① 参见江苏省淮安市中级人民法院（2024）苏08民终685号民事判决书。

作出的（2023）苏 0803 民初 8172 号民事判决，向江苏省淮安市中级人民法院提起上诉称，一审认为上诉人在自家门口安装摄像头侵犯被上诉人隐私权，认定不当。首先，上诉人在自家门口安装摄像头仅是为了保障自家安全，该摄像头覆盖的区域是公共区域，并不是被上诉人的私密空间。其次，上诉人安装的监控并不与公安人脸识别系统联网，即使被上诉人及其亲友、家人进入上诉人安装的摄像头的监控范围，摄像头也并不能识别来人身份，不能窥探所谓的个人信息。而且，被上诉人的家人、亲友进出房门本是正常的生活状态，不具有私密性，不是隐私权的保护客体。

裁判要旨

自然人享有隐私权。任何组织或者个人不得以刺探、侵扰、泄露、公开等方式侵害他人的隐私权。隐私是自然人的私人生活安宁和不愿为他人知晓的私密空间、私密活动、私密信息。该案中，胡某、王某在其入户门上方对着楼道安装摄像头，该摄像头的监控范围包括与何某日常生活有密切联系的公共区域，该摄像头客观上可以监控何某个人出入的信息，这容易造成个人信息的泄露，对何某的居住环境安宁造成了侵扰，危及何某的隐私，故一审认定胡某、王某安装摄像头的行为侵犯了何某的隐私权并无不当。

因此，收集个人信息应遵循合法、正当、必要的原则，公开收集、使用的规则，明示收集、使用信息的目的、方式和范围，并需经被收集者同意，不得违反法律的一般禁止性规定，不得侵害他人合法权益，不得违反社会公共利益和社会公德。根据上述法律规定，对于偷拍等非法获取他人信息，侵犯隐私权的行为，在民事、行政甚至刑事方面，均有相应的法律约束手段，行为人将因此承担相应法律责任。

（二）民事诉讼非法证据排除

虽然偷拍行为被法律所禁止，但当事人将偷拍所得的录音、录像作为证据提交法庭的情况较为普遍，此时对于该非法证据应当予以认定，是一概排除适用，还是有条件采信，抑或一概采信？非法证据在刑事审判领域探讨较多，关于民事诉讼非法证据排除规则，1995年最高人民法院发布的《关于未经对方当事人同意私自录制其谈话取得的资料不能作为证据使用的批复》（已失效，以下简称《证据批复》），明确规定"未经过对方当事人同意私自录制其谈话，系不合法行为，以这种手段取得的录音资料，不能作为证据使用"。《证据批复》规定能够作为定案依据的证据必须是通过合法途径取得的，如果证据是视听资料，必须经过对方当事人同意，否则不具备证据能力。因此，最高人民法院通过《证据批复》为在司法实践中具体办案时确定了一条证据采信规则，即视听资料若想符合合法性要求，在其形成时必须得到被录制者的同意，否则其不具备证据能力。《证据批复》对非法证据的审查标准设置得过于严格，仅将录音资料合法性标准限定在"经对方当事人同意"的范围内。实务中，基本不可能存在征得对方当事人同意后，录制双方谈话作为证据使用这种情形。

2001年，最高人民法院公布《民事诉讼证据规定》，2001年《民事诉讼证据规定》在对《证据批复》修改的基础上重新设计了非法证据的排除标准，即以取得证据侵害他人合法权益或者违反法律禁止性规定为非法证据判断标准。2001年《民事诉讼证据规定》第68条规定："以侵害他人合法权益或者违反法律禁止性规定的方法取得的证据，不能作为认定案件事实的依据。"但同时2001年《民事诉讼证据规定》第70条第3项又规定："有其他证据佐证并以合法手段取得的、无疑点的视听资料或者与视听资料核对无误的复制件"，如果对方当事人不能提供足以反驳的相反证据，法院应当确认其证明力。从这两条规定[①]中可以看出，2001年《民事诉讼证据规定》在坚持取证手段必须合法的基础上，放宽了对于合

[①] 该两条规定，2019年《民事诉讼证据规定》修正时已经删除。

法性的限制条件，不再以对方当事人的同意为视听资料被采信的先决条件。可以说 2001 年《民事诉讼证据规定》在承认《证据批复》所确立的私录视听资料非法证据排除规则的同时，又增加了两条认定其合法性的判断标准，突破了原来凡是私录视听资料必须排除的弊端，同时也将非法证据排除的范围扩张到了全部证据种类。以合法手段收集证据依然是 2001 年《民事诉讼证据规定》的基本原则，但《民事诉讼证据规定》对证据合法性的认定条件进行了调整，被录制者的同意不再是私录视听资料拥有证据能力的必要条件。因此，侵犯他人合法权益和违反法律禁止性规定这两个要件成为《民事诉讼证据规定》对非法证据新的判断标准，二者满足其一即可。2015 年，最高人民法院公布《民事诉讼司法解释》，其中第 106 条增加了"严重""违背公序良俗""形成"等关键词，该条规定"对以严重侵害他人合法权益、违反法律禁止性规定或者严重违背公序良俗的方法形成或者获取的证据，不得作为认定案件事实的根据"，进一步完善了有关非法证据排除的内容规定。

典型案例 92

冯某军与刘某设、定安联海实业有限公司等民间借贷纠纷案[①]

案情简介

再审申请人冯某军因与被申请人刘某设、一审被告定安联海实业有限公司、一审被告衡阳市长江建设工程有限责任公司民间借贷纠纷一案，不服海南省第一中级人民法院作出的（2018）琼 96 民终 1110 号民事判决，

[①] 参见海南省高级人民法院（2019）琼民申 1090 号民事裁定书。

申请再审称，该案录音不应当作为证据采信，刘某设的起诉已过诉讼时效。《证据批复》规定，"证据的取得必须合法，只有经过合法途径取得的证据才能作为定案的根据。未经过对方当事人同意私自录制其谈话，系不合法行为，以这种手段取得的录音资料，不能作为证据使用"。《证据批复》中的"未经过对方当事人同意私自录制其谈话，系不合法行为"指涉及对方当事人的偷录侵犯对方当事人或其他人合法权益的行为。该案中，冯某军承认借款248万元，但刘某设在录音中故意隐瞒、回避借款数额，只是要求冯某军还款，并主张冯某军借款本金是384万元，企图恶意侵害冯某军合法权益。故该录音证据符合2001年《民事诉讼证据规定》第68条"以侵害他人合法权益或者违反法律禁止性规定的方法取得的证据，不能作为认定案件事实的依据"、《民事诉讼司法解释》第106条"对以严重侵害他人合法权益、违反法律禁止性规定或者严重违背公序良俗的方法形成或者获取的证据，不得作为认定案件事实的根据"的规定，法院不应采信。

裁判要旨

冯某军申请再审时主张刘某设未经冯某军同意私自录音不合法，该录音不能作为该案认定事实的依据。虽然最高人民法院曾经作出《证据批复》，将录音证据的合法性标准限定为经对方当事人同意，但是2001年《民事诉讼证据规定》第68条重新明确了非法证据的判断标准，即除以侵害他人的合法权益（如故意违反社会公共利益和社会公德侵害他人隐私）或者违反法律禁止性规定的方法（如擅自将窃听器安装到他人住处进行窃听）取得的证据外，其他情形不得视为非法证据。该案中，刘某设未经冯某军的同意私下录音的行为，实际上是对冯某军在诉讼外同意履行债务的证据保全，并不符合上述两种情形，故二审判决确认涉案电话录音合法并予以采信并无不妥。

《民事诉讼司法解释》第106条实际上依然坚持非法证据应当排除的原则，但在判断标准上有所调整，其中"违反法律禁止性规定"指的是违反一切实体法规范，不限于民事法律；"严重侵害他人合法权益"，意味着未达到"严重"程度，属于一般侵权行为的，则不属于排除范围，这实际上体现了在非法证据的判断标准上有所放宽。同时，依该条规定，不仅在获取证据的方法上，证据本身以"严重侵害他人合法权益、违反法律禁止性规定或者严重违背公序良俗的方法"形成的，也构成非法证据。①

根据上述司法解释的规定，偷录偷拍要作为合法证据使用，需满足三个条件：一是不得严重侵害他人合法权益，包括个人隐私以及个人生活不受影响等；二是不得违反法律禁止性规定，采取暴力、胁迫、非法拘禁、窃听等方法取得的证据，不能作为诉讼证据使用；三是不得严重违背公序良俗，以严重违背公序良俗的方法取得的偷拍偷录资料不能作为证据使用。在案件审理过程中，如果查证偷拍偷录资料是采取暴力、胁迫、非法拘禁、窃听等违法方式取得的，则该视听资料不能作为证据使用。事实上，近几年我国的证据立法与司法实践对于不合法的证据，已经确立了三种可能的后果：一是强制排除；二是法官酌情裁量排除；三是视能否进行补正或者作出合理解释，再决定是否排除。不合法的证据不排除，并不意味着对诉讼证据合法性的审查没有意义。如果不审查诉讼证据的合法性，那么既不足以判断违法程度是否已达到需要排除证据的要求，也无从认识违法程度对诉讼证据真实性的影响。②

---

① 参见最高人民法院民法典贯彻实施工作领导小组办公室编著：《最高人民法院新民事诉讼法司法解释理解与适用》，人民法院出版社2022年版，第288页。
② 参见陈学权：《诉讼证据属性的中国表达》，载《法制与社会发展》2024年第1期。

典型案例93

张某富与韩某林劳务合同纠纷案[①]

案情简介

2021年7月17日,韩某林与张某富通话。韩某林说:张某富,你欠我的工资能不能给我点儿,这都多少年了。张某富说:都没整回来了。韩某林说:你把欠我那1万元钱给我点儿,不能不给呀,这些年了。张某富说:我整得老紧了,外面200多万元都回不来。韩某林说:常年打工,还有病,长年吃药,什么也干不了。张某富说:等元旦吧,看松原那块能回来点儿钱。2021年11月5日,韩某林与张某富通话。韩某林说:怎么样啊,我那工资是不是得给我点儿呀。张某富说:我在长春呢,在做腰椎间盘手术。韩某林说:你不是说11月有一笔钱回来。张某富说:看看能不能,得回家时办。韩某林向一审法院提供上述录音作为证据并起诉请求:判令张某富返还拖欠的韩某林工资10000元及利息。一审法院判决张某富于判决生效之日起立即给付韩某林劳务费10000元及逾期利息。判决后,张某富提起上诉认为,根据《证据批复》规定:未经过对方当事人同意私自录音取得的资料不能作为证据使用,这是以非法证据排除规则排除使用。《民事诉讼证据规定》第90条第4项规定,下列证据不能单独作为认定案件事实的根据:……(4)存有疑点的视听资料、电子数据。该案中,韩某林仅提供了一份录音证据,涉案的录音证据并没有经过对方同意,且不能证明通话双方的真实身份,张某富当庭对该份证据提出了异议,并且韩某林没有其他证据佐证。因此,原审法院认定通话双方为张某富与韩某林属于事实认定错误,韩某林主张的劳务纠纷已经超过诉讼时效。

[①] 参见吉林省白城市中级人民法院(2022)吉08民终470号民事判决书。

裁判要旨

《民事诉讼司法解释》第106条规定:"对以严重侵害他人合法权益、违反法律禁止性规定或者严重违背公序良俗的方法形成或者获取的证据,不得作为认定案件事实的根据。"该司法解释将"对方当事人同意"作为私下录音所获资料合法性判断标准的规定,而代之以不得"严重侵害他人合法权益、违反法律禁止性规定或者严重违背公序良俗的方法形成或者获取的证据"为条件。该案中虽然韩某林提供的录音资料未经张某富同意,但既没有侵害到其他人的合法权益,也没有违反法律的禁止性规定或者严重违背公序良俗,因此该录音资料可以作为合法的证据采信。

民事诉讼中,关于类似所谓非法证据的审核认定,最高人民法院认为,在判断非法证据时应谨慎,以利益衡量原则为标准进行。对取得证据方法的违法性所损害的利益与诉讼所保护的利益(忽略取证方法的违法性所能够保护的利益)进行衡量,以衡量的结果为判断非法证据的重要考量因素。如果取证方法的违法性所损害的利益明显少于违法性所能够保护的利益,则不应判定该证据为非法证据。[①] 允许偷拍偷录资料作为证据使用既有优点也有缺点,结合对相关法律的分析,根据现实生活的应用,允许偷拍偷录资料作为民事证据使用依旧是一个值得讨论的法律问题,对此要结合实际中不断出现的问题,有针对性地完善相关法律。

事物具有两面性,偷拍偷录在一定程度上对他人的隐私造成了侵犯;但按照比例原则,为保护一个较大的利益而损害一个较小的利益,在适当的"度"的范围内是允许的、被接受的。因此,针对特殊案件,以偷拍偷录获取的证据有其存在的必要性及合理性。

---

① 参见最高人民法院民事审判第一庭编著:《最高人民法院新民事诉讼证据规定理解与适用》,人民法院出版社2020年版,第764页。

> **裁判规则**
>
> 具体个案中，除了进行利益衡量，还必须结合案件本身进行综合研判，不能因为案件的审理，而产生提倡或者鼓励侵犯他人隐私获取证据的行为，对公民隐私权的保护更重要。

典型案例94

施某道与廖某辉等民间借贷纠纷案[①]

案情简介

上诉人施某道因与被上诉人廖某辉、原审被告冯某雅、原审被告东莞市南某某日用品批发店民间借贷纠纷一案，不服广东省东莞市第一人民法院作出的（2023）粤1971民初35683号民事判决，提起上诉称，廖某辉提供的所谓录音断章取义，未能明确表达施某道的真实意思表示。施某道后来知道廖某辉与冯某雅存在借贷关系，并未明确表示共同偿还。私自录音并没有经过施某道指认，不能作为该案定案的依据。

裁判要旨

《民事诉讼司法解释》第106条规定："对以严重侵害他人合法权益、违反法律禁止性规定或者严重违背公序良俗的方法形成或者获取的证据，不得作为认定案件事实的根据。"一审认定施某道应承担共同还款责任的主要依据是廖某辉举证的电话录音，从施某道的上诉意见来看，施某道确认该录音的真实性，但对该录音的合法性提出疑问。关于该电话录音的证据效力，法院认为，从该录音的取得过程来看，该录音虽系私录形成但并

---

① 参见广东省东莞市中级人民法院（2024）粤19民终4795号民事判决书。

非以严重侵害他人合法权益或者违反法律禁止性规定的方法取得；从录音效果来看，可听清录音的基本内容，该录音并无明显的疑点；从录音的内容来看，该录音系廖某辉与冯某雅就借贷纠纷产生争议后，廖某辉与冯某雅的配偶施某道就借款问题进行沟通的过程，能够客观反映借贷事宜，与该案的基本事实密切相关。故该录音不存在不得作为认定案件事实的根据之情形，对该录音证据予以采纳。

第八讲　电子数据

电子数据属于法定证据种类之一，是2012年《民事诉讼法》修正时增加的证据种类。随着科技的发展和进步，在互联网应用常态化下，手机短信、微信、电子邮件、支付宝等常用通信应用早已成为生活、工作不可或缺的工具，电子数据越来越多地进入日常生活。相应地，越来越多的电子数据作为证据进入诉讼程序。根据《民事诉讼司法解释》第116条第2款的规定，电子数据是指通过电子邮件、电子数据交换、网上聊天记录、博客、微博客、手机短信、电子签名、域名等形成或者存储在电子介质中的信息。电子数据与其他证据类型相比，"数据"形态是最重要特征，电子数据通常存储于各种电子介质上，书证的主要载体是纸张，而电子数据往往存储于芯片、光盘、云盘等电子介质或者存储空间，电子数据本质上是一种电子信息，可以实现精准复制，也可以在虚拟空间无限快速传播。

典型案例 95

威海市正大环保设备股份有限公司与山东汇宇新材料有限公司买卖合同纠纷案[①]

案情简介

再审申请人威海市正大环保设备股份有限公司（以下简称威海正大公司）因与被申请人山东汇宇新材料有限公司（以下简称山东汇宇公司）买卖合同纠纷一案，不服山东省东营市中级人民法院作出的（2018）鲁05民终969号民事判决，申请再审称，（1）原判决认定的基本事实缺乏证据证明。在被申请人仅提供未加盖公司公章的邮箱邮件证据而未提供其他证据予以佐证的情况下，二审法院基于该证据直接认定被申请人曾多次向申请人提出所谓存在质量问题的异议，明显缺乏证据证实；（2）对审理案件需要的主要证据，当事人因客观原因不能自行收集，书面申请人民法院调查收集，人民法院未调查收集。依据《民事诉讼法》第200条第2、5项规定申请再审。

裁判要旨

《民事诉讼司法解释》第116条规定："视听资料包括录音资料和影像资料。电子数据是指通过电子邮件、电子数据交换、网上聊天记录、博客、微博客、手机短信、电子签名、域名等形成或者存储在电子介质中的信息。存储在电子介质中的录音资料和影像资料，适用电子数据的规定。"电子邮件属于法定电子数据证据的范畴，可以作为证据使用。原审

---

① 参见山东省高级人民法院（2019）鲁民申2501号民事裁定书。

庭审中已经查明了电子邮件的发送、接收邮箱为双方邮箱，并对电子邮件由双方进行了质证。依据 2001 年《民事诉讼证据规定》第 2 条"当事人对自己提出的诉讼请求所依据的事实或者反驳对方诉讼请求所依据的事实有责任提供证据加以证明。没有证据或者证据不足以证明当事人的事实主张的，由负有举证责任的当事人承担不利后果"的规定，威海正大公司若想否认电子邮件的真实性，应当举证证明，但仅提出了主张，未提交证据予以支持。依据 2001 年《民事诉讼证据规定》第 76 条"当事人对自己的主张，只有本人陈述而不能提出其他相关证据的，其主张不予支持。但对方当事人认可的除外"的规定，在山东汇宇公司主张电子数据证据真实，威海正大公司对山东汇宇公司的主张不予认可的情况下，原判决对威海正大公司的主张不予支持，采信电子邮件的证明力，并据此认定事实，符合上述规定。

一、电子数据的审查

根据《民事诉讼证据规定》第 14 条的规定，电子数据包括下列信息、电子文件：（1）网页、博客、微博客等网络平台发布的信息；（2）手机短信、电子邮件、即时通信、通讯群组等网络应用服务的通信信息；（3）用户注册信息、身份认证信息、电子交易记录、通信记录、登录日志等信息；（4）文档、图片、音频、视频、数字证书、计算机程序等电子文件；（5）其他以数字化形式存储、处理、传输的能够证明案件事实的信息。

（一）电子数据的特性

电子数据作为以数字化形态存在的特殊证据类型，具有易变性与稳定性并存的特征。该类证据是以电子形式存在的，只需要敲击键盘，即可对其进行增加、删除、修改，因此其具有易变性。当然，对电子数据的增加、删除、修改都会留有一定的痕迹，而且被破坏的数据多数情况下可以通过技术手段被恢复到破坏前的状态，这足以体现该类证据的稳定性。

电子数据作为证据种类，还具有内容和载体上的"双联性"。内容关联性是电子证据的数据信息同案件事实之间的关联性，载体关联性是电子证据的信息载体同当事人或其他诉讼参与人之间的关联性。具体来说，前者影响案件事实存在与否的认定，后者确定电子证据所蕴含的信息同诉讼主体的关联性；前者属于一种经验上的关联性，或者属于一种法律上的关联性；前者等同于对传统证据提出的一致要求，或者体现出对电子证据关联性的特殊要求；前者主要涉及物理空间，即判断电子证据的内容是否对证明物理空间的案件事实产生了实质性影响，后者则主要涉及虚拟空间，即借助电子证据的形式确立虚拟空间的案件事实并搭建两个空间的对应关系。这些内容共同构成了电子证据双联性原理的内涵。[1]

通常情况下，电子数据内含丰富的身份信息，这些虚拟空间中的身份信息与物理空间中的主体存在明确的对应关系。这背后蕴含着电子证据同人的关联性规律，即涉案的各种电子账号，包括电子邮箱账号、手机号、微信号、钉钉号、QQ号、陌陌号、微博号、网游账号、银行卡号、支付宝账号、虚拟钱包地址、云账号、域名等需要同被告人或其他诉讼参与人关联起来。通过对电子证据中涵盖的相关人员身份信息的深入分析，我们可以检索到与该身份相关的行为记录，从而还原与该身份相关的特定事实。[2]

（二）电子数据举证要求

《民事诉讼证据规定》第15条第2款规定，当事人以电子数据作为证据的，应当提供原件。电子数据的制作者制作的与原件一致的副本，或者直接来源于电子数据的打印件或其他可以显示、识别的输出介质，视为电子数据的原件。电子证据的原件应当指最初生成的电子数据及其首先固定所在的各种存储介质，如果某一电子证据首先固定于某块计算机硬盘上，

---

[1] 参见何家弘、刘品新：《证据法学》（第7版），法律出版社2022年版，第186页。
[2] 参见刘品新：《论电子证据重建理论》，载《法律适用》2024年第8期。

则该硬盘上存储的电子数据就是原件，如果某一电子证据首先固定于磁带、软盘或光盘上，则该磁带、软盘或光盘上存储的电子数据就是原件。① 存有疑点的电子数据，根据《民事诉讼证据规定》第 90 条第 4 项的规定，不能单独作为认定案件事实的根据，该条款是关于瑕疵证据的补强规则的规定。

当事人应当在法庭上出示电子证据的原始载体，包括储存有电子证据的手机、计算机或者其他电子设备。符合以下条件的其他电子证据载体，视为满足法律、法规规定的原件形式要求：（1）能够有效地表现所载内容并可供随时调取查用；（2）能够可靠地保证自最终形成时起，内容保持完整、未被更改的。

> **法官提示**
>
> 保存在电子介质上的电子数据，属于可擦写的数据，在使用过程中容易被篡改或者删除，调查取证、组织质证时尤其要注意甄别。

典型案例 96

郑某与佳施加德士（烟台）能源有限公司劳动合同纠纷案②

案情简介

上诉人郑某因与被上诉人佳施加德士（烟台）能源有限公司劳动合同纠纷一案，不服山东省烟台市芝罘区人民法院作出的（2022）鲁 0602

---

① 参见最高人民法院民事审判第一庭编著：《最高人民法院新民事诉讼证据规定理解与适用》，人民法院出版社 2020 年版，第 195 页。
② 参见山东省烟台市中级人民法院（2023）鲁 06 民终 3207 号民事判决书。

民初 3634 号民事判决，提起上诉称，一审审理期间，上诉人先后多次告知法庭，在仲裁审理过程中，被上诉人所属控股公司工作人员，将上诉人踢出上诉人所在金控石化控股的各通知工作群，致使上诉人无法提供相应证据的原始载体。一审庭审中，上诉人已经明确指出，被上诉人将上诉人踢出群聊的行为属于毁灭书证原始载体的行为，被上诉人将上诉人踢出各通知工作群后，持有原始载体的唯一主体只有被上诉人，被上诉人控制原始载体且并未向法庭提交，《最高人民法院关于审理劳动争议案件适用法律问题的解释（一）》第 42 条及《劳动争议调解仲裁法》第 6 条均明确规定，用人单位未提供其掌握加班事实的证据的，应承担不利后果。且被上诉人未提交其控制的书证原始载体的行为，符合《民事诉讼证据规定》第 48 条、第 95 条规定的情形，依法应当适用该规定并判决应由被上诉人承担相应的不利后果，一审法院不但未适用上述规定裁判被上诉人承担不利后果，甚至未对被上诉人毁灭证据的行为予以处罚，而且对最高人民法院的上述法律规定避而不谈，明显错误，依法应予以纠正。

裁判要旨

该案中，郑某为证实其上诉主张的加班事实客观存在，提供了微信聊天记录复印件等证据，但未提供原始载体，佳施加德士（烟台）能源有限公司对微信聊天记录复印件的真实性及与该案的关联性均不予认可。根据法律规定，存储在电子介质中的微信聊天记录属于民事证据中的电子数据，可以作为证据使用。《民事诉讼证据规定》第 23 条规定："人民法院调查收集视听资料、电子数据，应当要求被调查人提供原始载体。提供原始载体确有困难的，可以提供复制件。提供复制件的，人民法院应当在调查笔录中说明其来源和制作经过。人民法院对视听资料、电子数据采取证据保全措施的，适用前款规定。"据此，郑某对其提供的电子数据复制件，负有提供原始载体的法定义务，该原始载体并非由用人单位掌握管理，郑某被踢出微信群并不能作为其无法提供相关原始载体的合法理由。郑某因个人原因而无法提供相关电子数据的原始载体所导致的法律后果不应由佳施加德士（烟台）能源有限公司承担，郑某应就此承担不利的后果。

对证据的审查如前文所述，一般应当关注真实性、关联性、合法性。对于关联性和合法性，电子数据证据与其他证据类型并无实质性区别，因此法律或者司法解释并没有就电子数据证据作出例外规定，实践中还是着重关注电子数据证据的真实性。电子数据证据与其他证据相比，具有一定的虚拟性和流动性，在信息本身和存储介质之间，存在一定的时空差。电子数据具有的高科技性和容易被篡改等特征，使其在作为证据进行应用时容易遭受质疑。因此，电子数据作为证据时，其取证、质证、认证的核心问题即为真实性问题。

电子数据的真实性包括以下三个方面：

一是电子数据载体的真实性，存储电子数据的介质应是原始的、完整的，未被替换或者破坏。根据《民事诉讼证据规定》第23条第1、2款的规定，人民法院调查收集电子数据，应当要求被调查人提供原始载体。提供原始载体确有困难的，可以提供复制件。提供复制件的，人民法院应当在调查笔录中说明其来源和制作经过。此即对电子数据载体原始性、真实性的要求。

二是电子数据的真实性，电子数据与原始数据应当保持一致，不存在修改、删除、增加等情形。

三是电子数据内容的真实性，电子数据承载的信息内容可以与案件其他证据相互印证，进而证明案件相关事实。比如双方通过微信达成买卖商品的合意并订立了买卖合同，发生纠纷进入诉讼程序后，原告将双方的微信聊天记录、微信付款记录等作为证据提交法庭，此时，被告质证或者法官审查证据时，首先，应当审核载体的真实性即微信登录的设备是否为原告主张的设备；其次，审查微信聊天记录是否完整，有无删除、修改等情况；最后，审查聊天内容是否符合原告主张，与双方争议是否有关联性。

典型案例 97

侯某某与中山市古镇某某灯饰厂、深圳市某某迪曼照明科技有限公司专利权权属、侵权纠纷案[①]

案情简介

侯某某是外观设计"台灯（XLT0002）"的专利权人，其公证购买中山市古镇某某灯饰厂制造、深圳市某某迪曼照明科技有限公司销售的台灯后起诉，请求判令两被告停止侵权并赔偿损失及合理费用。两被告提交工业设计网帖、淘宝交易快照等证据主张现有设计抗辩。

广州知识产权法院一审认定两被告的现有设计抗辩不成立，于2020年8月3日作出（2019）粤73民初721号民事判决，判决两被告停止侵权并赔偿侯某某经济损失。中山市古镇某某灯饰厂、深圳市某某迪曼照明科技有限公司不服一审判决，提起上诉。广东省高级人民法院于2020年12月30日作出（2020）粤民终2508号民事判决，驳回上诉，维持原判。中山市古镇某某灯饰厂、深圳市某某迪曼照明科技有限公司不服二审判决，申请再审。最高人民法院认定，工业设计网帖的发布时间可任意修改且后台无显示修改记录功能，无法确定图片上传时间；淘宝订单信息与快照内容无法对应，不能确定二者涉及同一订单，该快照不属于固定该笔订单交易发生过程的交易快照；其他交易订单亦无交易快照，无法确定订单创建时的产品原始图片。上述证据均为电子数据，存在伪造、篡改的可能性，故两被告的现有设计抗辩不成立。最高人民法院裁定驳回中山市古镇某某灯饰厂、深圳市某某迪曼照明科技有限公司的再审申请。

[①] 人民法院案例库入库编号：2023-09-2-160-034。

裁判要旨

电子数据具有容易被伪造、篡改的特点，其真实性应当结合以下因素综合判断：电子数据的生成、存储、传输所依赖的计算机系统的硬件、软件环境是否完整、可靠；电子数据生成、存储、传输所依赖的计算机系统的硬件、软件环境是否处于正常运行状态；电子数据生成、存储、传输所依赖的计算机系统的硬件、软件环境不处于正常运行状态时是否对生成、存储、传输有影响；电子数据生成、存储、传输所依赖的计算机系统的硬件、软件环境是否具备有效防止出错的监测、核查手段；电子数据是否被完整地保存、传输、提取，保存、传输、提取的方法是否可靠，主体是否适当；电子数据是否在正常的往来活动中形成和存储，等等。

《电子签名法》第8条规定，审查数据电文作为证据的真实性，应当考虑以下因素：（1）生成、储存或者传递数据电文方法的可靠性；（2）保持内容完整性方法的可靠性；（3）用以鉴别发件人方法的可靠性；（4）其他相关因素。最高人民法院、最高人民检察院、公安部共同制定的《关于办理刑事案件收集提取和审查判断电子数据若干问题的规定》第22条规定，对电子数据是否真实，应当着重审查以下内容：（1）是否移送原始存储介质；在原始存储介质无法封存、不便移动时，有无说明原因，并注明收集、提取过程及原始存储介质的存放地点或者电子数据的来源等情况；（2）电子数据是否具有数字签名、数字证书等特殊标识；（3）电子数据的收集、提取过程是否可以重现；（4）电子数据如有增加、删除、修改等情形的，是否附有说明；（5）电子数据的完整性是否可以保证。参考上述规定，《民事诉讼证据规定》就民事诉讼中判断电子数据真实性因素作了具体详细的规定，其中第93条规定，人民法院对于电子数据的真实性，应当结合下列因素综合判断：（1）电子数据的生成、存储、传输所依赖的计算机系统的硬件、软件环境是否完整、可靠；（2）电子数据的生成、存储、传输所依赖的计算机系统的硬件、软件环境是否处于正常运行状态，或者不处于正常运行状态时，对电子数据的生成、存储、传输是否有影响；（3）电子数据的生成、存储、传输所依赖的计算机系统的硬件、软件环境是否具备有效的防止出错的监测、核查手段；（4）电子数据是否被完整地保存、传输、提取，保存、传输、提取的方法是否可靠；（5）电子数据是否在正常的往来活动中形成和存储；（6）保存、传输、提取电子数据的主体是否适当；（7）影响电子数据完整性和可靠性的其他因素。人民法院认为有必要的，可以通过鉴定或者勘验等方法，审查判断电子数据的真实性。

同时，根据《民事诉讼证据规定》第94条的规定，电子数据存在下列情形的，人民法院可以确认其真实性，但有足以反驳的相反证据的除外：（1）由当事人提交或者保管的于己不利的电子数据；（2）由记录和保存电子数据的中立第三方平台提供或者确认的；（3）在正常业务活动中形成的；（4）以档案管理方式保管的；（5）以当事人约定的方式保存、传输、提取的。电子数据的内容经公证机关公证的，人民法院应当确认其真实性，但有相反证据足以推翻的除外。

典型案例98

侯某玲与中国银行股份有限公司南京城南支行金融借款合同纠纷案[①]

案情简介

2018年7月，侯某玲经中国银行股份有限公司网上银行申请中银E贷，中银E贷关于《中国银行股份有限公司个人网络循环贷款合同》内

---

① 参见江苏省南京市中级人民法院（2020）苏01民终6422号民事判决书。

容载明：借款人侯某玲；循环贷款额度及期限条款约定，贷款人同意向借款人提供循环贷款，循环贷款额度以贷款人最终审批结果为准，贷款币种为人民币，等等。侯某玲阅读并确认上述贷款同后，于2018年7月10日向中国银行南京城南支行申请贷款300000元，于同年7月12日向中国银行南京城南支行申请贷款280000元，合计580000元，贷款期限均为12个月，年利率为6.09%，还款方式为规则还息，到期还本息。中国银行南京城南支行于贷款当天向侯某玲分别支付了上述两笔借款合计580000元。而后，侯某玲逾期未还。

裁判要旨

当事人对自己提出的诉讼请求所依据的事实或者反驳对方诉讼请求所依据的事实，应当提供证据加以证明。《民事诉讼证据规定》第94条规定，电子数据存在下列情形的，人民法院可以确认其真实性，但有足以反驳的相反证据的除外：（1）由当事人提交或者保管的于己不利的电子数据；（2）由记录和保存电子数据的中立第三方平台提供或者确认的；（3）在正常业务活动中形成的；（4）以档案管理方式保管的；（5）以当事人约定的方式保存、传输、提取的。电子数据的内容经公证机关公证的，人民法院应当确认其真实性，但有相反证据足以推翻的除外。该案中国银行南京城南支行提交的《中国银行股份有限公司个人网络循环贷款合同》系以数字化形式存储的信息，在证据形式上属于电子数据。根据一审中国银行南京城南支行提交公证书显示的《中国银行股份有限公司个人网络循环贷款合同》签订流程，该案借款系侯某玲通过网上银行向中国银行申请，中国银行对侯某玲提交的信息审核，而后，《中国银行股份有限公司个人网络循环贷款合同》的内容需要借款人侯某玲阅读并点击确认，该合同系在正常业务活动中形成，其作为电子数据的真实性应予确认，合同内容对中国银行南京城南支行及侯某玲均具有约束力。

目前审判实践中，考虑到电子数据的特殊性，为便于电子数据的质证与审查，一般要求当事人提交原始存储介质或者将提取的电子数据以封存状态提交，即提交原件。在举证、质证和审核认定证据时，应当进行适当地变通，由当事人向法庭提交电子数据书面展示件，如电子邮件的打印件、微信聊天的打印件等，当事人还可以通过公证的方式固定、展示电子数据。对电子文档、图片等可以直接展示的电子数据应提交打印件。电子数据的输出件和打印件应能够准确反映电子数据。[1] 比如，对于手机短信类证据的出示，提供该证据的当事人应当向法庭出示该手机短信，并将短信内容、收发件人、收发件时间、保存位置等信息记录说明。手机短信已经公证的，可以直接将公证文书作为证据出示。法庭应着重审查发件人与收件人的姓名及手机号码；短信的内容是否完整，是否与其他证据反映的事实矛盾，与案件有无关联性。必要时可以由电信运营商协助进行调查。

裁判规则

当事人提交电子数据证据的，应当采用截图、拍照或录音、录像等方式对内容进行固定，并将相应图片的纸质打印件，音频、视频的存储载体——如U盘、光盘，编号后提交法院。

提供微信、支付宝、QQ通信记录作为证据的，当事人应当对用户个人信息界面进行截图固定。电子证据中包含音频的，当事人应当提交与音频内容一致的文字文本。电子证据中包含视频的，当事人应当提交备份视频后的储存载体。电子证据中包含图片、文本文件的，当事人应当提交图片、文本文件的打印件。

电子证据的内容或者固定过程已经公证机关公证的，当事人应当向法庭提供公证书。电子证据的内容或固定过程未经公证机关公证的，法官应当指引当事人进行公证，并释明未经公证的电子证据可能会存在不能获得

---

[1] 参见最高人民法院民事审判第一庭编著：《最高人民法院新民事诉讼证据规定理解与适用》，人民法院出版社2020年版，第816页。

法院采纳的诉讼风险。电子证据的内容、固定过程未经公证机关公证，或虽经公证但法院认为有必要的，当事人应当在法庭上使用电子设备等原始载体，借助互联网登录相应软件展示电子证据内容，与提交的固定电子证据形成的图片、音频、视频进行核对。展示电子证据的设备应当由提交该证据的当事人自行提供。不具备当庭核对条件的，法院可以另行指定时间、地点核对。

当事人无法通过当庭登录互联网的方式出示电子证据的，经法院准许，可以对固定电子证据形成的图片、音频、视频进行质证，但辨识图片、音频、视频内容存在困难的除外。经核对，固定电子证据形成的图片、音频、视频与原件存在不一致情形的，当事人应当说明合理理由，理由成立的，法院可要求当事人在指定期限内重新提交固定形成的证据材料。

二、微信证据

在社交网络飞速发展的时代，微信作为一种流行的通信工具，在人们的日常生活和工作中的重要作用日益凸显。由此而产生的微信证据在民事诉讼中的应用越来越多，并且在帮助法官查明案件事实、作出正确判决方面起着至关重要的作用，如使用通信功能生成的对话记录，包括文字、静态和动态图片、文本文件、音频、视频、网络链接；使用微信朋友圈功能发布的文字、图片、音频、视频、网络链接，其中文字包括评论和点赞；使用支付、转账、红包功能产生的支付转账信息。微信证据属于电子数据的一种，以电子设备为载体记录用户实时通信信息，微信语音、聊天记录等在各类民事案件中被广泛作为证据提交，就连聊天中发的"表情"都有可能成为"呈堂证供"，但因微信证据的主体和内容的虚拟性特征，偷拍偷录、恶意截取、伪造篡改证据等非法现象层出不穷，导致其真实性往往受到质疑。

（一）微信证据的形式

1. 文字

文字包括微信好友聊天、微信朋友圈发布的文字、发送的文本文件以及微信公众号发布的文章等以文字形式存在的信息。此类记录是微信证据最常见的形式，且数量最多。

典型案例 99

谢某与肖某租赁合同纠纷案①

案情简介

2022年1月，谢某以鄂州市鄂城区竹林广场二楼招商为由收取肖某意向金4000元，肖某分别于2022年4月18日、4月21日、5月9日陆续微信转账至谢某账户共计2000元。由于谢某一直未交付场地，肖某遂要求谢某退还意向金，谢某于2022年11月22日出具欠条，载明：今借到肖某陆仟元整，到2022年12月15日还款。欠款到期后，谢某仍未付款，因而成讼。

裁判要旨

依照《民法典》第135条的规定："民事法律行为可以采用书面形式、口头形式或者其他形式；法律、行政法规规定或者当事人约定采用特定形式的，应当采用特定形式。"书面形式是指合同书、信件和数据电文等可以有形表现所载内容的形式。《民事诉讼司法解释》第116条第2款

---

① 参见湖北省鄂州市中级人民法院（2023）鄂07民终620号民事判决书。

规定:"电子数据是指通过电子邮件、电子数据交换、网上聊天记录、博客、微博客、手机短信、电子签名、域名等形成或者存储在电子介质中的信息。"微信聊天记录作为电子数据,能够有形地表现所载内容,并可以随时调取数据电文,亦属于书面形式范畴。因此,合同不仅可以通过签订纸质书面合同的形式订立,亦可以通过微信聊天记录方式订立。该案中,双方微信聊天记录足以证明双方就商铺租赁进行磋商,结合收款记录和欠条,足以证明双方达成了商铺租赁意向,肖某为此支付了6000元款项。

实务中有关微信文字方面遇到最多的两个问题是:

(1)主体问题。需要证明聊天记录中的当事人就是案件当事人,但是头像名字和当事人对应并不能达到证明效果,因为存在冒名的可能性。

(2)内容问题。需要证明聊天记录中的内容是真实和完整的,毕竟网上有"聊天记录"生成软件可以伪造聊天记录。

鉴于微信是依附特定终端的软件,其聊天记录非常容易灭失。建议善用微信中的"收藏"功能,平时应当注意收藏对将来可能有用的聊天记录。同时,如果证据是语音记录,则应当保留原始状态,使证据具有连续性、真实性。

2. 图片

图片包括在与微信好友聊天、发布微信朋友圈和微信公众号时转载、制作、拍摄的图片以及使用的各类表情。

首先,通常提供图片微信记录时,会一并提供图片聊天记录前后与之相关的聊天记录,如聊天图片前后的文字聊天记录等,该聊天记录与图片记录相结合,较为完整地呈现案件相关事实。

其次,不得删除或修改聊天记录,根据微信聊天记录在使用终端中只能删除、不能添加的特点,法院通常会对双方各自微信客户端的完整聊天信息进行对比,以验证相关信息的完整性和真实性,因此如果任何一方对聊天内容进行了删减或修改,对方拿出相反的证据,那么提供不完整或不真实证据的一方，轻则面临法官对该方陈述的信任程度降低的危险，重则面临提供虚假证据的处罚。

3. 语音

语音包括与微信好友聊天、发布的微信朋友圈和微信公众号文章中以语音形式存在的信息。

4. 视频

视频包括与微信好友聊天、发表微信朋友圈和微信公众号时，转载、制作、拍摄的视频。视频具有直观反映事实的作用，通常微信使用者自行拍摄的视频更有证明力，转载或者制作的视频由于不知道原始出处或者有后期编辑的痕迹，通常证明力不如自行拍摄的视频的证明力。在保存证据时，要注意对视频形成方式的审查，对此类微信记录证据建议采取刻录光盘的方式提取和固定。

5. 链接

链接包括与微信好友聊天、发表微信朋友圈和微信公众号时发送的网络链接，此类微信记录最大的特点是链接内容是提前由第三方或者发送方制作的。通过微信传输的文件、网络链接等如果不及时保存会失效，在保存证据时除正常截图聊天内容外，还要保存打开后的文本文件或网络链接的内容。仅保存下载后的文本文件或者网络链接无法证实该证据的真实性和关联性，该证据可能不会被法院采纳。

6. 转账

转账是指使用支付、转账、红包功能时产生的支付转账信息，这一微信证据类型主要在使用微信支付功能时产生。

(二) 微信证据认定的难点

微信证据在使用过程中很容易被篡改、伪造、删除、修改，并且删除微信聊天记不会留下任何痕迹，这使诉讼中出示的微信证据内容的真实性大大降低，导致证据难以认定，影响证明力。因微信未强制要求实名制，如果不能证明微信使用人就是当事人，即聊天记录中的主体不能被还原为对应的现实世界的当事人，则微信证据在法律上与案件无法产生关联性。

1. 微信主体认定困难

微信主体认定是微信证据进入诉讼的第一道关口。微信账号存在微信号、QQ 号、邮箱账号和手机号等多种形式，微信用户名称大多不是实名，而是用户自己设置的昵称，并且很多人不是用本人的手机号登录注册微信，而是通过其他方式进行登录注册微信，此时，对于微信主体的认定存在较大难度。另外，因为一个人可以同时注册几个账号，账号实际使用者较难确定。审判实践中最常审核的是头像和昵称，但该两项均可以使用任何图片和文字，亦可随意更换，故难以识别使用者的真实身份。有的民间借贷案件中，举证方在微信中将借条或证据采用拍摄后上传图片的形式固定，在双方产生争议后，法院很难认定证据或借条的真实性。

典型案例 100

程某诉赵某买卖合同纠纷案[①]

案情简介

被告赵某经营医疗美容项目，原告程某为网红医美顾问。2019 年 9 月 22 日，甲方赵某（受让方）与乙方程某（出让方）签订转让协议，约定：乙方将其拥有的 9 个微信号的使用权、所有权转让给甲方，甲方受让并支付转让价款 50 万元。乙方收到甲方全部转让款后现场配合甲方完成微信号的密码、绑定手机号信息变更和解除微信号实名认证工作，即视为完成微信号虚拟财产的交付。微信号完成交付转让后，使用权和所有权归

[①] 人民法院案例库入库编号：2023 - 07 - 2 - 084 - 061。

甲方所有，微信号后续责任和义务与乙方无任何关联。甲方承担受转让微信号后续经营的所有风险和义务。由于微信号为虚拟财产，完成转让交付后双方都不得以任何理由反悔交易。如出现已转让微信号内客户与乙方有业务冲突，则冲突客户归甲方所有。对于所转让微信号，乙方不得找回，如出现问题乙方需积极配合甲方。协议签订当日，赵某支付程某转让款30万元，程某将约定的微信号交付赵某并完成微信号的密码、绑定手机号信息变更。涉案9个微信号均经实名（身份证号码）认证、手机号码绑定，部分账号绑定了QQ号、邮箱账号及银行卡号。涉案微信号均有2000至3000的微信好友。

现因被告赵某未支付尾款，原告程某向法院起诉，请求判令赵某支付尾款20万元及相应利息。江苏省江阴市人民法院于2021年3月16日作出（2020）苏0281民初7297号民事判决：驳回程某的全部诉讼请求。一审判决后，双方当事人均未提起上诉，判决已发生法律效力。

裁判要旨

微信账号不仅绑定了自然人的姓名、身份证号、手机号、银行卡号等信息，还以微信头像、朋友圈、微信运动等形式记载了自然人的个人特征、社会关系、行踪信息等，这些信息能够单独或者与其他信息结合识别特定自然人，属于自然人的个人信息，受到法律保护。买卖微信账号行为的实质是买卖微信好友的个人信息，而买卖微信好友的个人信息违反法律的强制性规定，因此应当认定买卖微信账号行为无效。

2. 微信证据内容甄别困难

由于微信聊天内容常为表情、图片、文字、符号交叉，文字又存在口语化表达等情况，因此为微信聊天记录的其真实意思的认定带来困难。目前实践中微信聊天记录大多采取截屏打印的方式进行导出，但因为其中可能包含图片、语音、视频等，对其进行完整地提取和展示较难。在证据审核的过程中，往往囿于导出证据的时间段，难以展示整个时间段中微信交流的内容。按照电子证据的认定规则，若要确保其真实性、完整性则需要专门鉴定机构、公证机构的辅助，目前极少见有委托鉴定机构甄别或对微信证据进行公证的情况，亦较难取得软件供应商的技术性辅助。

司法实践中，由于微信证据的广泛运用，因此对微信证据的审核认定进行了有益的尝试。在诉讼活动中，审查认定微信证据的第一步是确认使用者的主体身份，由于微信昵称无法作为识别使用者真实身份的依据，因此要求举证方对对方的真实身份进行举证。目前，对微信证据真实性的认定主要采取当事人自认、关联信息辨认、实名化数据推定等方式。

1. 当事人自认

在证据交换或者庭审举证质证过程中，一方当事人认可对方提供的微信证据的真实性，且该微信证据经与原件核对无误的，则一般可以认定该微信证据的真实性。

2. 关联信息辨认

一方当事人往往抗辩其并非微信证据中微信账号的所有者，对此，实践中一般采取对微信头像、相册、共同好友、朋友圈辨认等方式予以查明。

3. 实名化数据关联推定

微信用户用其手机号码进行实名注册的，则可以通过手机号码或向通信运营商核实电话号码等方式来确认账号注册人身份。

> **法官提示**
>
> 　　如果想将微信聊天记录作为证据使用，在无其他证据佐证的情况下，需要注意以下三点：一是要提供原始载体；二是要证实微信聊天的对方就是案件对方当事人，即要证明对方当事人是微信聊天的对方微信号的使用者；三是原始载体上的聊天记录应当保证完整性，不能随意截取或删除，否则完整性将被质疑，可能导致证据不被采信。

典型案例 101

潘某某与宋某某劳务合同纠纷案[①]

案情简介

2009年3月至2010年10月，原告在新疆若羌石棉矿中由被告所有的厂房内提供劳务。2010年10月20日完工后，原告多次催要工钱，原告陈述被告陆续支付了30000元。在2023年12月11日的微信聊天中，原告要求被告将被告所欠的剩下的30000元工钱想办法清偿，被告说："行，咱弟兄我给你说啥瞎话呢，我今年到现在连养老保险都没有交，还没钱交，我准备这两天到洛阳看那个执行，我催执行局给我弄点儿钱出来""有的话我早都给你安排了"。被告当庭认可欠原告钱，但否认欠款性质为劳务费。以上事实有微信聊天记录及当事人陈述予以证实。

裁判要旨

该案中，宋某某一审提供的手机微信、短信截图可以作为证据使用。根据《民事诉讼司法解释》第116条第2款"电子数据是指通过电子邮件、电子数据交换、网上聊天记录、博客、微博客、手机短信、电子签名、域名等形成或者存储在电子介质中的信息"的规定，微信、手机短信属于证据形式中的电子数据，经查明，宋某某与潘某某之间的微信记录、短信记录显示，宋某某向潘某某索要劳务费，潘某某在2023年12月11日的微信留言中未否认宋某某提出的潘某某欠付劳务费的主张，表示"有的话我早都给你安排了"。虽然潘某某没有自认其欠付劳务费的具体

[①] 参见新疆维吾尔自治区巴音郭楞蒙古自治州中级人民法院（2024）新28民终1394号民事判决书。

第八讲　电子数据　287

金额，但根据潘某某在宋某某通过微信、短信向其主张3万元劳务费后，未回应，未提出异议，存在推脱还款的行为，应认定欠付劳务费的事实真实存在，金额为3万元，以上证据可证明劳务费金额的真实性和合理性。该案的微信、短信的截图及宋某某主张可以相互印证，形成完整的证据链，证实潘某某拖欠宋某某3万元劳务费的事实。

（三）微信证据的具体审核

在证据交换或者庭审举证质证环节，在审核微信证据时，可以要求当事人登录软件出示电子证据，并将该电子证据与固定电子证据形成的图片、音频、视频进行一致性核对：（1）由账户持有人登录微信，展示登录所使用的账户名；（2）在通讯录中查找对方用户并点击查看个人信息，展示个人信息界面显示的备注名称、昵称、微信号、手机号等具有身份指向性的内容；（3）在个人信息界面点击"发消息"进入通信对话框，对对话过程中生成的信息内容逐一展示，对文本文件、图片、音频、视频、转账或者发红包内容，应当点击打开进行展示。

根据证据的真实性、关联性、合法性的要求，如果发生以下情形，一般不作为证据予以采纳：（1）无法确定主体：缺乏身份指向性的内容，即微信中个人信息界面显示的备注名称、昵称、微信号、QQ号、手机号等。（2）证据不完整：只截取其中一段文字、图片或录音，该截取部分表达的意思含混不清或不完整等。（3）无法出示电子证据原始载体：手机丢失、聊天记录丢失等。

例如，在民间借贷案件中，双方通过微信发生金钱往来非常常见，此时建议借款人在出借款项前，一要注意明确对方身份；二要明确借款用途，备注中注明转账用途；三要保留好转账记录。此外，还可以结合其他证据，如录音、短信、借条等，形成相互补充印证的证据链条。综上所述，无论是以上哪种形式的微信证据，均务必保存好原始储存设备，包括储存有电子数据的手机、计算机或者其他电子设备等。简言之，不仅要保留截图记录，还要保留这段对话发生时用于跟对方聊天的那部电子设备（如电脑、手机等）。在案件审理过程中，法院不一定会要求当事人出示原始设备，但如果对方提出质疑并申请鉴定，原始设备就起到了关键作用。

> **裁判规则**
>
> 微信语音作为存储在电子介质中的录音资料，适用电子数据的规定，但不能作为单独定案的依据。微信语音若要具备证明效力，则应当符合以下条件：保存原始记录；内容须客观、真实、连贯；微信语音中记载的内容清晰、准确，双方就所谈论的问题均有明确表态；由于微信语音存在易改变、难识别等特性，以其单独为证明依据，有时并不充分，故除微信语音外，还应充分提供其他证据佐证。

对当事人主张的通信双方身份，对方不予认可且现有证据不足以证明的，当事人应当提供能够证明身份的其他证据予以佐证，否则对主张的用户身份不予采信。有证据证明微信证据中用户个人信息界面显示的手机号系由当事人主张的用户使用的，应当对主张的用户身份予以采信。对当事人主张的对方用户身份，对方予以认可，但否认微信软件是用户本人使用的，应当提供相应证据予以证明。当事人出示了微信证据原件，对方认可用户身份，但认为所展示的内容不真实或存在删减、篡改的，应当提供本方持有的微信证据原件作为相反证据。对方提供的相反证据能够反映当事人提供的微信证据内容存在删减、篡改的，对微信证据相应部分内容不予采信。当事人提供的微信证据属于对话记录的（包括文字、音频、视频），应当完整地反映对话过程。有证据证明当事人选择性提供对话记录，且该对话记录影响案件事实认定的，可以要求当事人补充提供指定期间内的完整对话记录。

典型案例 102

上海燊丰实业有限公司与上海吉昭进出口有限公司买卖合同纠纷案[①]

案情简介

2014年8月至2017年1月，上海燊丰实业有限公司（以下简称燊丰公司）向上海吉昭进出口有限公司（以下简称吉昭公司）采购马铃薯改性淀粉共计90吨，货款617000元。燊丰公司支付货款421200元后，尚有货款195800元未付。2017年8月，吉昭公司方通过与微信名为"××"的用户聊天的方式催讨、对账，至今燊丰公司仍不予支付。吉昭公司为证实诉讼主张，向一审法院提供如下证据：吉昭公司与燊丰公司方法定代表人赵某的微信名"××"的聊天截图，截图内容包括自2017年7月28日始至2017年9月6日止吉昭公司与燊丰公司的聊天记录。证实吉昭公司通过微信聊天方式对所欠的货款进行对账，将对账函发送给燊丰公司方赵某，赵某在对账函备注栏填上"春节前付伍万元"并盖上燊丰公司公章后，将该对账函转发给吉昭公司方。燊丰公司对该证据的"三性"有异议，认为吉昭公司提供的微信号并不是燊丰公司使用的微信号，提供的对账函不是原件，故不认可吉昭公司所主张的欠款。

裁判要旨

该案的争议焦点为吉昭公司提供的微信聊天记录能否作为支持其诉讼请求的证据。《民事诉讼法》第63条规定的证据中包括电子数据。《民事

[①] 参见上海市第一中级人民法院（2021）沪01民终802号民事判决书。

诉讼司法解释》第116条规定："视听资料包括录音资料和影像资料。电子数据是指通过电子邮件、电子数据交换、网上聊天记录、博客、微博客、手机短信、电子签名、域名等形成或者存储在电子介质中的信息。存储在电子介质中的录音资料和影像资料，适用电子数据的规定。"根据上述法律规定，微信聊天记录属于民事证据中的电子数据，可以作为证据使用。那么，微信名为"××"的使用人是不是赵某本人？根据一审法院发函至深圳市腾讯计算机系统有限公司及财付通支付科技有限公司协查复函：微信号"××"的注册时间为2013年2月3日，更改后微信号为yq88×××3，近三个月的昵称记录：一青、上海策中—项目集中采购；关于上述微信号绑定的财付通账户查询时的实名认证信息，姓名均为赵某，身份证号（略）。对此，法院认为吉昭公司提供的微信聊天记录，可以证实双方之间建立了买卖合同关系，双方在微信聊天记录所提到的欠款具有真实性、合法性和关联性，予以确认。

第九讲　证人证言

民事诉讼中，证人证言属于法定证据种类，证人出庭作证较为常见，证人证言是民事诉讼中重要的证据形式。与物证、书证相比，证人证言具有较强的主观性，容易受到主观因素的影响，因而具有不稳定性的特征。比如一方当事人申请出庭的证人，往往偏向于申请方。司法实践中，存在证人作证随意性较大以及证人作伪证等现象。

一、证人资格

证人资格是指证人能力，是证人能够作证的资格，即哪些人有资格作为证人提供证言。可以说，除法律有特别规定外，任何人都应当具有证人资格，而无论健康状况、文化程度、财产状况或者年龄大小。根据现有法律规定，一般认为证人资格需要考量以下两个方面。

（一）知道案件情况

凡是知道案件情况的单位和个人，都有义务出庭作证。有关单位的负责人应当支持证人作证。《民事诉讼法》第75条第1款明确规定了证人资格的基本条件。证人应当客观陈述其亲身感知的事实，作证时不得使用猜测、推断或者评论性语言。比如证人可以陈述"我看到了交通事故的发生过程"，但不可以说"我感觉驾驶员没有驾驶证"。同理，法官不得要求证人对陈述的事实进行判断。

何为"知道案件情况"？"知道案件情况"一般是指直接或者间接了解案件事实。我国《民事诉讼法》及相关司法解释、民事审判实践中，并不对"知道案件情况"指向何种内容作进一步细分，证人感知的事实系直接源于事实发生过程，还是源于其他人转述事实的过程，均不影响人民法院对证人资格的认定，证人感知的事实的来源是在判断证人证言证明力时考量的因素。[1]

> **法官提示**
>
> 证人证言，可以是自己听到的或者看到的，也可以是别人听到或者看到而转告的，不排斥证人的陈述属于"道听途说"，但证人应当说明陈述内容的来源。

典型案例 103

张某革与陕西华亚天然食品有限公司租赁合同纠纷案[2]

案情简介

再审申请人张某革因与被申请人陕西华亚天然食品有限公司（以下简称华亚公司）租赁合同纠纷一案，不服陕西省高级人民法院作出的（2021）陕民终265号民事判决，申请再审称，原判决认定事实错误，适用法律错误。陈某祥作为华亚公司的法定代表人不能作为证人出庭作证，其证言不能成为认定前述协议无效的依据。张某革提供的证据更为充分且与协议相印证，足以证实以房抵债协议、债务情况说明合法有效。

---

[1] 参见宋春雨：《民事证据规则适用通解》，人民法院出版社2024年版，第434页。
[2] 参见最高人民法院（2021）最高法民申4564号民事裁定书。

裁判要旨

陈某祥作为证人出庭作证，其证言具有证明效力。根据《民事诉讼法》第72条"凡是知道案件情况的单位和个人，都有义务出庭作证。有关单位的负责人应当支持证人作证。不能正确表达意思的人，不能作证"以及《民事诉讼法》第75条第1款"人民法院对当事人的陈述，应当结合本案的其他证据，审查确定能否作为认定事实的根据"的规定，法律对可以出庭作证的证人的身份并无限制，亦未当然否定当事人陈述的证明效力，故张某革关于陈某祥不能作为证人出庭作证，陈某祥作为当事人所陈述内容不应采信的主张因无法律依据而不能成立。

（二）能够正确表达意思

《民事诉讼法》第75条第2款以及《民事诉讼证据规定》第67条第1款均规定，不能正确表达意思的人，不能作证。上述条文实际上从感知能力和表达能力两个方面限制了证人资格。审判实践中，在审查证人资格时，应当审查证人是否具备正确表达意思的能力，是否具有正确感知事务和准确记忆的能力，是否具有正确的表达能力。①

典型案例 104

李某与杜某服务合同纠纷案②

案情简介

上诉人李某因与被上诉人杜某服务合同纠纷一案，不服新疆维吾尔自

---

① 参见最高人民法院民事审判第一庭编：《最高人民法院新民事诉讼证据规定理解与适用》，人民法院出版社2020年版，第609页。
② 参见新疆维吾尔自治区乌鲁木齐市中级人民法院（2024）新01民终1397号民事判决书。

治区乌鲁木齐市沙依巴克区人民法院作出的（2023）新 0103 民初 9219 号民事判决，提起上诉称，杜某申请出庭的证人荆某在李某受让涉案健身会所之前就已离职，与李某无任何关系；证人毛某已于 2021 年 8 月 7 日离职；证人宋某已于 2021 年 7 月 31 日离职；以上三证人均不了解杜某涉案服务合同消费情况，相关证言均不能作为一审判决认定事实的证据。

裁判要旨

依照《民事诉讼法》第 75 条"凡是知道案件情况的单位和个人，都有义务出庭作证。有关单位的负责人应当支持证人作证。不能正确表达意思的人，不能作证。"的规定，证人荆某、毛某、宋某能正确表达意思，且曾作为杜某的教练，对案件情况有了解，可以作证，三位证人的证言之间及三位证人的证言与证人木某的证言能相互印证，证言的真实性及合法性应予以认定，三位证人的证言应予以采信。李某上诉主张，杜某一审中提交的转课的确认表格系复印件，不应采信。法院认为，虽该证据为复印件，但有证人证言能够印证其真实性，故一审法院予以采信无误。

关于无民事行为能力人和限制民事行为能力人的作证资格问题，有观点认为，该类人员的感知能力、表达能力受限，因此该类人员不能作为证人出庭作证。笔者认为，法律并未对该类人员的作证资格作出否定性规定，该类证人证言的证明力可能受影响，但不能因此否定该类人员证人资格。生理上、精神上有缺陷或者年幼的人能否作为证人，取决于其是否具有辨别是非和正确表达的能力。《民事诉讼证据规定》第 67 条第 2 款规定，待证事实与其年龄、智力状况或者精神健康状况相适应的无民事行为能力人和限制民事行为能力人，可以作为证人。

典型案例 105

张某等与郭某等健康权纠纷案[①]

案情简介

再审申请人张某、张某1、胡某芬因与被申请人郭某、德江县稳坪镇中心完小（以下简称稳坪完小）健康权纠纷一案，不服贵州省铜仁市中级人民法院作出的（2019）黔06民终1538号民事判决，申请再审称，被申请人郭某右手在足球场上意外受伤。被申请人郭某放学后不按时回家，参与住校学生踢球，自身存在过错。被班主任老师询问的四名未成年学生对事故瞬间情节的表述与客观结果不相吻合，不能作为判决的依据。

裁判要旨

《民事诉讼证据规定》第53条规定："不能正确表达意志的人，不能作为证人。待证事实与其年龄、智力状况或者精神健康状况相适应的无民事行为能力人和限制民事行为能力人，可以作为证人。"该案中，被班主任老师询问的四名未成年学生为申请人张某的同班同学，均为限制行为能力人，对于与其年龄、智力相适应的亲历踢球过程中发生的事实，能够作出客观、正确的表述，原审法院对其证言予以认定，并无不当。

另外，需要区分证人资格和证人证言的证明力关系。诉讼中，一方当事人经常主张证人系另一方当事人的近亲属、朋友或者与另一方当事人有其他利害关系，要求不得作为证人出庭作证。这就混淆了证人资格和证人

[①] 参见贵州省高级人民法院（2020）黔民申1295号民事裁定书。

证言的证明力问题。证人证言的证明力如何，由法官作出认定，有利害关系的证人所作证言在证明力上可能有所弱化，但这并不妨害该利害关系人的证人资格。

二、证人出庭作证

民事诉讼中，证据的提交方式主要有两种：一种是当事人提出证据；另一种是法院依职权收集证据。证人证言与其他证据种类一致，既可以由当事人提出，也可以由法院根据职权收集。

（一）证人的提出

1. 当事人申请证人作证

《民事诉讼法》第67条第1款规定，当事人对自己提出的主张，有责任提供证据。当事人提供证人证言，实质上属于当事人提供证据的范畴，属于当事人应当承担的举证责任。因此，原则上证人出庭需要由当事人申请。同时，《民事诉讼司法解释》第117条第1款规定，当事人申请证人出庭作证的，应当在举证期限届满前提出。当事人提供证人证言作为当事人提供证据的一种方式，应当受到举证一般规则的约束。对此，《民事诉讼证据规定》第69条第1、2款再次重申，当事人申请证人出庭作证的，应当在举证期限届满前向人民法院提交申请书。申请书应当载明证人的姓名、职业、住所、联系方式，作证的主要内容，作证内容与待证事实的关联性，以及证人出庭作证的必要性。

2. 法院依职权调查收集

《民事诉讼法》第67条第2款规定，当事人及其诉讼代理人因客观原因不能自行收集的证据，或者人民法院认为审理案件需要的证据，人民法院应当调查收集。因此，在特殊情况下，法院应当收集有关证人证言。《民事诉讼司法解释》第117条第2款规定，符合该解释第96条第1款规定情形的，人民法院可以依职权通知证人出庭作证。《民事诉讼司法解释》第 96 条第 1 款规定了以下情形：（1）涉及可能损害国家利益、社会公共利益的；（2）涉及身份关系的；（3）涉及《民事诉讼法》第 58 条规定诉讼的；（4）当事人有恶意串通损害他人合法权益可能的；（5）涉及依职权追加当事人、中止诉讼、终结诉讼、回避等程序性事项的。除了上述 5 种情形之外，人民法院调查收集证据，应当依照当事人的申请进行。因此，《民事诉讼证据规定》第 69 条第 3 款强调，符合《民事诉讼司法解释》第 96 条第 1 款规定情形的，人民法院应当依职权通知证人出庭作证。

关于当事人有关证人出庭的申请，法官要及时进行审查，该审查包括两个方面：一是形式审查，审查当事人的申请是否在法定期限内提出，申请书是否符合法定要求；二是实质审查，主要审查证人作证内容与待证事实之间的关联性，考量出庭的必要性。当事人申请证人出庭作证的事项与待证事实无关，或者没有通知证人出庭作证必要的，人民法院不予准许当事人的申请。如果经过审查，法院准许证人出庭作证申请的，根据《民事诉讼证据规定》第 70 条第 1 款的规定，人民法院应当向证人送达通知书并告知双方当事人。通知书中应当载明证人作证的时间、地点，作证的事项、要求以及作伪证的法律后果等内容。由此可见，人民法院向证人送达通知书，是证人获准出庭作证的标志，也是证人出庭作证的必要前提。原则上未经人民法院通知，证人不能出庭作证。但如果双方当事人均同意未经人民法院通知的证人出庭作证，经人民法院准许，可以作为例外情形。[1]

---

[1] 参见最高人民法院民事审判第一庭编著：《最高人民法院新民事诉讼证据规定理解与适用》，人民法院出版社 2020 年版，第 632 页。

典型案例 106

肖某亮、许某艳与井冈山市合某房地产开发有限公司等房屋买卖合同纠纷案[1]

案情简介

再审申请人肖某亮、许某艳因与被申请人井冈山市合某房地产开发有限公司（以下简称合某公司）房屋买卖合同纠纷一案，不服江西省吉安市中级人民法院作出的（2022）赣08民终1574号民事判决，申请再审称，原判决认定事实错误，适用法律不当。肖某亮、许某艳提出有新的证据足以推翻原判决。

裁判要旨

《民事诉讼法司法解释》第117条第1款规定："当事人申请证人出庭作证的，应当在举证期限届满前提出。"经查明，一审法院组织庭前证据交换时，肖某亮、许某艳提出会申请证人出庭，但在庭审时，肖某亮、许某艳并未申请证人出庭作证。该案二审时，肖某亮、许某艳亦未申请证人出庭作证。对于肖某亮、许某艳申请再审时关于证人出庭作证申请书和段某平同意出庭作证承诺书为新证据的主张，因该申请已经超过《民事诉讼法》规定的期限，且相关证人证言并不属于《民事诉讼法》所规定的新的证据，不予支持。

（二）证人作证方式

1. 出庭作证方式

《民事诉讼法》第75条中规定，凡是知道案件情况的单位和个人，

---

[1] 参见江西省高级人民法院（2023）赣民申2097号民事裁定书。

都有义务出庭作证。因此，证人作证以出庭作证为原则。《民事诉讼证据规定》第68条第1款第1句规定，人民法院应当要求证人出庭作证，接受审判人员和当事人的询问。与物证、书证等具有客观性的证据相比，证人证言的可靠性及证明力更加依赖于特定个人的观察认知、记忆表达的能力和诚实的态度，因而具有更多的不确定性或可操控性。让证人在公开的法庭上面向法官、双方当事人乃至一般公众口头陈述其证言并接受询问，相对于书面形式而言，对减少或除去这些不确定或可操作的因素会更加有利，从而有利于判断证人证言的真实性以及提高证人证言的证明力，以推进法官对案件事实的认定。①

> **法官提示**
>
> 证人并不是只有在法官开庭审理时作证才算出庭作证，证人在审理前的准备阶段或者人民法院调查、询问等双方当事人在场时陈述证言的，视为出庭作证。

典型案例 107

杨某惠与陈某香民间借贷纠纷案②

案情简介

再审申请人杨某惠因与被申请人陈某香民间借贷纠纷一案，不服新疆维吾尔自治区昌吉回族自治州中级人民法院作出的（2021）新23民终2488号民事判决申请再审称，证人赵某娥与双方当事人均为同学关系，

---

① 参见肖峰：《最高人民法院民事诉讼证据规则：条文解析与实务运用》，法律出版社2022年版，第360页。

② 参见新疆维吾尔自治区高级人民法院（2022）新民申459号民事裁定书。

二审法院对证人赵某娥的证言不予采纳且不说明理由，即认定双方当事人之间存在民间借贷关系，属于认定事实错误。二审法院严重违反法定程序，在第二次开庭时仅承办法官一人出庭，合议庭其他成员未出庭，且二审法院未通知杨某惠的委托诉讼代理人出庭。

裁判要旨

根据杨某惠申请，案件承办法官在双方当事人均在场的情况下采用询问方式让证人赵某娥陈述证言，并不违反《民事诉讼证据规定》第68条第1款"人民法院应当要求证人出庭作证，接受审判人员和当事人的询问。证人在审理前的准备阶段或者人民法院调查、询问等双方当事人在场时陈述证言的，视为出庭作证"的规定。因此，杨某惠提出"二审法院开庭时部分合议庭成员未到庭及未通知杨某惠的委托代理人出庭，故程序违法"的再审申请理由不能成立。

2. 其他作证方式

出庭作证属于证人提供证言的基本方式，但并非唯一方式，在法定情形下，证人可以通过其他方式作证。根据《民事诉讼法》第76条的规定，经人民法院通知，证人应当出庭作证。有下列情形之一的，经人民法院许可，可以通过书面证言、视听传输技术或者视听资料等方式作证：（1）因健康原因不能出庭的；（2）因路途遥远，交通不便不能出庭的；（3）因自然灾害等不可抗力不能出庭的；（4）其他有正当理由不能出庭的。同时，根据《民事诉讼证据规定》第76条的规定，证人确有困难不能出庭作证，申请以书面证言、视听传输技术或者视听资料等方式作证的，应当向人民法院提交申请书。申请书中应当载明不能出庭的具体原因。符合《民事诉讼法》第76条规定情形的，人民法院应当准许。上述四种情形属于证人存在无法出庭的客观情况，另外，根据《民事诉讼证据规定》第68条第2款的规定，双方当事人同意证人以其他方式作证并经人民法院准许的，证人可以不出庭作证。

典型案例 108

刘某国与陈某、陈某1买卖合同纠纷案[1]

案情简介

再审申请人刘某国因与被申请人陈某、陈某1买卖合同纠纷一案，不服辽宁省铁岭市中级人民法院作出的（2020）辽12民终1880号民事判决，申请再审称，《民事诉讼证据规定》第68条规定，人民法院应当要求证人出庭作证，接受审判人员和当事人的询问，无正当理由未出庭的证人以书面方式提供的证言，不得作为认定案件事实的根据。证人龚某找借口不出庭，他所作的虚假证言在没有其他证据佐证的情况下，是不能用来作为定案依据的。《民事诉讼证据规定》第47条第1款规定，证据应当在法庭上出示，由当事人质证，未经质证的证据，不能作为认定案件事实的依据。

裁判要旨

关于该案证人龚某的证言是否应当采信的问题。一审法院通过网络视频开庭审理该案，证人龚某于庭前提交了无法按时到庭参加庭审的情况说明，并通过视频出庭方式接受双方当事人的询问，该程序不违反法律规定，原审法院采信该证人证言并无不当。

> **裁判规则**
>
> 无正当理由未出庭的证人以书面等方式提供的证言，不得作为认定案件事实的根据。

---

[1] 参见辽宁省高级人民法院（2021）辽民申4689号民事裁定书。

（三）证人作证费用

证人出席法庭审理陈述证言，势必会耗费个人的精力、时间和财力，影响证人的收入。特别是证人如果不在法院所在地，势必还要花费差旅费等。因此，从某种意义上讲，证人出庭作证的整个过程，是证人不断支出各种费用的过程。进而，证人因履行出庭作证的义务而遭受的经济损失，如果不加以补偿，势必会使证人处于权利义务失衡的不公平状态，影响证人作证的积极性。[①] 证人作证费用的支付在以往司法实践中较为混乱，支付主体不一、支付标准不一现象较为普遍。结合法律和司法解释的规定，需要厘清以下几个方面：

一是关于证人作证费用的支付主体。证人作证，并非私法义务而系公法义务，证人不能向当事人申请作证费用。《民事诉讼证据规定》第75条规定，证人出庭作证后，可以向人民法院申请支付证人出庭作证费用。证人有困难需要预先支取出庭作证费用的，人民法院可以根据证人的申请在出庭作证前支付。根据上述规定，证人作证费用的支付主体为人民法院。

> **法官提示**
>
> 证人不能向当事人主张出庭作证费用，费用没有及时支付的，证人应当向人民法院提出请求。

二是关于证人作证费用的最终负担者。虽然人民法院系作证费用的支付主体，但这并非意味着该笔费用应由法院承担。就款项性质而言，该笔款项系因证人配合法院调查而产生，属于诉讼费用的一部分。因此，该费用最终应由当事人负担。因此，《民事诉讼法》第77条规定，证人因履行出庭作证义务而支出的交通、住宿、就餐等必要费用以及误工损失，由败

[①] 参见肖峰：《最高人民法院民事诉讼证据规则：条文解析与实务运用》，法律出版社2022年版，第397页。

诉一方当事人负担。当事人申请证人作证的，由该当事人先行垫付；当事人没有申请，人民法院通知证人作证的，由人民法院先行垫付。先行垫付可以使诉讼程序顺利开展，不会因为证人不愿意缴纳作证费用而陷入僵局。

三是关于证人出庭作证费用的计算标准。根据《民事诉讼司法解释》第118条之规定，证人因履行出庭作证义务而支出的交通、住宿、就餐等必要费用，按照机关事业单位工作人员差旅费用和补贴标准计算；误工损失按照国家上年度职工日平均工资标准计算。人民法院准许证人出庭作证申请的，应当通知申请人预缴证人出庭作证费用。

典型案例 109

康某某与汪某某侵权责任纠纷案[①]

案情简介

2021年5月18日，康某某在汪某某诉康某某不当得利纠纷一案即湖北省钟祥市人民法院（2021）鄂0881民初1407号民事诉讼案件审理过程中，申请证人周某、贺某出庭为康某某作证。湖北省钟祥市人民法院于2021年7月12日作出（2021）鄂0881民初1407号民事判决书，康某某不服判决，提出上诉。在湖北省荆门市中级人民法院二审过程中，康某某申请证人出庭作证，证人包某某、许某、余某、康某、黄某、常某1、罗某、赵某、张某等九人在二审出庭作证。2022年5月24日，湖北省荆门市中级人民法院作出（2022）鄂08民终357号民事判决，撤销一审判决，予以改判。因证人在一审和二审过程中未向法院主张出庭作证的误工费、交通费、住宿费、就餐费等必要费用，一审、二审法院未对证人出庭作证

[①] 参见湖北省荆门市中级人民法院（2023）鄂08民终755号民事判决书。

的费用通知申请人预交或垫付，申请人亦未向法院预交上述费用。康某某认为其申请证人出庭作证，需要支付证人出庭作证的费用，但其在原一审、二审中并非全部败诉，故汪某某也应当承担证人出庭作证的费用，遂向一审法院起诉。

裁判要旨

《民事诉讼法》第77条规定："证人因履行出庭作证义务而支出的交通、住宿、就餐等必要费用以及误工损失，由败诉一方当事人负担。当事人申请证人作证的，由该当事人先行垫付；当事人没有申请，人民法院通知证人作证的，由人民法院先行垫付。"《民事诉讼证据规定》第75条规定："证人出庭作证后，可以向人民法院申请支付证人出庭作证费用。证人有困难需要预先支取出庭作证费用的，人民法院可以根据证人的申请在出庭作证前支付。"由上述条文的规定可知，证人可以向人民法院申请支付出庭作证发生的交通费、住宿费、生活费和误工补贴；申请证人出庭作证的申请人有义务向人民法院预交和垫付证人出庭作证发生的交通费、住宿费、生活费和误工补贴。该案中，康某某未提交证据证明康某某在前案中已通过向法院预交和垫付的方式支付了证人出庭的误工费用，未提交证据证明证人在前案中已向法院申请支付了证人出庭费用且法院已判定康某某负担了证人出庭的费用。故康某某未提交证据证明其在与汪某某的前案审理过程中因其申请证人出庭作证给其造成了损害的事实。同时，没有证据证明康某某提起前案诉讼时在主观上存在过错，因康某某的侵权主张缺乏损害事实的要件，故侵权责任的其他要件已无须审查，法院对康某某提出的诉讼主张不予支持。

三、证人具结

司法实践中，证人证言的证明力总是让法官陷入纠结，有的证人不如实陈述，选择性陈述；有的证人前后反复、前后矛盾；有的证人甚至虚假陈述，作伪证，严重扰乱诉讼秩序。为此，司法解释规定了证人的具结制度。

（一）具结是法定义务

要求证人具结，其目的一方面在于体现证人作证的严肃性和仪式感，唤起证人内心的良知、神圣感和责任感，使证人从内心深处自发摒弃说谎的意识；另一方面通过具结过程中证人关于虚假陈述承担伪证制裁的承诺、保证，对证人形成威慑，使证人放弃说谎的念头。究其实质，具结是从证人主观状态着手设置的保障证人证言真实性的措施，与证人作证规则和询问证人规则共同构成证人规则体系的核心内容。[1] 根据《民事诉讼司法解释》第119条和《民事诉讼证据规定》第71条之规定，需要注意以下几个方面：

一是关于具结的主体方面，具结程序适用于所有证人，但无民事行为能力人和限制民事行为能力人除外。无民事行为能力人和限制民事行为能力人可以证明与其年龄、智力或者精神健康状况相适应的待证事实，但不可要求其完全理解具结内容，并且承担相应法律后果。

二是关于具结的时间方面，应当在证人出庭作证之前，确保证言的真实性，如果在作证之后具结，无法达到具结的设立目的。

三是关于具结的内容，包括两个方面：一是如实作证，证人应当客观陈述其知晓的相关案件事实；二是作伪证的法律后果，如果作伪证则会受到法律处罚。

（二）具结的方式

证人具结，包括书面具结和口头具结，两者应当同时进行，也就是说，证人既要签署书面保证书，又要在法庭上宣读保证书的内容。证人只愿意签署保证书，而拒绝宣读的，则视为未具结。证人确有正当理由不能

---

[1] 参见宋春雨：《民事证据规则适用通解》，人民法院出版社2024年版，第463页。

宣读保证书的，由书记员代为宣读并进行说明。证人在法庭上，在法官和所有当事人及诉讼参与人面前宣读保证书，证人是否履行如实作证的义务将受到在场所有人的监督，此种当场宣读保证书的方式再次加深证人对如实作证的义务以及如作伪证将承担的法律后果的认识，激发证人内心的正能量，唤醒证人内心的道德底线和良知，使证人从内心上不愿且不敢作虚假陈述，从而促使证人能够积极履行如实作证的义务，确保证人提供的证言的真实性。[1]

根据《民事诉讼证据规定》第 77 条之规定，证人经人民法院准许，以书面证言方式作证的，应当签署保证书；以视听传输技术或者视听资料方式作证的，应当签署保证书并宣读保证书的内容。因此，签署和宣读保证书是证人作证之前的必经程序。

> **裁判规则**
>
> 证人如果拒绝签署或者宣读保证书，则意味着证人拒绝作证，证人不得再作证，有关费用不得请求支付，应当自行承担。

典型案例 110

火星时代（深圳）投资咨询有限公司与王某武合同纠纷案[2]

案情简介

上诉人火星时代（深圳）投资咨询有限公司（以下简称火星时代）

---

[1] 参见最高人民法院民事审判第一庭编著：《最高人民法院新民事诉讼证据规定理解与适用》，人民法院出版社 2020 年版，第 640 页。
[2] 参见云南省红河哈尼族彝族自治州中级人民法院（2023）云 25 民终 2559 号民事判决书。

因与被上诉人王某武合同纠纷一案，不服云南省个旧市人民法院作出的(2023)云 2501 民初 974 号民事判决，提起上诉称，原审判决对证人证言的采信违反法定程序。在证人贺某出庭作证前，原审法院没有依法告知其如实作证的义务以及作伪证的法律后果，没有责令其签署保证书，系程序违法。原审法院违反规定，并未履行对证人贺某的告知义务，未要求其签署保证书，仍然允许贺某作证并采信贺某的证人证言，违反法定程序。贺某出庭作证后，原审法院并未当庭组织原被告质证，系程序违法。对于贺某的证人证言，原审判决只描述为上诉人未发表质证意见，却隐瞒了法官违反程序的行为。上诉人认为法官的行为违反法律程序，故并未回应。

裁判要旨

《民事诉讼法》第 67 条第 3 款规定："人民法院应当按照法定程序，全面地、客观地审查核实证据。"证人贺某在出庭作证前已经向人民法院签署了保证书，法庭已经当庭对证人出庭的权利义务进行了交代，证人作证后法庭虽未当庭组织质证，但之后已经通知上诉人进行质证，提交质证意见，充分保障了上诉人的质证权利。上诉人不发表质证意见的，视为放弃质证的权利。另外，一审法院为核实相关案件事实，对云南省个旧市大屯街道办事处环保办负责人肖某和了解情况形成的询问笔录，已经交由双方当事人进行质证，上诉人拒不发表质证意见，同样视为放弃质证权利。因此，上诉人认为一审程序违法，要求发回重审的理由不能成立。

四、证人作证要求

证人作证最基本的要求就是如实陈述，该"如实"的意思就是证人应当客观陈述其亲身感知的事实，作证时不得使用猜测、推断或者评论性语言，不得掺杂自己的主观臆断和评价。另外，在具体作证过程中，根据司法解释之规定，应当注意以下几个方面。

（一）证人应当以言辞方式陈述证言

《民事诉讼证据规定》第72条第2、3款规定，证人作证前不得旁听法庭审理，作证时不得以宣读事先准备的书面材料的方式陈述证言。证人言辞表达有障碍的，可以通过其他表达方式作证。司法实践中，经常会出现证人宣读事先准备好的作为证人证言提交法庭的书面材料的情况。此种情况违背了证人出庭作证的目的，并且该书面证言可能经过加工或者处理，从而有利于举证一方当事人。人民法院对于证人证言的审查和证明力的评价，往往需要从证人陈述的过程中获得必要的信息，证人陈述时的语速、用词、表达是否清楚、表情、神态、肢体语言等，均能反映出证人陈述时的心理活动，对于法官判断证人证言是否真实可靠具有重要意义。证人若宣读书面材料，则很难暴露出这些必要的信息因素，因此不利于法官对证人证言作出正确评价。[1]

> **法官提示**
>
> 如果庭审过程中，证人宣读事先准备好的书面材料，法官应当予以制止，并可以对证人进行询问。

另外，根据司法解释的规定，同时也系证人作证的需要，证人作证前不得旁听法庭审理。之所以证人在作证前不得旁听，是因为证人证言具有主观性，如果允许证人在作证之前旁听庭审，则证人极易受到当事人观点或者陈述的影响，甚至对自己知晓的案件事实进行调整，从而影响客观真实性。

> **法官提示**
>
> 在开庭之前，法官应当主动询问是否有证人在旁听席就座，当事人应当强化该类意识，证人如果后续要作证，应当退出法庭等待传唤。

---

[1] 参见宋春雨：《民事证据规则适用通解》，人民法院出版社2024年版，第473页。

典型案例 111

尹某某与河北某某建筑工程有限公司、韩某某建设工程分包合同纠纷案[①]

案情简介

上诉人尹某某因与被上诉人河北某某建筑工程有限公司、韩某某建设工程分包合同纠纷一案，不服河北省邢台市襄都区人民法院作出的（2024）冀0502民初250号民事判决，提起上诉。二审审理期间，尹某某申请证人袁某基出庭作证，袁某基称其是某街道办事处工作人员，在办事处给双方调解时，工程质量问题具体是由谁造成的，办事处确实不是很清楚。尹某某提交：证据1，尹某某与木工放线员孙某某的通话录音，拟证明地面加高不是尹某某造成的，而是放线员和木工操作不当造成的；证据2，尹某某和19号楼承包方田某某的录音，拟证实车库防护防水层以及地泵场地垫层施工等均系韩某某工程之内，应由韩某某支付对应费用。韩某某质证称，证人申请出庭程序不合法，证人是在旁听韩某某方答辩后才陈述证言，违反法定程序，证人证言的内容可以证实，在办事处调解的时候，韩某某方就已经提出存在工程质量问题，并且扣留了部分工程款，这证实双方之间确实存在工程质量问题。对录音真实性不认可，无法证实录音对方是谁，录音与该案是否有关联关系。另外，所有录音对方均是与韩某某方存在有利害关系的人员，即便能够证实录音对方人员的真实性，也不能证明录音内容的真实性和合法性。

---

① 参见河北省邢台市中级人民法院（2024）冀05民终2234号民事判决书。

裁判要旨

对于以上证人证言，二审法院认为《民事诉讼证据规定》第72条第2款规定，证人作证前不得旁听法庭审理，作证时不得以宣读事先准备的书面材料的方式陈述证言。该案中，首先，证人袁某基出庭作证前旁听了被上诉人的答辩意见，再出庭作证，程序违法；其次，袁某基的证言与一审中邢台市襄都区某办事处出具的关于××××农民工工资问题情况说明不一致，并且袁某基不是该说明的出具人，因此二审法院对袁某基的证言不予采信。另外，二审法院既无法核实录音对方人员身份，也无法核实录音的真实性，对录音不予采信。

（二）证人应当连续陈述

《民事诉讼证据规定》第73条第1款规定，证人应当就其作证的事项进行连续陈述。根据上述规定，证人作证时，应当如实陈述，并且应当连续陈述。证人作证时，应当真实、完整、连续地陈述其知晓的相关事实，尽量保持言语的连续性。如果证人能够做到连续陈述，则一方面有利于证人还原案件事实，证言的完整性较高；另一方面可以让法官通过观察证人的表情、举动等判断证言的真实性。

《民事诉讼证据规定》第73条第2款规定，当事人及其法定代理人、诉讼代理人或者旁听人员干扰证人陈述的，人民法院应当及时制止，必要时可以依照《民事诉讼法》相关规定进行处罚。《民事诉讼法》第114条规定，诉讼参与人或者其他人有下列行为之一的，人民法院可以根据情节轻重予以罚款、拘留；构成犯罪的，依法追究刑事责任：（1）伪造、毁灭重要证据，妨碍人民法院审理案件的；（2）以暴力、威胁、贿买方法阻止证人作证或者指使、贿买、胁迫他人作伪证的；（3）隐藏、转移、变卖、毁损已被查封、扣押的财产，或者已被清点并责令其保管的财产，转移已被冻结的财产的；（4）对司法工作人员、诉讼参加人、证人、翻译人员、鉴定人、勘验人、协助执行的人，进行侮辱、诽谤、诬陷、殴打或者打击报复的；（5）以暴力、威胁或者其他方法阻碍司法工作人员执行职务的；（6）拒不履行人民法院已经发生法律效力的判决、裁定的。人民法院对有前款规定的行为之一的单位，可以对其主要负责人或者直接责任人员予以罚款、拘留；构成犯罪的，依法追究刑事责任。

> **法官提示**
>
> 在证人作证环节，审判长或者主审法官应当保障证人的作证不受干扰，维护诉讼程序正常、有序、高效开展。

典型案例 112

李某聪与卢某平、陈某凤提供劳务者受害责任纠纷案[①]

案情简介

上诉人李某聪因与上诉人卢某平、陈某凤提供劳务者受害责任纠纷一案，不服云南省富源县人民法院作出的（2024）云0325民初292号民事判决，提起上诉称，一审法院存在程序违法，阻止证人自由发言，存在诱导性发问。在证人李某清、李某林、姚某因出庭作证时，一审法院未充分保障证人自由作证的权利，未首先让证人称述知晓的案件事实，再进行询问，而是直接对三位证人进行诱导性发问，既在证人作证程序上存在错误，也并未利用关键证人查清该案中最为重要的有关劳务承包模式的事实。依据《民事诉讼证据规定》第73条第1款"证人应当就其作证的事项进行连续陈述"的规定，一审法院事实认定不清，这直接导致该案双方之间的法律关系定性错误。

---

① 参见云南省曲靖市中级人民法院（2024）云03民终941号民事判决书。

裁判要旨

经审查，一审庭审笔录中明确记录，审判人员分别向三证人发问"证人，你出庭要证明什么事实？""是否还有补充？"等问题，三证人分别依次作答，并在庭审笔录上签名、捺印确认，故上诉人李某聪提出一审法院未充分保障证人自由作证的权利，属程序违法的上诉理由不能成立。

（三）询问证人

询问证人一方面可以获取证言，另一方面是对证人证言真实性的检验。因此，对证人进行询问是证人证言的主要调查方法，是对证人证言进行质证的主要方式。《民事诉讼法》第142条第2款规定，当事人经法庭许可，可以向证人发问。

《民事诉讼证据规定》第74条第1款规定，审判人员可以对证人进行询问。当事人及其诉讼代理人经审判人员许可后可以询问证人。从以上规定可以看出，在对证人的询问方面，审判人员发挥主导作用，同时，经法庭同意，当事人及其诉讼代理人可以询问证人。

对证人的询问应当单独进行，实践中，每次应当只传唤一名证人进入法庭，该证人在作证之后退出法庭，法官再传唤第二名证人进入法庭作证。《民事诉讼证据规定》第74条第2款规定，询问证人时其他证人不得在场。证人单独询问规则是为了确保证人证言的客观性，以及证人证言不受其他证人的影响或者干扰。同时，《民事诉讼证据规定》第74条第3款规定，人民法院认为有必要的，可以要求证人之间进行对质。需要注意的是，对质应当在法庭审理过程中并在法官主持下进行。对质询问规则原则上应当在询问证人的最后阶段进行，且对质询问作为询问证人的补充手段，只有在人民法院认为有必要时方能进行。[1]

---

[1] 参见最高人民法院民事审判第一庭编著：《最高人民法院新民事诉讼证据规定理解与适用》，人民法院出版社2020年版，第664页。

典型案例 113

张某与孙某合伙协议纠纷案[①]

案情简介

再审申请人张某因与被申请人孙某合伙协议纠纷一案，不服甘肃省庆阳市中级人民法院作出的（2021）甘10民终2096号民事判决，申请再审称，二审法院依职权对何某、李某调查时，程序不符合法律规定。二人无特殊情况未出庭作证，二审法院未对二人分别调查。

裁判要旨

根据《民事诉讼证据规定》第74条第1、2款"审判人员可以对证人进行询问。当事人及其诉讼代理人经审判人员许可后可以询问证人。询问证人时其他证人不得在场"及第90条"下列证据不能单独作为认定案件事实的根据：……（三）与一方当事人或者其代理人有利害关系的证人陈述的证言……"的规定，二审法院为查明案件事实，向合伙期间的财务人员何某与李某进行询问、调查，但未分别进行，且在已查明何某、李某与该案双方当事人均有利害关系及该二人所陈述内容与该二人自身从事工作有重大影响的情形下，以该陈述内容为认定该案争议事实的依据，不符合法律规定。

另外，根据《民事诉讼证据规定》第78条之规定，当事人及其诉讼代理人对证人的询问与待证事实无关，或者存在威胁、侮辱证人或不适当引导等情形的，审判人员应当及时制止。必要时可以依照《民事诉讼法》

[①] 参见甘肃省高级人民法院（2023）甘民申1482号民事裁定书。

第113、114条的规定进行处罚。证人故意作虚假陈述，诉讼参与人或者其他人以暴力、威胁、贿买等方法妨碍证人作证，或者在证人作证后以侮辱、诽谤、诬陷、恐吓、殴打等方式对证人打击报复的，人民法院应当根据情节，依照《民事诉讼法》第114条的规定，对行为人进行处罚。

典型案例 114

吴某胜、钟某惠房屋租赁合同纠纷案[①]

案情简介

湖南省张家界市中级人民法院在审理上诉人张家界天子山宾馆有限责任公司与被上诉人吴某胜房屋租赁合同纠纷一案中，查明：吴某胜在一审审理期间多次自认其与上诉人自2016年之后没有签订书面租赁合同，双方系事实租赁关系。在上诉人依法提起上诉后，吴某胜又在二审期间先后两次提交不同版本、租赁期限存在矛盾的租赁合同，且不能就此作出合理的解释。故吴某胜在该案诉讼期间存在变更答辩主张、逾期举证不合常理、提交证据自相矛盾等行为。同时湖南大学司法鉴定中心依法作出的鉴定意见书证实被上诉人主张于2016年3月18日签订的协议实则是在2020年上半年签订的，证实吴某胜伪造证据，严重妨害诉讼。

证人钟某惠对其在一审诉讼期间向吴某胜出具租金收据、二审期间与吴某胜签订门面租赁合同的事实不能作出合理解释，其证言与其经手的书证之间存在明确矛盾。同时结合湖南大学司法鉴定中心对张家界天子山宾馆有限责任公司土家寨临街一楼门面租赁协议出具的鉴定意见，即钟某惠称其于2016年上半年与吴某胜签订的10年期限租赁合同实则是吴某胜2020年上半年

---

① 参见湖南省张家界市中级人民法院（2021）湘08司惩2号决定书。

签订的,确认钟某惠作为依法出庭作证的证人存在故意作虚假陈述的行为。

依照《民事诉讼证据规定》第78条第2款,第98条第2款;《民事诉讼法》第111条第1款第1项,第115条第1款,第116条第1款、第3款;《民事诉讼司法解释》第189条第2项的规定,决定如下:(1)对吴某胜罚款20000元;(2)对钟某惠罚款10000元。

(四)证人证言的认定

证人证言效力的认定应当围绕着客观性、合法性和关联性进行。但是鉴于该类证据的特殊性,司法解释从证人自身角度,给予一定的判断标准。《民事诉讼证据规定》第96条规定,人民法院认定证人证言,可以通过对证人的智力状况、品德、知识、经验、法律意识和专业技能等的综合分析作出判断。虽然该条提供了认定证人证言可以参考的诸多因素,但是毕竟证人证言受太多因素影响,故该条在明确认定证人证言考量因素时,并未采用完全列举方式,而是通过"等"字让法官在证人证言认定的问题上,区分个案,借助法官的自由心证来评价和衡量。[①]

典型案例 115

唐某福与李某文饲养动物损害责任纠纷案[②]

案情简介

上诉人唐某福因与被上诉人李某文饲养动物损害责任纠纷一案,不服四川省西昌市人民法院作出的(2021)川3401民初2474号民事判决,提

[①] 参见肖峰:《最高人民法院民事诉讼证据规则:条文解析与实务运用》,法律出版社2022年版,第502页。

[②] 参见四川省凉山彝族自治州中级人民法院(2022)川34民终112号民事判决书。

起上诉称，原审判决采信证人证言的理由不能成立，该案只有证人一人的证言，没有其他证据可以佐证该证言，并且证人证言与李某文的陈述明显相互矛盾，在该案到底是一只狗还是三只狗的事实不明确的情况下，原审判决认定上诉人唐某福的狗追咬导致李某文摔倒，并据此判决上诉人承担责任，显然错误。

裁判要旨

李某文提交了署名为付某和龙某的两份书面证言并申请证人付某出庭作证，该两份书面证言内容完全一致，这显然不符合常理，并且其中一名证人龙某明确表示该书面证言的内容不属实，因此对该两份书面证言依法不应予以采信。证人付某出庭作证的证言与书面证言一致，虽然付某出庭作证的证言证实了李某文骑行时被狗追咬以及该狗的饲养人是唐某福，但是根据《民事诉讼证据规定》第96条"人民法院认定证人证言，可以通过对证人的智力状况、品德、知识、经验、法律意识和专业技能等的综合分析作出判断"的规定，法院认为介于证人付某出庭所作证言与其签名出具的书面证言内容一致，应对该书面证言存疑，因此证人付某出庭所作证言属于证据能力存在瑕疵，因而不具有单独的证据价值，需要结合其他证据补强其证明力。

第十讲　鉴定意见

民事诉讼中，证据是查明案件事实，解决双方争议的基础，是当事人维护自身合法权益的武器，是法官作出公正裁判的依据。因此，可以认为证据是整个诉讼活动的基础和核心，是诉讼实务中最实际的问题。证据制度中最为关键的可以称为证据制度脊梁的是举证责任制度，而举证责任制度的难点在于司法鉴定制度。

随着社会经济的发展，民事纠纷涉及的面越来越广，案件中的专门问题多种多样，涉及众多学科领域，涉及的专业性问题越来越多，民事诉讼中需要借助专门知识委托司法鉴定的情况日趋频繁，如建设工程类案件，专业性强，涉及的边缘学科较多，而且行业规范标准较为复杂，有关工程造价的鉴定、工程质量的确认等专门性问题，司法实践中法院一般都会委托鉴定机构进行司法鉴定。对于比较特殊的专门性问题，审判人员仅凭生活常识和审判经验并不能准确判断，司法鉴定可以延伸审判人员的认知能力，有助于审判人员等查明案件事实，作出正确判决。

司法鉴定是指鉴定人在诉讼活动中运用科学技术或者专门知识对诉讼涉及的专门性问题进行鉴别和判断，并提供鉴定意见的活动。所谓"专门性问题"是指：（1）属于案件证明对象范围内的事实；（2）需要专门知识和技能或者借助特定技术设备才能加以认识或说明的问题；（3）不是司法工作人员可以直接作出肯定或否定回答的常识性问题或一般性法律问题；（4）该问题的正式说明和认定权限被赋予特定机构或者个人。这些问题主要包括：属于科学、技术或者艺术领域的专门问题；涉及国家或者行业标准的专门问题；国家授权给某些机构使之有排他性认定资格的专门问题。①

在司法实践中，主要存在以下类型的司法鉴定活动：人身损害鉴定、医疗损害鉴定、产品质量鉴定、工程造价鉴定、工程质量鉴定、笔迹鉴定等。鉴定人通过鉴定程序作出的书面意见即为鉴定意见。鉴定意见作为法定证据之一，需经过当事人举证质证、审判人员认证等法定程序，并结合案件其他证据加以综合审查判断，决定是否采信，并非不可推翻。涉及具体案件纠纷，特别是涉及对鉴定意见的审查判断时，从司法实践来看，存在审判人员过度依赖"鉴定结论"现象，涉及专门性、特殊性较强的专业领域时，审判人员往往只能"茫然"信任，而失去了进行具体判断的标准和认知能力。当前后鉴定意见存在冲突时，审判人员往往采信后一份鉴定意见，或者法院诉讼过程中依法委托的鉴定意见。

> **法官提示**
> 实践中，必须在思想上实现从"鉴定结论"到"鉴定意见"的转变。鉴定意见不是最后的结论，必须对其证明力加以审查和判断。

鉴定意见原来被称为"鉴定结论"，后面改称"鉴定意见"，就是为了避免人们将其与科学结论简单等同，鉴定意见似乎给人以"确定""毋庸置疑"的误解，并且应该与其他证据一样，需要经过审查，才能作为定案根据。《民事诉讼证据规定》第36条规定，人民法院对鉴定人出具的鉴定书，应当审查是否具有下列内容：（1）委托法院的名称；（2）委托鉴定的内容、要求；（3）鉴定材料；（4）鉴定所依据的原理、方法；

---

① 参见陈光中主编：《证据法学》（第5版），法律出版社2023年版，第150页。

(5) 对鉴定过程的说明；(6) 鉴定意见；(7) 承诺书。鉴定书应当由鉴定人签名或者盖章，并附鉴定人的相应资格证明。委托机构鉴定的，鉴定书应当由鉴定机构盖章，并由从事鉴定的人员签名。

《最高人民法院关于人民法院民事诉讼中委托鉴定审查工作若干问题的规定》（以下简称《委托鉴定审查规定》）第6条规定，人民法院选择鉴定机构，应当根据法律、司法解释等规定，审查鉴定机构的资质、执业范围等事项。第9条规定，人民法院委托鉴定机构指定鉴定人的，应当严格依照法律、司法解释等规定，对鉴定人的专业能力、从业经验、业内评价、执业范围、鉴定资格、资质证书有效期以及是否有依法回避的情形等进行审查。特殊情形人民法院直接指定鉴定人的，依照上述规定进行审查。

典型案例 116

某甲公司与某乙公司买卖合同纠纷案[①]

案情简介

再审申请人某甲公司因与被申请人某乙公司买卖合同纠纷一案，不服湖北省黄石市中级人民法院作出的（2022）鄂02民终2363号民事判决，向湖北省高级人民法院申请再审称，浙江省机电产品质量检测所有限公司于2022年3月10日作出的（2022）机电质鉴字第015号鉴定意见书的鉴定事项与人民法院委托鉴定事项不符，这属于超范围鉴定。浙江省机电产品质量检测所有限公司出具的异议回复涉嫌造假，并完全站在了被申请人的立场陈述了被申请人诉求的合理性，并没有把自己界定在第三人立场上

---

① 参见湖北省高级人民法院（2023）鄂民申7177号民事裁定书。

作司法鉴定。电渣炉与结晶器是不同的工业产品，浙江省机电产品质量检测所有限公司对案外无争议的结晶器做质量鉴定违法。浙江省机电产品质量检测所有限公司不具备鉴定机构资质，其出具的鉴定意见违反鉴定程序。

裁判要旨

《民事诉讼证据规定》第36条规定："人民法院对鉴定人出具的鉴定书，应当审查是否具有下列内容：（一）委托法院的名称；（二）委托鉴定的内容、要求；（三）鉴定材料；（四）鉴定所依据的原理、方法；（五）对鉴定过程的说明；（六）鉴定意见；（七）承诺书。鉴定书应当由鉴定人签名或者盖章，并附鉴定人的相应资格证明。委托机构鉴定的，鉴定书应当由鉴定机构盖章，并由从事鉴定的人员签名。"第40条第1款规定："当事人申请重新鉴定，存在下列情形之一的，人民法院应当准许：（一）鉴定人不具备相应资格的；（二）鉴定程序严重违法的；（三）鉴定意见明显依据不足的；（四）鉴定意见不能作为证据使用的其他情形。"案涉鉴定机构依法登记成立，具有鉴定资质，鉴定人员具备相应鉴定资质，鉴定程序合法，某甲公司没有充分证据证明（2022）机电质鉴字第015号鉴定意见书存在上述司法解释规定的消极情形，原判决采信该鉴定意见并无不当。根据该鉴定意见，涉案电渣炉存在安全隐患，不具备开机试验的条件。原审法院根据该鉴定意见，在涉案电渣炉不具备开机条件下，认定该涉案的电渣炉不符合质量要求，不能实现合同目的，符合一般逻辑推理，并无不当。

具体审查中，应当从以下几个方面把握：

第一，审查判断鉴定人与案件当事人有无利害关系。鉴定人应当与案件当事人没有亲属及其他利害关系，这是鉴定人作出客观、公正结论的必要保证；否则，按照法律规定，该鉴定人应当回避。鉴定人应回避而未回避的，其所作出的鉴定结论不具有证据资格，不能作为定案的根据。

第二，审查判断鉴定人是否具有鉴定资格。作为鉴定人，必须具有司法行政机关颁发的鉴定人执业证，而且须接受当事人或者法院的委托，否则便不具有鉴定人资格，不能进行鉴定活动。《民事诉讼证据规定》第40条第1款第1项就将鉴定机构或者鉴定人员不具备相关的鉴定资格作为重新鉴定的一项情形。

第三，审查判断鉴定所依据的材料是否充分可靠。若没有充分可靠的材料，则很难得出科学的结论，因此，必须查明鉴定活动所依据的材料是否充分可靠。根据《委托鉴定审查规定》第3、4、5条的规定，要严格审查鉴定材料是否符合鉴定要求，人民法院应当告知当事人不提供符合要求鉴定材料的法律后果。未经法庭质证的材料（包括补充材料），不得作为鉴定材料。当事人无法联系、公告送达或当事人放弃质证的，鉴定材料应当经合议庭确认。对当事人有争议的材料，应当由人民法院予以认定，不得直接交由鉴定机构、鉴定人选用。

第四，审查判断鉴定的方法是否科学，使用的设备和其他条件是否完善。科学的鉴定方法、精良的仪器设备、优良的工作条件，是做好鉴定工作的重要保证。

第五，审查判断鉴定人员鉴定时是否受到外界的影响，工作是否认真负责。

第六，审查判断鉴定意见是否符合逻辑和法律规定。鉴定人凭借专门知识、运用科学方法作出的鉴定意见，必须符合逻辑规则的要求，结论确切唯一，证据与结论之间没有矛盾，同时还须符合法律规定，鉴定人须在鉴定意见上签名盖章。

裁判规则

虽然司法鉴定有助于延伸法官的认知能力，但法官并不能认为只要是法院依法委托鉴定机构出具的鉴定意见，就必须采信并作为定案依据。法官还是应当根据法律规定进行审查判断，不仅从程序上更需要从实体上对鉴定意见的结论进行综合认定。

也就是说，鉴定意见的科学性并不等于所有鉴定意见都是科学可靠的。任何科学仪器都是由人操作的，任何鉴定意见最终都是由人作出的，因此鉴定活动不可避免地还要受到鉴定人的业务水平、专业经验、职业道德等因素的影响。同时，鉴定意见是鉴定人就案件中的事实问题提供的意见，只解答事实认定问题，不解答法律争议问题，因为后者属于司法人员、执法人员的职能范围。[1]

典型案例 117

四川某某建设有限公司与张某某提供劳务者受害责任纠纷案[2]

案情简介

上诉人四川某某建设有限公司（以下简称某某公司）因与被上诉人张某某提供劳务者受害责任纠纷一案，不服四川省冕宁县人民法院作出的（2023）川 3433 民初 1690 号民事判决，向四川省凉山彝族自治州中级人民法院提起上诉称，原审判决书采信的川中信鉴〔2024〕临鉴字第 A0205 号司法鉴定意见书，由于鉴定机构及司法鉴定人均不具有相应的法医病理鉴定和法医临床鉴定相关鉴定资质，因此系不合法的鉴定意见。一审法院未准许上诉人的鉴定请求，未组织重新鉴定，违反了民事诉讼程序规定。川中信鉴〔2024〕临鉴字第 A0205 号司法鉴定意见书未依据《人身损害与疾病因果关系判定指南》对人身损害与疾病的因果关系类型按照损害在疾病中的原因力大小作出表述，不符合《人身损害与疾病因果关系判定指南》中的鉴定规范，应当补充说明或补充鉴定。

---

[1] 参见何家弘、刘品新：《证据法学》（第 7 版），法律出版社 2022 年版，第 210 页。
[2] 参见四川省凉山彝族自治州中级人民法院（2024）川 34 民终 1752 号民事判决书。

裁判要旨

首先，根据《民事诉讼证据规定》第36条的规定："人民法院对鉴定人出具的鉴定书，应当审查是否具有下列内容：（一）委托法院的名称；（二）委托鉴定的内容、要求；（三）鉴定材料；（四）鉴定所依据的原理、方法；（五）对鉴定过程的说明；（六）鉴定意见；（七）承诺书。鉴定书应当由鉴定人签名或者盖章，并附鉴定人的相应资格证明。委托机构鉴定的，鉴定书应当由鉴定机构盖章，并由从事鉴定的人员签名。"四川中信司法鉴定中心作出的川中信鉴〔2024〕临鉴字第A0205号司法鉴定意见书具备上述内容。其次，川中信鉴〔2024〕临鉴字第A0205号司法鉴定意见书最终的鉴定意见系针对张某某的伤残等级和误工期、护理期、营养期作出的，在四川中信司法鉴定中心以及鉴定人员的执业范围内。最后，川中信鉴〔2024〕临鉴字第A0205号司法鉴定意见书对张某某2021年4月12日受伤与2021年6月4日在凉山某某医院住院诊断伤情存在因果关系作出了分析认定，认定存在直接因果关系，且鉴定人员出庭接受询问时释明了对张某某进行伤残等级鉴定时要考虑伤病关系，并不需要有单独的因果关系的鉴定资质进行鉴定。故对于四川中信司法鉴定中心出具的〔2024〕临鉴字第A0205号司法鉴定意见书，鉴定机构及鉴定人员具有相应资质，鉴定程序合法，一审法院据此采信并无不当。

一、司法鉴定的启动

依据《民事诉讼证据规定》实施以来民事审判实践的基本思路，人民法院的职权行为适用人民法院调查收集证据的规则，当事人的申请比照当事人的举证的行为处理，适用举证时限规则和举证责任规则，具体到鉴定领域也是如此。由于人民法院委托鉴定在性质上为法院调查收集证据，因此当事人申请鉴定时应当遵守当事人申请人民法院调查收集证据的要求。随着社会的发展，民事纠纷越来越复杂，涉及专门知识的案件越来越多，对专门性问题进行司法鉴定逐渐成为普遍现象。随着最高人民法院对级别管辖的调整，越来越多的大标的额案件尤其是建设工程施工合同纠纷案件的一审在基层法院进行。该类纠纷专业性强，涉及的边缘学科较多，而且行业规范标准较为复杂，仅凭法官的生活常识和审判经验并不能得以准确判断。此时，必须借助于司法鉴定才能保证案件裁判的公正性、客观性。

关于鉴定的启动方式。根据举证责任的规定，当事人对自己提出的主张，有责任提供证据，鉴定意见属于法定证据之一，申请鉴定是当事人履行自己举证责任的内容。当事人对于专门性问题需要鉴定意见来证明自己的主张时，就应当申请鉴定，若未申请鉴定，则应当承担举证不能的法律后果。当然，在某些特殊情况下，虽然当事人没有申请鉴定，但人民法院认为审理案件需要鉴定的，应当主动委托进行司法鉴定。《民事诉讼法》第79条规定了鉴定程序的启动和鉴定人的确定规则，该条规定，当事人可以就查明事实的专门性问题向人民法院申请鉴定。当事人申请鉴定的，由双方当事人协商确定具备资格的鉴定人；协商不成的，由人民法院指定。当事人未申请鉴定，人民法院对专门性问题认为需要鉴定的，应当委托具备资格的鉴定人进行鉴定。该条规定明确了鉴定程序启动问题采取以当事人主义为主，以法院职权主义为辅的模式，即充分尊重双方当事人程序上的意思自治，先由双方当事人协商确定鉴定人，只有在双方协商不成时才由人民法院指定。

根据《民事诉讼法》第79条的规定，鉴定程序的启动，必须满足以下几个要求：

第一，鉴定是为了查明事实。案件事实是适用法律的前提，是裁判的基础。法律适用问题不可能成为鉴定的标的。比如，建设工程施工合同纠纷案件中，双方对工程造价有争议，对工程量各抒己见，审判人员无法准确认定时需借助鉴定意见进行判断。

第二，鉴定的内容应当是案件中涉及的专门性问题。依据《全国人民代表大会常务委员会关于司法鉴定管理问题的决定》第1条的规定，司法鉴定是指在诉讼活动中鉴定人运用科学技术或者专门知识对诉讼涉及的专门性问题进行鉴别和判断并提供鉴定意见的活动。案件中涉及的其他问题，应当由法官根据法律规定、证据予以认定。比如，交通事故责任不可能通过鉴定程序予以认定。又如，审理建设工程施工合同纠纷案件时，不得将涉及结算方式、证据效力、事实认定、约定效力、违约金等的司法裁判问题交由司法鉴定机构进行鉴定。

第三，鉴定的启动必须符合必要性原则。根据日常生活经验等可以作出认定的事实，或者双方可以协商一致或可以根据实际情况认定的，则应当避免进行鉴定。

根据法律规定，鉴定程序的启动方式分为两类：一是当事人申请鉴定；二是法院主动委托鉴定。属于当事人举证责任范畴的申请鉴定事项，应当尽量由当事人提出鉴定申请，这样既尊重了当事人的处分权，又避免了法院给一方当事人以帮助另一方当事人的不公正印象。对于"确有必要"由法院启动鉴定程序的情形，要严格按照法院依职权调查取证的范围进行确定。

（一）当事人申请鉴定

当事人申请鉴定应当受到有关当事人申请人民法院调查收集证据的规定的调整和约束。根据《民事诉讼司法解释》第95条的规定，当事人申请调查收集的证据，与待证事实无关联、对证明待证事实无意义或者其他无调查收集必要的，人民法院不予准许。《委托鉴定审查规定》第1条规定，严格审查拟鉴定事项是否属于查明案件事实的专门性问题，有下列情形之一的，人民法院不予委托鉴定：通过生活常识、经验法则可以推定的事实；与待证事实无关联的问题；对证明待证事实无意义的问题；应当由当事人举证的非专门性问题；通过法庭调查、勘验等方法可以查明的事实；对当事人责任划分的认定；法律适用问题；测谎；其他不适宜委托鉴定的情形。

典型案例 118

泰州市某船厂与朱某某船舶建造合同纠纷案[①]

案情简介

2014年4月26日,泰州市某船厂与朱某某签订建造合同,约定朱某某委托泰州市某船厂以来料加工方式建造一艘船舶,朱某某以1520元/吨的材料加工价格结算给泰州市某船厂,合同生效后150个晴天内交船。2014年5月23日,朱某某与范某某签订购货协议,约定首付款200万元,其余货款按月息一分二厘计算,由陈某某结算,还约定了钢材规格、单价,单价在3150元/吨至3630元/吨之间。2014年6月13日至2015年4月5日,"盛翔9019"轮钢材陆续进场,合计数量为1341.641吨。之后,朱某某陆续分别签订买卖合同,购买船舶主机等设备和部件,约定价款合计1294700元。朱某某已支付部分价款。日期标注为2016年1月16日的借条记载:"今借到陈某某人民币计壹佰贰拾万元正(1200000元),月息计1分2厘。借款人:朱某某。2016年1月16日。"一审审理期间,朱某某申请对2016年1月16日借条上"朱某某"和"2016年1月16日"的形成时间进行鉴定,即对笔迹形成时间进行鉴定。一审法院依法组织鉴定,但因无法选定具备资质的鉴定机构而没有完成鉴定。

武汉海事法院于2019年12月25日作出(2018)鄂72民初625号民事判决:(1)朱某某向泰州市某船厂支付120万元及利息;(2)驳回泰州市某船厂的其他诉讼请求。宣判后,朱某某以一审鉴定程序违法、认定事实错误为由,提起上诉。湖北省高级人民法院于2020年11月13日作出(2020)鄂民终416号判决:驳回上诉,维持原判。

[①] 人民法院案例库入库编号:2023-10-2-207-001。

裁判要旨

（1）司法鉴定的启动权和审查权。当事人依法享有鉴定启动的申请权，但当事人申请鉴定并不必然启动鉴定程序。对专业性问题是否需要进行鉴定、是否启动鉴定程序以及鉴定意见是否作为证据予以采信等，均属于人民法院审查的范围，仍需要法官根据其对案件相关事实的认定、审理的需要进行综合判断。如果法院通过对现有证据的综合分析能够对涉案关键事实予以查明，则当事人申请的司法鉴定在案件中实非必要。（2）司法鉴定的局限性。因受鉴定机构的仪器设备、鉴定方法等客观因素和司法鉴定人知识水平、业务能力和实践经验等主观因素的影响，鉴定意见在实践中往往存在差异性和不确定性。为防止鉴定程序的随意性，人民法院应当对当事人的鉴定申请进行实质性审查，并进一步明确鉴定的范围。

关于申请鉴定的注意事项。根据民事诉讼"谁主张，谁举证"的举证原则，司法实践中，提出鉴定申请的通常是负有举证责任的一方当事人。当然，为了降低或规避自身的败诉风险，非承担举证责任的一方当事人可能会提出鉴定申请，如可能承担赔偿责任的一方当事人申请鉴定以确定对方的实际损失。在有人主动申请鉴定的情形下，举证责任分配规则通常处于备而不用的状态。但在当事人都不提出鉴定申请且双方当事人诉争的事实不经过鉴定又无法认定时，有关举证责任分配的规则就显得尤为重要，该规则可以直接督促负有举证责任的一方的当事人申请鉴定。实践中，当事人申请进行鉴定的，需要注意以下两个方面的问题：

1. 申请鉴定的期限问题

《民事诉讼证据规定》第31条第1款规定，当事人申请鉴定，应当在人民法院指定期间内提出，并预交鉴定费用。逾期不提出申请或者不预交鉴定费用的，视为放弃申请。申请鉴定是当事人举证责任的内容，因此，当事人申请鉴定应当规定期限；否则，在实践中，有的当事人滥用诉讼权利，在庭审前不准备证据，在庭审中搞突然袭击，借口鉴定问题拖延诉讼，妨害诉讼效率的提高。《民事诉讼司法解释》第 121 条第 1 款第 1 句再次强调，当事人申请鉴定，可以在举证期限届满前提出。对需要鉴定的事项负有举证责任的当事人，在人民法院指定的期限内无正当理由不提出鉴定申请或者不预交鉴定费用或者拒不提供相关材料，致使对案件争议的事实无法通过鉴定意见予以认定的，应当对该事实承担举证不能的法律后果。

典型案例 119

成都农村商业银行股份有限公司都江堰支行与云南恒沃房地产开发有限公司、储某兰等借款纠纷案[①]

案情简介

上诉人云南恒沃房地产开发有限公司等因与被上诉人成都农村商业银行股份有限公司都江堰支行（以下简称成都农商行都江堰支行）、一审被告储某兰等借款纠纷一案，不服四川省高级人民法院作出的（2018）川民初 149 号民事判决，向最高人民法院提起上诉。储某兰等述称，一审法院送达程序违法，中茂公司、崔某茂、储某兰未收到一审判决书，且储某兰未在案涉保证合同上签字。二审庭审后，储某兰申请对其在保证合同上的签名进行鉴定。

裁判要旨

《民事诉讼司法解释》第 121 条第 1 款第 1 句规定："当事人申请鉴定，可以在举证期限届满前提出。"《民事诉讼证据规定》第 31 条规定：

[①] 参见最高人民法院（2021）最高法民终 407 号民事判决书。

"当事人申请鉴定，应当在人民法院指定期间内提出，并预交鉴定费用。逾期不提出申请或者不预交鉴定费用的，视为放弃申请。对需要鉴定的待证事实负有举证责任的当事人，在人民法院指定期间内无正当理由不提出鉴定申请或者不预交鉴定费用，或者拒不提供相关材料，致使待证事实无法查明的，应当承担举证不能的法律后果。"根据上述规定，储某兰申请对案涉保证合同上的笔迹进行鉴定的，应当在举证期限内提出申请。该案中，经依法送达起诉状和开庭传票等诉讼材料后，储某兰无正当理由未参加一审开庭审理活动，在一审法院作出判决并依法向其送达一审判决书后，亦未提起上诉，其在二审庭审结束后申请鉴定，已经超过举证期限，而且其申请鉴定亦无正当理由，不予支持。

2. 法院应对当事人的申请进行审查

对是否必须进行鉴定进行审查时，不但要考虑有关鉴定的必要性问题，还要考虑有关案件的金额和重要性、系争事项的复杂性、快捷审理的要求、各方当事人的财力等。对于申请鉴定的事项与待证事实无关联，或者对证明待证事实无意义的，人民法院不予准许。

> **裁判规则**
>
> 当事人双方均拒不申请鉴定的，人民法院应当予以释明，经释明后负有举证责任的当事人在人民法院指定的期限内无正当理由仍不申请鉴定，致使相关事实无法认定的，应当承担举证不能的不利后果。

在鉴定过程中，一方当事人拒不配合，导致鉴定无法进行的，法院在释明不利后果的情况下，可以判决不履行举证义务一方承担举证不能的不利后果。

（二）法院依职权启动鉴定

人民法院依职权委托鉴定的行为，性质上属于人民法院依职权调查收集证据的行为，应当遵守依职权调查收集证据的规定，根据《民事诉讼司法解释》第 96 条第 1 款的规定，涉及可能损害国家利益、社会公共利益的；涉及身份关系的；涉及《民事诉讼法》第 58 条规定诉讼的；当事人有恶意串通损害他人合法权益可能的；涉及依职权追加当事人、中止诉讼、终结诉讼、回避等程序性事项的，人民法院才能依职权调查收集证据，只有符合上述情形的，人民法院才能依职权启动鉴定。

当事人申请鉴定属于举证责任的内容之一，当事人未申请鉴定导致相关事实无法查清的，负有举证责任的当事人应当自行承担不利后果。因此，一般情况下，法院如果已经释明，那么对当事人是否申请鉴定无须过多干涉。但是如果涉及可能有损国家利益、社会公共利益或者他人合法权益的专门性问题，属于《民事诉讼法》第 67 条第 2 款中规定的"人民法院认为审理案件需要的证据"，那么，即使当事人未申请鉴定，法院亦应主动委托鉴定。比如，根据《招标投标法》第 3 条第 1 款第 1 项的规定，大型基础设施、公用事业等关系社会公共利益、公众安全的项目属于必须进行招标的工程建设项目。上述工程的建设施工因为关系国计民生，受到国家的严格管控，对于该类工程施工过程如果出现工程量、工程价款、工程质量等方面的问题，当事人不申请鉴定的，法院应当依职权主动委托鉴定。

典型案例 120

王某某与新疆某甲医院等医疗损害责任纠纷案[①]

📖 案情简介

再审申请人王某某因与被申请人新疆某甲医院、新疆某乙医院医疗损

[①] 参见新疆维吾尔自治区高级人民法院（2023）新民再 270 号民事裁定书。

害责任纠纷一案，不服新疆维吾尔自治区乌鲁木齐市中级人民法院作出的（2022）新01民终2971号民事判决，向新疆维吾尔自治区高级人民法院申请再审称，王某某并未因质疑鉴定机构的能力而主动撤销鉴定。王某某在第一审期间委托的诉讼代理人申请去其他地区进行医疗过错鉴定，并提交了重新鉴定申请书，但第一审人民法院认为司法鉴定中心未退回之前的鉴定，故不能申请重新鉴定。王某某的诉讼代理人与司法鉴定中心交涉后，司法鉴定中心退回鉴定申请，但第一审人民法院认为因王某某未申请重新鉴定不应退回。王某某并不清楚重新鉴定的申请是否被准许。人民法院认为由于王某某的原因，鉴定被撤销与事实不符。

裁判要旨

因医学本身专业性较强，医疗机构在诊疗过程中是否存在过错及其诊疗行为与患者的损害后果有无因果关系、原因力的大小等往往需要通过鉴定来认定。在该案中，在能够进行医疗损害鉴定的情况下，人民法院仅以举证责任为由驳回王某某的诉讼请求不当。为查清案件事实，各方当事人均应积极配合鉴定工作，而不应提出不合理的要求。

法官提示

在有关合同纠纷案件中，经常涉及对合同效力的认定以及对相关合同条款的不同理解问题，而上述争议问题的正确理解和处理对鉴定机构的鉴定意见将产生较大影响，并最终影响案件实体结果。对合同条款的争议处理，应当由法院根据法律规定进行认定和处理，上述问题并不属于司法鉴定机构的业务范围。法院即使在鉴定时暂时无法确定争议条款的效力，也可以要求鉴定机构就不同理解出具不同的鉴定意见，并在最终调解或者判决中予以认定，而不应由鉴定机构予以认定。鉴定人在鉴定时如遇需要定性方可判断或现有证据有矛盾难以作出确定判断，应结合案情按不同的标准或者计算方法，根据证据成立与否出具不同的结论供法官来选择。

二、鉴定材料的审查

根据《司法鉴定程序通则》第 12 条第 3 款的规定，鉴定材料包括生物检材和非生物检材、比对样本材料以及其他与鉴定事项有关的鉴定资料。

(一) 鉴定材料的范围

委托人委托鉴定的，应当向鉴定机构提供真实、完整、充分的鉴定材料，并对鉴定材料的真实性、合法性负责。鉴定机构应当核对并记录鉴定材料的名称、种类、数量、性状、保存状况、收到时间等。诉讼当事人对鉴定材料有异议的，应当向委托人提出。鉴定材料不真实、不完整、不充分或者取得方式不合法的，鉴定机构不得受理鉴定委托。鉴定机构应当对委托鉴定事项、鉴定材料等进行审查。对属于鉴定业务范围，鉴定用途合法，提供的鉴定材料能够满足鉴定需要的鉴定委托，应当受理。对于鉴定材料不完整、不充分，不能满足鉴定需要的，鉴定机构可以要求委托人补充；经补充后能够满足鉴定需要的，应当受理。

对于鉴定材料的审查，应当根据来源情况，作出区别对待：

一是法院向鉴定机构提供。该种鉴定材料的来源方式较为常见，符合诉讼程序的一般规律和要求。有关鉴定材料的提供与收集，应当遵循以下原则：(1) 需要当事人提供鉴定材料的，法院应当书面通知当事人，当事人应当在规定的期限内提供。当事人未能提供的或认为不应当由其提供的，应当在规定的期限内向法院书面说明理由，该证据的举证责任由法院决定。当事人既不提供又不说明理由的，该证据的举证责任由法院决定。(2) 需要由法院依职权才能收集的鉴定材料，法院应当收集并经当事人质证后提交给造价鉴定机构。(3) 鉴定材料提交给造价鉴定机构之前，必须组织双方进行证据交换。

二是当事人向鉴定机构提交。一般情况下，应当由法院向鉴定机构提交，但是实践中，一些鉴定机构出于工作便利，在鉴定过程中往往直接通知当事人提交相关材料。该种提交材料的方式，虽然有助于提高鉴定效率，但容易导致另一方当事人对该鉴定材料的真实性、合法性提出疑问，并最终对鉴定意见提出疑问，不予认可鉴定意见的合法性。对此，在鉴定过程中，如果确需当事人补充相关证据，应当由司法鉴定机构告知法院，由法院通知当事人提交，并由法院组织双方进行举证、质证，再予以提交鉴定机构作为鉴定的依据。

（二）证据交换

鉴定材料关乎案件当事人最切身利益，影响法院对案件的裁判结果。可以认为鉴定材料是鉴定意见甚至是整个案件的基础和依据，但是，鉴定机构不是审判机关，无法对当事人提交的鉴定材料的真实性、合法性、关联性进行认定，因此，在委托鉴定机构进行鉴定之前，法院应当要求当事人尽可能提供有关案件涉及的鉴定材料，并在委托鉴定之前组织双方进行证据交换，由双方当事人对鉴定材料进行举证、质证。

《民事诉讼证据规定》第56条规定，人民法院依照《民事诉讼法》第136条第4项的规定，通过组织证据交换进行审理前准备的，证据交换之日举证期限届满。证据交换的时间可以由当事人协商一致并经人民法院认可，也可以由人民法院指定。当事人申请延期举证经人民法院准许的，证据交换日相应顺延。第57条规定，证据交换应当在审判人员的主持下进行。在证据交换的过程中，审判人员对当事人无异议的事实、证据应当记录在卷；对有异议的证据，按照需要证明的事实分类记录在卷，并记载异议的理由。通过证据交换，确定双方当事人争议的主要问题。第58条规定，当事人收到对方的证据后有反驳证据需要提交的，人民法院应当再次组织证据交换。证据交换的功能主要包括：整理、明确争点，法庭审理准备，证据保全，防止突袭、创建诉讼主体之间的公平论战，促进、达成和解，便于诉讼的提起和进行，等等。证据交换的首要功能在于对客观真实的追求，让事实本身而不是证据突袭或者诉讼技巧来决定案件的最终命运。进行证据交换不仅能在实体上发现真实，而且还能够促进和推动司法公正，提高诉讼效率。

鉴于证据交换具有上述功能，如果需要移交给鉴定机构的鉴定材料较多，先行就有关材料进行证据交换，不仅有利于减轻庭审的负担，方便整理当事人争议焦点、固定争议焦点和固定证据等，而且有利于鉴定机构根据证据交换的结果，尽可能地达到客观真实。交换证据的时间可以由当事人协商一致并经人民法院认可，也可以由人民法院指定。人民法院组织当事人交换证据的，交换证据之日举证期限届满。当事人申请延期举证经人民法院准许的，证据交换日相应顺延。对于需要鉴定的建设工程施工合同纠纷案件，还应当注意，证据交换必须在法院委托鉴定机构实施鉴定之前进行，这样才能达到证据交换的目的。在证据交换的过程中，法官对当事人无异议的事实、证据应当记录在卷；对有异议的证据，按照需要证明的事实分类记录在卷，并记载异议的理由。通过证据交换，确定双方当事人争议的主要问题。

> **裁判规则**
>
> 法院应对委托鉴定材料进行综合审查和判断，对该案是否需要鉴定、重要证据材料的取舍等重要法律问题作出评判。对当事人各执一词、争议较大或真伪尚不能明确的证据，可以根据案件审理需要，要求鉴定机构依据不同的条件分别作出鉴定意见，最终由合议庭在庭审后结合其他证据予以认定。

三、重新鉴定的问题

司法实践中存在对同一鉴定事项进行多次鉴定、重复鉴定等情形，这在客观上导致一个案件出现多份鉴定意见，不仅增加了事实认定和案件处理的难度，特别是多份鉴定意见相互冲突时，更是对法官的认知能力和裁判结果产生重大影响，同时也延长了案件审理时间，容易造成案件久拖不决，影响司法公正，损害司法权威，甚至可能造成当事人缠诉闹访的现象，影响司法公信力。在审理民事纠纷案件时，应避免随意、盲目委托鉴定和不必要的多次、重复鉴定。根据双方当事人的合同约定或者现有证据，足以认定相关争议的，不应委托鉴定。当然，对于符合法定重新鉴定申请的，人民法院应当予以准许。

（一）严格启动重新鉴定

关于当事人对人民法院委托的鉴定部门作出的鉴定意见有异议，申请重新鉴定的条件。依据《民事诉讼证据规定》第40条第1款的规定，当事人申请重新鉴定，存在下列情形之一的，人民法院应当准许：鉴定人不具备相应资格的；鉴定程序严重违法的；鉴定意见明显依据不足的；鉴定意见不能作为证据使用的其他情形。

> **裁判规则**
>
> 对鉴定意见的瑕疵，可以通过补正、补充鉴定或者补充质证、重新质证等方法解决的，人民法院不予准许重新鉴定的申请。重新鉴定的，原鉴定意见不得作为认定案件事实的根据。

典型案例 121

李某琴、穆某云与韦某文财产损害赔偿纠纷案[①]

案情简介

再审申请人李某琴、穆某云因与被申请人韦某文财产损害赔偿纠纷一案，不服贵州省黔西南布依族苗族自治州中级人民法院作出的（2022）

[①] 参见贵州省高级人民法院（2023）黔民申6837号民事裁定书。

黔 23 民终 1491 号民事判决，向贵州省高级人民法院申请再审称，一审法院作出一审判决之后，因云南某某建设工程检测鉴定有限公司不具有相应鉴定资格、鉴定程序严重违法，二审法院将该案发回重审，此时法院应当责令云南某某建设工程检测鉴定有限公司退还鉴定费用并另行委托其他鉴定机构重新开展鉴定。

裁判要旨

申请人一直主张对案涉司法鉴定意见书有异议。经查明，云南某某建设工程检测鉴定有限公司作出的〔2019〕司某字第 60 号以及〔2020〕司某字第 4 号司法鉴定意见书存在指定的鉴定人员无高级专业技术职称的问题，案件发回重审后，法院指定该公司作出补充鉴定，该公司作出了〔2021〕司某字第 011 号司法鉴定意见书，虽然该份鉴定意见书仍存在部分瑕疵，但针对申请人所提出的相关鉴定意见的问题，云南某某建设工程检测鉴定有限公司已重新组织有高级专业技术职称的鉴定人员重新进行现场勘查，并作出〔2022〕司某字第 14 号司法鉴定意见书，对〔2021〕司某字第 011 号司法鉴定意见书存在的问题进行了补正及补充鉴定，上述程序符合《司法鉴定程序通则》的相关规定，二审法院对此已经详述。申请人一直在原一审、二审庭审中不认可案涉司法鉴定意见书的鉴定结果，一审时申请人申请重新鉴定后明确表示不交纳鉴定费用，二审庭审中亦明确表示要重新鉴定但不交纳鉴定费用，主张由原鉴定机构退还鉴定费或由被申请人先行垫付鉴定费用。该案事故发生于 2019 年，被申请人的房屋已经被认定为危房，诉讼至今已历时四年之久，被申请人的房屋问题迟迟未得到解决，原审在诉讼中已经充分保障了申请人的诉讼权利，在案涉司法鉴定意见书已经得到补正，且申请人不愿意交纳重新鉴定费用的情况下，原审采信鉴定意见书并无不当。

关于当事人自行委托鉴定的问题。对自行鉴定意见的审查，除鉴定机构的资质、鉴定程序等基本问题外，还应着重从以下几方面入手：委托鉴定的材料是否全面、真实；适用鉴定的标准是否正确；鉴定意见是否明确。依据《民事诉讼证据规定》第 41 条的规定，对于一方当事人就专门性问题自行委托有关机构或者人员出具的意见，另一方当事人有证据或者理由足以反驳并申请鉴定的，人民法院应予准许。如果当事人自行鉴定意见与法院鉴定意见相冲突，则应以认定法院委托鉴定意见为原则，采信自行鉴定意见为例外，即相对于当事人自行委托的鉴定以及其他机关委托的鉴定而言，法院委托的司法鉴定具有较高的证据效力。无论是从司法鉴定程序的严谨性而言，还是出于对司法中立性的考量，法院委托的司法鉴定无疑是最具权威性的证据效力。因此，法院委托鉴定效力优先原则，无疑是鉴定效力审查的一项基础规则。一方当事人对另一方当事人自行鉴定的反驳，必须提供证据。反驳的证据应当围绕鉴定资格，鉴定程序，鉴定依据的真实性、合法性、科学性、公正性来进行证明，只要能证明自行鉴定的意见在上述某一方面存在疑点，具有不可采性，并申请重新鉴定的，人民法院应当予以重新鉴定。

> **裁判规则**
>
> 现行法律规定并不排斥当事人自行委托进行鉴定，另一方当事人没有足以反驳的证据的，则该自行委托产生的鉴定意见，可以作为定案依据。

典型案例 122

钱某与某财产保险股份有限公司
无锡市分公司财产损失保险合同纠纷案[①]

案情简介

2019年1月6日,钱某为苏BG×××号车辆向某财产保险股份有限公司无锡市分公司(以下简称某保险公司)投保了车损险(保险金额27160元)、第三者责任险(保险金额1000000元)、不计免赔率等险种,保险期限为2019年1月26日至2020年1月25日。2019年8月26日13时14分,杨某驾驶的赣B×××号小型汽车与张某驾驶的苏BG×××号小型汽车、钱某驾驶的苏BG×××号小型客车在常台高速东侧66公里518米处发生道路交通事故。由于杨某未与前方同车道行驶的车辆保持必要的安全距离,经苏州市公安局交通警察支队高速公路三大队处理认定,杨某负全部责任,钱某与张某无责。事故发生后,钱某委托某公估公司对苏BG×××号小型客车损失进行公估鉴定,经公估鉴定,最终车辆损失评估金额为24520元(公估基准日为2019年8月26日,即出险日)。后钱某支付公估费750元。2019年9月5日,某公估公司向保险公司邮寄告知函,对车损评估的时间、地点等内容进行告知。审理过程中,某保险公司申请对保险车辆的维修价格进行公估鉴定。法院委托江苏某保险公估有限公司无锡分公司对保险车辆维修价格进行评估,经公估,评估标的在公估基准日(2019年8月26日,即出险日)的车辆评估损失金额为22600元,某保险公司预交评估费1756元。

[①] 人民法院案例库入库编号:2024-08-2-333-005。

裁判要旨

单方委托鉴定意见应严格进行审查。单方委托有其存在的合理性，可以避免保险公司在交通事故发生后拒绝定损或怠于定损导致车辆损失无法确定，可以防止保险公司过分压低定损金额，保护被保险人的合法权益；与此同时，对单方委托在程序上要严格把关，保证保险公司参与程序和提出意见的权利，在鉴定意见存疑的情况下，应当允许重新鉴定。

（二）重新鉴定的特殊情形

重新鉴定主要存在以下几种特殊情形：

一是关于诉讼前已经共同委托鉴定的情形。诉讼前已经由当事人共同选定具有相应资质的鉴定机构对专业问题进行了鉴定，诉讼中一方当事人要求重新鉴定的，不予准许，但确有证据证明鉴定意见存在《民事诉讼证据规定》第40条第1款规定的情形，且无法通过补充鉴定、重新质证或者补充质证等方法解决的，应予准许。

二是一审诉讼期间对专业问题进行了鉴定，当事人在二审诉讼期间申请重新鉴定或补充鉴定的，不予准许，理由在于降低诉讼成本、减少诉累，维护法院裁判的权威性，但确有证据证明鉴定意见存在《民事诉讼证据规定》第40条第1款规定情形的除外。

三是对相应事实负有举证责任的当事人在一审诉讼中未就该事实申请鉴定，导致该事实不清，二审诉讼中申请鉴定的，人民法院根据案件审理情况认为需要鉴定的，可予准许。比如，根据《最高人民法院关于审理建设工程施工合同纠纷案件适用法律问题的解释（一）》第32条第2款之规定，一审诉讼中负有举证责任的当事人未申请鉴定，虽申请鉴定但未支付鉴定费用或者拒不提供相关材料，二审诉讼中申请鉴定，人民法院认为确有必要的，应当依照《民事诉讼法》第177条第1款第3项的规定处理，也即裁定撤销原判，发回重审，由原审法院委托进行司法鉴定。

四是一审诉讼中未对专业问题进行鉴定，二审诉讼中双方当事人均同意鉴定的，二审法院可以委托鉴定部门对当事人争议的问题予以鉴定，但可能损害社会公共利益或第三人利益的除外。

四、鉴定的实施

鉴定人应当科学、客观、独立、公正地从事司法鉴定活动，遵守法律、法规的规定，遵守职业道德和职业纪律，遵守司法鉴定管理规范。不管是当事人申请鉴定还是法院主动依职权委托鉴定，民事诉讼中法院具有鉴定的决定权，对外委托进行鉴定的主体只能是法院。

（一）鉴定人的确定

《民事诉讼法》第79条规定，当事人可以就查明事实的专门性问题向人民法院申请鉴定。当事人申请鉴定的，由双方当事人协商确定具备资格的鉴定人；协商不成的，由人民法院指定。当事人未申请鉴定，人民法院对专门性问题认为需要鉴定的，应当委托具备资格的鉴定人进行鉴定。关于鉴定主体的选择和指定，《民事诉讼证据规定》第32条第1款规定，人民法院准许鉴定申请的，应当组织双方当事人协商确定具备相应资格的鉴定人。当事人协商不成的，由人民法院指定。《民事诉讼司法解释》第121条规定，当事人申请鉴定，可以在举证期限届满前提出。申请鉴定的事项与待证事实无关联，或者对证明待证事实无意义的，人民法院不予准许。人民法院准许当事人鉴定申请的，应当组织双方当事人协商确定具备相应资格的鉴定人。当事人协商不成的，由人民法院指定。符合依职权调查收集证据条件的，人民法院应当依职权委托鉴定，在询问当事人的意见后，指定具备相应资格的鉴定人。根据上述法律以及司法解释的规定，选定鉴定人应当由当事人协商选择和法院指定相结合，并遵循公开、公平、公正的原则。也就是说，现行法律充分尊重当事人程序上的意思自治，先由当事人协商确定鉴定人，只有在双方协商不成或者存在特殊情况时，才由法院指定。

为什么要允许当事人选择鉴定人？这是总结实践经验，贯彻诉讼公开原则，提高审判工作的透明度和裁判的公信度，应对目前鉴定机构和鉴定秩序混乱的一个有效方法。为在程序上公正地保障当事人的诉讼权利，应当由双方当事人协商确定鉴定人。这体现了对当事人意愿和诉讼权利的尊重，可以避免当事人对法院和鉴定人中立性的质疑，鉴定意见更有可能使当事人心服口服，这有利于法院妥当、迅速、信服地解决纠纷。当然，根据《委托鉴定审查规定》第7条之规定，当事人协商一致选择鉴定机构的，人民法院应当审查协商选择的鉴定机构是否具备鉴定资质及符合法律、司法解释等规定。发现双方当事人的选择有可能损害国家利益、集体利益或第三方利益的，应当终止协商选择程序，采用随机方式选择。

> **裁判规则**
>
> 法院指定鉴定，只能发生在双方当事人无法达成一致意见、协商不成的情况下。在人民法院主动依职权启动鉴定的情况下，由于双方当事人都没有意愿进行鉴定，所以可以由法院直接指定鉴定人。

> **法官提示**
>
> 虽然当事人可以协商选择鉴定人，但是决定和委托鉴定仍然是人民法院的工作，因此，双方当事人协商意见一致的，经人民法院审查同意后向双方当事人宣布并向鉴定人出具委托鉴定函。

（二）确定鉴定人的方法

关于鉴定人名册。人民法院鉴定人名册制度，是指人民法院经事前审查、批准、公示程序，将自愿接受人民法院委托鉴定的社会鉴定人（含自然人、法人）列入本级法院的鉴定人名册。人民法院审理案件需要鉴定时，统一移送专门机构，负责对外委托或组织鉴定，以尊重当事人主张和在名册中随机选定相结合的办法确定鉴定人,并负责协调、监督鉴定工作。《人民法院对外委托司法鉴定管理规定》第3条规定,人民法院司法鉴定机构建立社会鉴定机构和鉴定人名册,根据鉴定对象对专业技术的要求,随机选择和委托鉴定人进行司法鉴定。第10条规定,人民法院司法鉴定机构依据尊重当事人选择和人民法院指定相结合的原则,组织诉讼双方当事人进行司法鉴定的对外委托。诉讼双方当事人协商不一致的,由人民法院司法鉴定机构在列入名册的、符合鉴定要求的鉴定人中,选择受委托人鉴定。该规定还对入册的程序、要求、条件等各方面进行了细化的规定。

人民法院鉴定人名册制度的建立和实施,遵循属地管理、自愿申请、择优选录、资源共享、公开、公平的原则。为充分利用社会鉴定资源,保障司法鉴定工作有序开展,规范法院鉴定人名册制度,最高人民法院颁布《人民法院司法鉴定人名册制度实施办法》,就鉴定人名册的建立、鉴定人名册的应用以及相关责任等作了具体规定。另外,司法鉴定所涉及的专业未纳入鉴定人名册时,人民法院司法鉴定机构可以从社会相关专业中,择优选定受委托单位或专业人员进行鉴定。如果被选定的鉴定人需要进入鉴定人名册的,按该实施办法规定程序办理。对外委托鉴定须选用外地法院或者上级法院的名册时,应当与建立该名册的人民法院司法鉴定机构联系,移送鉴定案件,或者及时告知协调、监督鉴定过程中的相关情况,由其提供必要的协助。

(三) 协商选择程序

第一,专门人员告知当事人在选择程序中的权利、义务。

第二,专门人员向当事人介绍名册中相关专业的所有专业机构或专家的情况。当事人听取介绍后协商选择双方认可的专业机构或专家,并告知专门人员和监督、协调员。

第三,当事人协商一致选择名册以外的专业机构或专家的,司法辅助工作部门应对选择的专业机构进行资质、诚信、能力的程序性审查，并告知双方应承担的委托风险。

第四，审查中发现专业机构或专家没有资质或有违法违规行为的，应当要求双方当事人重新选择。

第五，发现双方当事人选择有可能损害国家利益、集体利益或第三方利益的，应当终止协商选择程序，采用随机选择方式。

第六，有下列情形之一的，采用随机选择方式：当事人都要求随机选择的；当事人双方协商不一致的；一方当事人表示放弃协商选择权利，或一方当事人无故缺席的。

随机选择程序主要有以下两种：

一是计算机随机法。计算机随机法应当统一使用最高人民法院确定的随机软件；选择前，专门人员应当向当事人介绍随机软件原理、操作过程等基本情况，并进行操作演示；专门人员从计算机预先录入的名册中选择所有符合条件的专业机构或专家列入候选名单；启动随机软件，最终选定的候选者当选。

二是抽签法。专门人员向当事人说明抽签的方法及相关事项；专门人员根据移送案件的需要，从《名册》中选出全部符合要求的候选名单，并分别赋予序号；当事人全部到场的，首先确定做签者和抽签者，由专门人员采用抛硬币的方法确定一方的当事人为做签者，另一方当事人为抽签者，做签者按候选者的序号做签，抽签者抽签后当场交给专门人员验签，专门人员验签后应当将余签向当事人公示；当事人一方不能到场的，由专门人员做签，到场的当事人抽签。当事人抽签后，专门人员当场验签确定，并将余签向当事人公示。

根据上述规范要求，民事案件中，关于鉴定人的选定，应当遵循以下几项原则：

一是当事人协商选择优先原则，应由当事人协商选择鉴定人，该鉴定人原则上从法院鉴定人名册中产生。

二是当事人协商一致选定的鉴定人未纳入鉴定人名册时,鉴定督办人应当对该鉴定人进行审查,发现重大问题的,应当主持当事人重新选定鉴定人。

三是当事人协商不一致或放弃协商的,由管理部门从法院鉴定机构名册内采用摇号、抽签、轮候等随机方式选定,无合适的,再从上级人民法院鉴定机构名册内选定,必要时也可从省内其他鉴定机构名册内选定。本省鉴定机构名册内均无相关鉴定机构的,可从社会相关鉴定机构中选定。

四是当事人协商选定的鉴定机构非法院鉴定机构名册内的,应当由建立该鉴定机构名册的人民法院出具选定鉴定机构推荐书;当事人协商不一致或放弃协商,需在非法院鉴定机构名册内选定的,应当由建立该鉴定机构名册的人民法院按规定程序选定,并出具选定鉴定机构推荐书。

(四)鉴定人的权利和义务

司法鉴定人享有下列权利:(1)了解、查阅与鉴定事项有关的情况和资料,询问与鉴定事项有关的当事人、证人等。当然,有关鉴定人了解案情的权利要受到一定限制,一般而言,应以鉴定人能够顺利实施鉴定为界限,对于非鉴定所必需的内容,鉴定人无权知晓,而且了解过多案情可能影响鉴定意见的中立性;(2)要求鉴定委托人无偿提供鉴定所需要的鉴材、样本;(3)进行鉴定所必需的检验、检查和模拟实验;(4)拒绝接受不合法、不具备鉴定条件或者超出登记的执业类别的鉴定委托;(5)拒绝解决、回答与鉴定无关的问题;(6)鉴定意见不一致时,保留不同意见;(7)接受岗前培训和继续教育;(8)获得合法报酬;(9)法律、法规规定的其他权利。

司法鉴定人应当履行下列义务:(1)受所在司法鉴定机构指派按照规定时限独立完成鉴定工作,并出具鉴定意见;(2)对鉴定意见负责;(3)依法回避;(4)妥善保管送鉴的鉴材、样本和资料;(5)保守在执业活动中知悉的国家秘密、商业秘密和个人隐私;(6)依法出庭作证,回答与鉴定有关的询问;(7)自觉接受司法行政机关的管理和监督、检查；（8）参加司法鉴定岗前培训和继续教育；（9）法律、法规规定的其他义务。

五、鉴定的流程

根据《司法鉴定程序通则》的规定，司法鉴定的流程一般包括审查受理、实施鉴定、出具司法鉴定文书等，该三个步骤是司法鉴定必须经历的三个阶段。司法鉴定必须经历的三个阶段，为司法鉴定活动指出了正确的途径，防止鉴定人员把自己的估计、推测、想象、怀疑等主观意志运用于司法鉴定活动中。

（一）司法鉴定的审查受理

鉴定机构确定后，管理部门应当在规定的期限内将司法鉴定委托书及相关材料交给鉴定机构，并对重要的证据材料采用照相、扫描、复印等方式进行固定。鉴定机构收到相关材料后，应当对委托鉴定事项、鉴定材料等进行审查，对属于该机构司法鉴定业务范围，鉴定用途合法，提供的鉴定材料能够满足鉴定需要的，应当受理。因此，鉴定机构在决定是否受理时，应当就下列事项进行审查：

一是有关委托事项，是否属于本鉴定机构业务范围。鉴定人和鉴定机构应当在鉴定人和鉴定机构名册注明的业务范围内从事司法鉴定业务。

二是鉴定用途是否合法。人民法院委托的就争议事项进行的鉴定是为了解决双方之间的纠纷，其目的正当、合法，无须鉴定机构审查。

三是鉴定资料是否完整。对于鉴定材料不完整、不充分，不能满足鉴定需要的，司法鉴定机构可以要求法院通知当事人补充；经补充后能够满足鉴定需要的，应当受理，相关证据材料应当经过当事人举证质证方可作为鉴定依据。

司法鉴定机构应当自收到委托之日起7个工作日内作出是否受理的决定。对于复杂、疑难或者特殊鉴定事项的委托，司法鉴定机构可以与委托人协商决定受理的时间。

具有下列情形之一的鉴定委托，司法鉴定机构不得受理：（1）委托鉴定事项超出本机构司法鉴定业务范围的；（2）发现鉴定材料不真实、不完整、不充分或者取得方式不合法的；（3）鉴定用途不合法或者违背社会公德的；（4）鉴定要求不符合司法鉴定执业规则或者相关鉴定技术规范的；（5）鉴定要求超出本机构技术条件或者鉴定能力的；（6）委托人就同一鉴定事项同时委托其他司法鉴定机构进行鉴定的；（7）其他不符合法律、法规、规章规定的情形。

典型案例 123

王某武与伊宁市边境经济合作区西雅伦卫浴买卖合同纠纷案[①]

案情简介

再审申请人王某武因与被申请人王某峰、伊宁市边境经济合作区西雅伦卫浴买卖合同纠纷一案，不服新疆维吾尔自治区高级人民法院伊犁哈萨克自治州分院作出的（2018）新40民终391号民事判决，向新疆维吾尔自治区高级人民法院申请再审称，原审法院以程序违法为由不采纳原一审中的产品质量鉴定意见，仅凭涉案塑木地板生产商提供的证明文件认定涉案塑木地板质量合格显属不当。

裁判要旨

该案的争议焦点为涉案产品是否存在质量不合格的问题以及王某武是

[①] 参见新疆维吾尔自治区高级人民法院（2019）新民申1227号民事裁定书。

否存在违约行为。关于涉案产品质量鉴定意见能否作为定案依据的问题。根据《司法鉴定程序通则》第15条第1项的规定，委托鉴定事项超出本机构司法鉴定业务范围的，鉴定机构不得受理。该案经审查查明，产品质量鉴定不属于涉案鉴定意见出具机构的鉴定业务范围。该鉴定机构受理产品质量鉴定违反《司法鉴定程序通则》关于司法鉴定受理条件的规定，因此经该违法程序形成的鉴定意见不得作为定案依据，原审法院对此的认定并无不当。王某武作为该案中主张涉案产品质量不合格的一方，在上述鉴定意见不能作为定案依据的情况下，未能提供其他证据证明涉案产品质量不合格，原审法院据此认定涉案产品质量合格亦无不当。

另外，有下列情形之一的，司法鉴定机构和司法鉴定人可以拒绝受理鉴定工作：（1）委托人提供虚假情况或者提出不合理的鉴定要求。（2）委托人提供的鉴定资料未达到鉴定工作的最低要求，请求补充鉴定资料未能实现。（3）本鉴定机构不具备解决特定问题的条件。（4）司法鉴定机构和司法鉴定人属于法律规定的回避范围。（5）鉴定活动受到非法的干扰，该干扰足以影响鉴定工作的正常进行及鉴定意见的科学性，经过请求仍未能予以排除。

> **法官提示**
>
> 司法鉴定机构和司法鉴定人基于上述事由拒绝鉴定工作，并不是不履行职责推卸责任，而是为了避免某些特定的原因导致鉴定活动丧失了科学性与公正性，以免作出错误的鉴定意见而导致冤假错案的产生，同时是为了维持司法鉴定活动作为一项法律活动的尊严，避免司法鉴定工作的随意性。同时，为了避免滥用此项权利，司法鉴定机构和司法鉴定人一旦拒绝受理鉴定工作，应向委托人说明拒绝受理的理由，必要时还需要递交书面说明。

司法鉴定机构决定受理鉴定委托的，应当与人民法院签订司法鉴定委托书。司法鉴定委托书应当载明委托人名称、司法鉴定机构名称、委托鉴定事项、是否属于重新鉴定、鉴定用途、与鉴定有关的基本案情、鉴定材料的提供和退还、鉴定风险，以及双方商定的鉴定时限、鉴定费用及收取方式、双方权利义务等其他需要载明的事项。司法鉴定机构决定不予受理鉴定委托的，应当向委托人说明理由，退还鉴定材料。

(二) 鉴定的实施

关于司法鉴定人的指定。(1) 司法鉴定机构受理鉴定委托后，应当指定本机构具有该鉴定事项执业资格的司法鉴定人进行鉴定。委托人有特殊要求的，经双方协商一致，可以从本机构中选择符合条件的司法鉴定人进行鉴定。委托人不得要求或者暗示司法鉴定机构、司法鉴定人按其意图或者特定目的提供鉴定意见。司法鉴定机构对同一鉴定事项，应当指定或者选择两名司法鉴定人进行鉴定；对复杂、疑难或者特殊鉴定事项，可以指定或者选择多名司法鉴定人进行鉴定。(2) 司法鉴定人的回避。根据《民事诉讼法》第47条的规定，司法鉴定人本人或者其近亲属与诉讼当事人、鉴定事项涉及的案件有利害关系，可能影响司法鉴定人独立、客观、公正进行鉴定的，应当回避。司法鉴定人曾经参加过同一鉴定事项鉴定的，或者曾经作为专家提供过咨询意见的，或者曾被聘请为有专门知识的人参与过同一鉴定事项法庭质证的，应当回避。司法鉴定人担任过受鉴项目咨询、论证、勘察、设计、监理、施工、检测（测绘）任务的，应当回避。

裁判规则

司法鉴定人自行提出回避的，由其所属的司法鉴定机构决定；委托人要求司法鉴定人回避的，应当向该司法鉴定人所属的司法鉴定机构提出申请，由司法鉴定机构决定。委托人对司法鉴定机构作出的司法鉴定人是否回避的决定有异议的，可以撤销鉴定委托。

司法鉴定机构在认真研究鉴定资料，熟悉案情的基础上，根据受鉴项目相关资料，提出鉴定方案。鉴定方案内容应包括鉴定的依据、采用的标准、案情调查的工作内容、鉴定技术路线、工作进度计划及需由当事人完成的配合准备工作等。鉴定方案必须经鉴定机构的技术管理者批准后方能实施。司法鉴定机构应当建立鉴定材料管理制度，严格监控鉴定材料的接收、保管、使用和退还。司法鉴定机构和司法鉴定人在鉴定过程中应当严格依照技术规范保管和使用鉴定材料，因严重不负责任造成鉴定材料损毁、遗失的，应当依法承担责任。

审核鉴定机构作出的鉴定意见，人民法院应当要求鉴定机构就其鉴定使用的方法和标准作出说明，应当审核鉴定使用的方法和标准是否符合合同约定，如合同没有约定或者合同无效，应当审核鉴定机构采信的标准是否符合国家规定的强制性标准。国家没有颁布强制性标准的，应当审核是否符合行业惯例。《标准化法》第2条第3款第1句规定，强制性标准必须执行。此规定不仅是管理性规定，而且是效力性规定，违反此规定的应当认定合同全部或者部分无效。人民法院必要时可组织鉴定听证会，鉴定人应当充分听取当事人的意见。司法鉴定人有权了解进行鉴定所需要的案件材料，可以查阅、复制相关资料，必要时可以询问诉讼当事人、证人。鉴定机构根据鉴定需要，可勘验现场、取样检验，并由管理部门通知相关人员到场；需管理部门提供帮助、协调的，由管理部门负责；需业务庭协调的，由业务庭负责。当事人及相关人员应当积极配合。经法院同意，司法鉴定机构可以派工作人员到现场提取鉴定材料。现场提取鉴定材料应当由不少于两名司法鉴定机构的工作人员进行，其中至少一名应为该鉴定事项的司法鉴定人。现场提取鉴定材料时，应当有委托人指派或者委托的人员在场见证并在提取记录上签名。司法鉴定人应当对鉴定过程进行实时记录并签名。记录可以采取笔记、录音、录像、拍照等方式。记录应当载明主要的鉴定方法和过程，检查、检验、检测结果，以及仪器设备使用情况等。记录的内容应当真实、客观、准确、完整、清晰，记录的文本资料、音像资料等应当存入鉴定档案。

司法鉴定机构应当自司法鉴定委托书生效之日起 30 个工作日内完成鉴定。鉴定事项涉及复杂、疑难、特殊技术问题或者鉴定过程需要较长时间的，经鉴定机构负责人批准，完成鉴定的时限可以延长，延长时限一般不得超过 30 个工作日。鉴定时限延长的，应当及时告知委托人。司法鉴定机构与法院对鉴定时限另有约定的，从其约定。在鉴定过程中补充或者重新提取鉴定材料所需的时间，不计入鉴定时限。鉴定人未按期提交鉴定书的，人民法院应当审查鉴定人是否存在正当理由。无正当理由且人民法院准许当事人申请另行委托鉴定的，应当责令原鉴定机构、鉴定人退回已经收取的鉴定费用。

鉴定过程中，当事人及相关人员不配合致使鉴定无法正常进行的，管理部门应当及时通知业务庭，由业务庭处理。此时，业务庭可以根据举证责任的规定进行处理。鉴定过程涉及复杂、疑难、特殊技术问题的，可以向鉴定机构以外的相关专业领域的专家进行咨询，但最终的鉴定意见应当由鉴定机构的司法鉴定人出具。专家提供咨询意见应当签名，该咨询意见应存入鉴定档案。对于涉及重大案件或者特别复杂、疑难、特殊的技术问题或者多个鉴定类别的鉴定事项，办案机关可以委托司法鉴定行业协会组织协调多个司法鉴定机构进行鉴定。司法鉴定人完成鉴定后，司法鉴定机构应当指定具有相应资质的人员对鉴定程序和鉴定意见进行复核；对于涉及复杂、疑难、特殊的技术问题或者重新鉴定的鉴定事项，可以组织三名以上的专家进行复核。复核人员完成复核后，应当提出复核意见并签名，该复核意见应当存入鉴定档案。

> **法官提示**
>
> 涉及鉴定的案件，审限过长的主要原因往往是鉴定时间过长，鉴定一般需要几个月、半年以上甚至一年多时间，因此，鉴定过程中，法院应当加强与鉴定机构、司法鉴定人的沟通，尽量缩短鉴定期限，确保案件审理

的公正、高效。实践中，法院可以积极探索鉴定费用的支付与鉴定期限、鉴定质量等挂钩的办法，以此激励鉴定部门提高鉴定效率。

（三）鉴定的终止

根据《司法鉴定程序通则》第 29 条的规定，司法鉴定机构在鉴定过程中，有下列情形之一的，可以终止鉴定：

一是，发现有该通则第 15 条第 2 项至第 7 项规定情形的。也就是说，鉴定人在鉴定过程中发现以下情形的，可以终止鉴定：发现鉴定材料不真实、不完整、不充分或者取得方式不合法的；鉴定用途不合法或者违背社会公德的；鉴定要求不符合司法鉴定执业规则或者相关鉴定技术规范的；鉴定要求超出本机构技术条件或者鉴定能力的；委托人就同一鉴定事项同时委托其他司法鉴定机构进行鉴定的；其他不符合法律、法规、规章规定的情形。

二是，鉴定材料发生耗损，委托人不能补充提供的。

三是，委托人拒不履行司法鉴定委托书规定的义务、被鉴定人拒不配合或者鉴定活动受到严重干扰，致使鉴定无法继续进行的。

四是，委托人主动撤销鉴定委托，或者委托人、诉讼当事人拒绝支付鉴定费用的。人民法院可因下列事由终止鉴定、撤回委托：当事人撤诉或已调解结案的；无法获取必要的鉴定材料，致使鉴定无法进行的；当事人拒不配合，致使鉴定无法进行的；鉴定机构未经同意无故延长期限，致使人民法院无法及时结案的；鉴定机构以给好处、行贿等不正当方式获得鉴定，以及在鉴定过程中严重违反有关规定的；当事人不按规定交纳鉴定费用的。

五是，因不可抗力致使鉴定无法继续进行的。

六是，其他需要终止鉴定的情形。

终止鉴定的，司法鉴定机构应当书面通知委托人，说明理由并退还鉴定材料。

（四）补充鉴定

有下列情形之一的，鉴定机构可以根据委托人的要求进行补充鉴定：（1）委托人增加新的鉴定要求的；（2）原委托鉴定事项有遗漏的；（3）委托人就原委托鉴定事项提供新的鉴定材料的；（4）其他需要补充鉴定的情形。

《委托鉴定审查规定》第11条规定，鉴定意见书有下列情形之一的，视为未完成委托鉴定事项，人民法院应当要求鉴定人补充鉴定或重新鉴定：鉴定意见和鉴定意见书的其他部分相互矛盾的；同一认定意见使用不确定性表述的；鉴定意见书有其他明显瑕疵的。补充鉴定或重新鉴定仍不能完成委托鉴定事项的，人民法院应当责令鉴定人退回已经收取的鉴定费用。补充鉴定是原委托鉴定的组成部分，应当由原司法鉴定人进行。补充鉴定意见书中应注明与原委托鉴定事项相关联的鉴定事项；补充鉴定意见与原鉴定意见明显不一致的，应说明理由。新增加的鉴定要求有可能改变原鉴定意见的，应视为新的鉴定事项，另行委托。

（五）重新鉴定

有下列情形之一的，鉴定机构可以接受委托进行重新鉴定：（1）原司法鉴定人不具有从事委托鉴定事项执业资格的。（2）原司法鉴定机构超出登记的业务范围组织鉴定的。（3）原司法鉴定人应当回避没有回避的。进行重新鉴定时，有下列情形之一的，司法鉴定人应回避：参加过受鉴项目同一鉴定事项的初次鉴定的，在受鉴项目同一鉴定事项的初次鉴定过程中作为专家提供过咨询意见的。（4）办案机关认为需要重新鉴定的。（5）法律规定的其他情形。

重新鉴定应当委托原司法鉴定机构以外的其他司法鉴定机构进行；因特殊原因，委托人可以委托原司法鉴定机构进行重新鉴定，但原司法鉴定机构应当指定原司法鉴定人以外的其他符合条件的司法鉴定人进行重新鉴定。接受重新鉴定委托的司法鉴定机构的资质条件应当不低于原司法鉴定机构的资质条件，进行重新鉴定的司法鉴定人中应当至少有一名具有相关专业高级专业技术职称。

（六）鉴定意见书的出具

鉴定意见书是鉴定机构和鉴定人对委托人提供的鉴定材料进行检验、鉴别后出具的记录鉴定人专业判断意见的文书，一般包括标题、编号、基本情况、检案摘要、检验过程、分析说明、鉴定意见、落款、附件及附注等内容。鉴定人依法接受委托，进行科学鉴定，不管鉴定结果的性质如何，应当按照规定和要求提出书面鉴定意见。提出书面鉴定意见是鉴定人进行鉴定必须履行的一项义务。鉴定机构和司法鉴定人应当按照统一规定的文本格式制作司法鉴定意见书。为了规范司法鉴定文书的制作，提高司法鉴定文书的质量，根据《全国人民代表大会常务委员会关于司法鉴定管理问题的决定》和《司法鉴定程序通则》，司法部发布的《关于印发司法鉴定文书格式的通知》，对文书格式作出了明确的要求。

鉴定机构完成初稿后，应通过委托人向各方当事人提交征求意见稿。各方当事人在规定的时间内对征求意见稿提出的异议进行核对和答复。当事人对征求意见稿的异议具有相应证据或者依据的，鉴定人应对征求意见稿进行调整并出具鉴定意见。鉴定意见书应当由鉴定人签名。多人参加鉴定，对鉴定意见有不同意见的，应当注明。鉴定意见书应当加盖司法鉴定机构的司法鉴定专用章。鉴定意见书应当一式四份，三份交委托人收执，一份由鉴定机构存档。鉴定机构应当按照有关规定或者与委托人约定的方式，向委托人发送司法鉴定意见书。委托人对鉴定过程、鉴定意见提出询问的，鉴定机构和司法鉴定人应当给予解释或者说明。鉴定意见书出具后，发现有下列情形之一的，鉴定机构可以进行补正：图像、谱图、表格不清晰的；签名、盖章或者编号不符合制作要求的；文字表达有瑕疵或者错别字，但不影响鉴定意见的。补正应当在原司法鉴定意见书上进行，由至少一名鉴定人在补正处签名。必要时，可以出具补正书。对鉴定意见书进行补正时，不得改变鉴定意见的原意。鉴定机构应当按照规定将鉴定意见书以及有关资料整理立卷、归档保管。

六、鉴定意见的认定

经过鉴定程序，鉴定人应当提出书面鉴定意见，在鉴定书上签名或者盖章。鉴定意见作为法定证据，经过当事人举证、质证以后，法官应当依照法定程序，全面、客观地对其进行审核，依据法律的规定，遵循法官职业道德，运用逻辑推理和日常生活经验，对鉴定意见有无证明力和证明力大小独立进行判断，并公开判断的理由和结果。但是，鉴定意见不是对案件事实的客观记录或描述，而是鉴定人在观察、检验、分析等科学技术活动的基础上得出的主观性认识意见。这是鉴定意见与证人证言及勘验笔录的重要区别。证人讲述的是自己以看、听等方式感知的案件事实，勘验检查人员记录的是自己观察到的案件事实，而鉴定人提供的是自己关于案件事实的意见。[①]

当然，人民法院审查鉴定意见书，不能仅审查鉴定意见，还要对鉴定意见书所反映的鉴定起因、鉴定过程、鉴定方法等全面进行审查。

（一）鉴定意见的有关要求

鉴定意见书是司法鉴定机构和司法鉴定人对委托人提供的鉴定材料进行检验、鉴别后出具的记录司法鉴定人专业判断意见的文书，一般包括编号、基本情况、资料摘要、鉴定过程、分析说明、鉴定意见、附件及附注等内容。根据《司法鉴定文书格式》的规定，司法鉴定意见书的制作应当注意以下几个方面：

（1）关于"基本情况"，应当简要说明委托人、委托事项、受理日

[①] 参见何家弘、刘品新：《证据法学》（第7版），法律出版社2022年版，第205页。

期、鉴定材料等情况。

（2）关于"资料摘要"，应当摘录与鉴定事项有关的鉴定资料，如法医鉴定的病史摘要等。

（3）关于"鉴定过程"，应当客观、翔实、有条理地描述鉴定活动发生的过程，包括人员、时间、地点、内容、方法，鉴定材料的选取、使用，采用的技术标准、技术规范或者技术方法，检查、检验、检测所使用的仪器设备、方法和主要结果等。

（4）关于"分析说明"，应当详细阐明鉴定人根据有关科学理论知识，通过对鉴定材料，检查、检验、检测结果，鉴定标准，专家意见等进行鉴别、判断、综合分析、逻辑推理，得出鉴定意见的过程。要求有良好的科学性、逻辑性。

（5）司法鉴定意见书各页之间应当加盖司法鉴定专用章红印，作为骑缝章。司法鉴定专用章制作规格为：直径4厘米，中央刊五角星，五角星上方刊司法鉴定机构名称，自左向右呈环行；五角星下方刊司法鉴定专用章字样，自左向右横排。印文中的汉字应当使用国务院公布的简化字，字体为宋体。民族自治地区司法鉴定机构的司法鉴定专用章印文应当并列刊汉字和当地通用的少数民族文字。司法鉴定机构的司法鉴定专用章应当经登记管理机关备案后启用。

（6）司法鉴定意见书应使用A4纸，文内字体为4号仿宋，两端对齐，段首空两格，行间距一般为1.5倍。

鉴定文书是鉴定人的能力、水平、工作态度的反映，是衡量鉴定工作质量的一个标志。一份符合规范的鉴定书，是鉴定结论实现证据作用的重要保证，同时也是鉴定人顺利完成出庭作证任务的基础。需要注意的是，鉴定文书不管写的形式如何，关键要反映出鉴定对象是法律规范允许的，鉴定要求是鉴定技术和鉴定水平所能解决的，鉴定程序是合乎法律规定和行业规范要求的，鉴定结论不能超出鉴定人的职权范围，鉴定人不得给案件定性，不能得出法律结论。

> **裁判规则**
>
> 鉴定意见是《民事诉讼法》规定的法定证据之一，需要法官从证据"三性"角度予以审核，即法官要审核鉴定意见的关联性、合法性、客观性，并结合案件的全部证据，从鉴定意见与案件事实的关联程度、各证据之间的联系等方面进行综合审查判断，而不是直接将鉴定意见作为定案依据。

一是关联性。鉴定意见必须与案件待证事实具有关联性，否则无益于案件事实认定，浪费当事人诉讼成本，造成诉讼拖延。同时，判断鉴定意见与案件待证事实之间的关联性需要具备的一个基础性条件，就是鉴定意见本身必须做到内容尽量明确具体。鉴定意见的关联性是证据应当具备的首要属性，在审核认定证据时，首先应当审查该鉴定意见与待证事实之间是否具有关联性。对鉴定意见关联性的审查主要体现为对鉴定意见有无证明力的评价，证明力体现于关联性之中，有关联性就有证明力。

二是合法性。鉴定意见必须是具有鉴定资格的鉴定人，在无须回避的情形下，依照规范要求经过合法程序作出的。例如工程造价鉴定意见，首先，鉴定的主体必须合法，委托鉴定程序符合法律规定；其次，鉴定程序应当合法，鉴定材料的收集应当符合法律规定；最后，鉴定意见本身的形式要件符合法律规定。如果鉴定意见明显依据不足或者鉴定程序不符合法律规定或者经过质证不能作为证据使用的，就不能将其作为定案依据。

三是客观性。鉴定意见是鉴定人员运用自己的专门知识和技能，依照科学原理和方法，对专业问题所作的分析、检测和研究，该鉴定意见不受当事人、鉴定人员等主观意志影响，是剥离了主观性的客观材料，具有客观性和科学性的特征。有的鉴定意见，由于受到送验材料、技术能力、设备条件、客观干扰、主观条件、业务水平等方面的限制，其科学性、准确性受到了影响。因此，在证明力上存在一定缺陷，甚至虚假性，不能把鉴定意见作为唯一的定案根据。

典型案例 124

张某庆与彭某华等股东出资纠纷案[①]

案情简介

再审申请人张某庆因与被申请人彭某华、解某美及一审被告张某祥、第三人江西世祥房地产开发有限公司（以下简称世祥公司）股东出资纠纷一案，不服江西省高级人民法院作出的（2021）赣民终169号民事判决，向最高人民法院申请再审称，赣大井冈会师专审（2020）第045号审计鉴定专项审计报告没有对审计的财务账册是否完整及真实性发表意见，且该审计报告的审计内容超越了委托审计的世祥公司财务账册范围。该审计报告的鉴定意见中创设了"财务账册投资金额"和"非财务账册投资金额"，完全脱离了鉴定委托事项。张某庆与张某祥对证据"三性"已充分提出了合理质疑，该鉴定报告不应作为有效证据采信。

裁判要旨

一审法院根据一方当事人申请并经双方当事人共同抽签选定第三方鉴定机构，以庭审双方已质证的证据材料及世祥公司原始账目为依据，委托江西大井冈会计师事务所有限公司对张某祥、张某庆2013年1月1日至2014年12月31日对世祥公司投资情况进行专项审计，程序合法规范。该会计师事务所出具的审计鉴定意见，系通过审计世祥公司的财务账簿及当事人各自提供的转账凭证而计算出各股东实际投资款项，该审计鉴定意见具有客观性。一审法院经庭审质证对该鉴定意见予以采信、二审法院予以

[①] 参见最高人民法院（2021）最高法民申7801号民事裁定书。

维持，并无不当。

（二）鉴定意见的审查

因为鉴定意见本身具有较强的科学性，所以司法人员对鉴定意见进行审查判断时，面临的最大问题是，自身的法律知识与鉴定所依赖的科学知识之间的差异性。但是，如果不对鉴定意见进行审查，裁判结论又面临着建立在不确定的事实基础之上的风险。如果对此种风险不加以克服，势必会影响到司法裁判的正当性。因此，司法人员既然事实上无法对鉴定意见进行实质性审查，那么就应当通过审查鉴定程序的正当与否，来判断鉴定意见的真实性与可信性。[①]

根据法律规定，证据应当在法庭上出示，由当事人质证。未经质证的证据，不能作为认定案件事实的依据。鉴定人将当事人有争议且未经质证的材料作为鉴定依据的，人民法院应当组织当事人就该部分材料进行质证。经质证认为不能作为鉴定依据的，根据该材料作出的鉴定意见不得作为认定案件事实的依据。因此，当事人应当围绕证据的真实性、关联性、合法性，针对证据证明力有无以及证明力大小，进行质疑、说明与辩驳。由于当事人提供的证据不够完善，或者因案情的复杂性和特殊性，司法鉴定难以得出确定的结论时，鉴定人员应结合案情按不同的标准和计算方法，将有争议的意见交由当事人进一步举证，并根据证据能否成立给出不同的数据，让法院根据开庭和评议对鉴定意见进行取舍。

（三）鉴定人出庭

鉴定专业性强，涉及的学科领域较多时，鉴定人不出庭作证，一方面使当事人、法官对鉴定意见的理解容易产生偏差；另一方面不仅会影响鉴定意见的权威性和公信力，还会缺乏对鉴定机构及鉴定人的必要约束，容

[①] 参见潘金贵主编：《证据法学》，法律出版社2022年版，第222页。

易导致轻率，甚至随意鉴定的情况发生。当事人对鉴定意见的效力很难认同，这导致了司法实践中多头鉴定、重复鉴定经常发生，进一步延长了案件审理期限，增加了当事人的诉累，不利于案件矛盾纠纷的化解。《全国人民代表大会常务委员会关于司法鉴定管理问题的决定》第 11 条规定，在诉讼中，当事人对鉴定意见有异议的，经人民法院依法通知，鉴定人应当出庭作证。《民事诉讼法》第 81 条规定，当事人对鉴定意见有异议或者人民法院认为鉴定人有必要出庭的，鉴定人应当出庭作证。经人民法院通知，鉴定人拒不出庭作证的，鉴定意见不得作为认定事实的根据；支付鉴定费用的当事人可以要求返还鉴定费用。《民事诉讼证据规定》第 38 条明确规定，当事人在收到鉴定人的书面答复后仍有异议的，人民法院应当根据《诉讼费用交纳办法》第 11 条的规定，通知有异议的当事人预交鉴定人出庭费用，并通知鉴定人出庭。有异议的当事人不预交鉴定人出庭费用的，视为放弃异议。双方当事人对鉴定意见均有异议的，分摊预交鉴定人出庭费用。因此，出庭作证，接受当事人的发问，回答有关鉴定争议的问题，并说明鉴定的过程、依据等，是鉴定人的义务，是保证鉴定意见真实性、合法性和证明力的重要形式。

典型案例 125

山西多力多房地产开发有限公司与上海梵华信息技术有限公司建设工程施工合同纠纷案[①]

案情简介

再审申请人山西多力多房地产开发有限公司（以下简称多力多公司）

[①] 参见最高人民法院（2018）最高法民申 50 号民事裁定书。

因与上海梵华信息技术有限公司建设工程施工合同纠纷一案，不服山西省高级人民法院作出的（2017）晋民终207号民事判决，向最高人民法院申请再审称，山西涌鑫工程造价咨询有限公司（以下简称涌鑫公司）出具的鉴定意见书和补充说明不能作为定案依据，二审法院应当支持多力多公司重新鉴定的请求。涌鑫公司制作的鉴定意见书存在部分工程未鉴定的情形。因鉴定意见书中存在遗漏、含混不清和有争议的内容，多力多公司在一审中申请鉴定人出庭接受质询，但鉴定人员未能出庭，根据《民事诉讼法》之规定，鉴定意见书不能作为认定该案事实的依据。

裁判要旨

根据一审庭审笔录记载的内容，可以认定，鉴定人只在庭前的证据交换中回答了当事人提出的问题，但是未出庭作证。《民事诉讼法》第78条规定，当事人对鉴定意见有异议或者人民法院认为鉴定人有必要出庭的，鉴定人应当出庭作证。经人民法院通知，鉴定人拒不出庭作证的，鉴定意见不得作为认定事实的根据；支付鉴定费用的当事人可以要求返还鉴定费用。该案鉴定意见书已经庭前质证，在庭前质证中，鉴定人回答了当事人提出的异议。该案当事人对鉴定意见有异议，人民法院应当通知鉴定人出庭作证。但法院并未通知鉴定人，鉴定人并未出庭作证。一审判决依据仅经过庭前质证的鉴定意见书认定工程造价，程序上有瑕疵。该案虽不符合重新鉴定的条件，但在当事人上诉已经对鉴定人未出庭作证提出异议，认为不能将鉴定意见作为定案依据的情况下，二审亦未能弥补该问题，而是直接依据在庭前质证后作出、作为鉴定意见组成部分的补充说明认定了该案的工程造价。原判决属于认定基本事实缺乏证据证明。

《全国人民代表大会常务委员会关于司法鉴定管理问题的决定》还对鉴定人不出庭作证的行政责任作了具体规定，该决定第13条规定，鉴定人或者鉴定机构有违反该决定规定行为的，由省级人民政府司法行政部门予以警告，责令改正。鉴定人或者鉴定机构有下列情形之一的，由省级人民政府司法行政部门给予停止从事司法鉴定业务 3 个月以上 1 年以下的处罚；情节严重的，撤销登记：（1）因严重不负责任给当事人合法权益造成重大损失的；（2）提供虚假证明文件或者采取其他欺诈手段，骗取登记的；（3）经人民法院依法通知，拒绝出庭作证的；（4）法律、行政法规规定的其他情形。鉴定人故意作虚假鉴定，构成犯罪的，依法追究刑事责任；尚不构成犯罪的，依照前款规定处罚。

根据《民事诉讼法》第 81 条的规定，鉴定人出庭作证程序的启动包括以下三个方面：

一是当事人对鉴定意见有异议。根据鉴定流程，鉴定人出具鉴定意见后，法院应当及时将鉴定意见送达双方当事人，当事人对鉴定意见均无异议的，则无须通知鉴定人出庭作证。但是如果当事人提出异议，则应当通知鉴定人出庭。为解决开庭时间，提高质证效率，可以要求当事人提交书面异议，并在开庭前送达鉴定人，鉴定人可以就当事人的书面异议，提交相应的书面说明，当然，并不排除鉴定人根据法院通知出庭作证的义务。

二是人民法院认为鉴定人有必要出庭。即使当事人对鉴定意见无异议，但法院认为有必要的，如鉴定意见涉及国家利益、社会公共利益或者他人合法权益事项的，法院应当通知鉴定人出庭履行作证义务。

三是经人民法院通知。只要当事人对鉴定意见有异议，无论该异议是否成立，鉴定人均应当出庭作证；只要法院认为有必要，不问具体理由，鉴定人应当出庭作证。当然，结合有关证人出庭的规定，鉴定人出庭作证必须经由法院通知。

> **法官提示**
>
> 为防止诉讼拖延，节约司法资源，依法保护鉴定人的合法权益，防止当事人随意提出异议或人民法院滥用权力，人民法院对于当事人有关鉴定意见的异议，应有一定的审查权。通常而言，当事人对于鉴定意见中直接

影响案件事实认定的内容存在异议，且该内容为人民法院为查明案件事实所必需时，方可要求鉴定人出庭作证。对于除此之外的情形，人民法院则要予以一定的审查。

典型案例 126

杭州某科技有限公司与某尼（中国）有限公司等专利权权属、侵权纠纷案[①]

案情简介

杭州某科技有限公司（以下简称杭州某科技公司）主张某尼（中国）有限公司（以下简称某尼公司）侵害其"可产生三维立体声效果的耳机"的发明专利，要求某尼公司停止侵权并赔偿人民币100万元。

浙江省杭州市中级人民法院经审理查明：被诉侵权产品缺少涉案专利权利要求1记载的多个技术特征，因而并未落入涉案专利权的保护范围，据此于2018年8月15日作出（2016）浙01民初889号民事判决，驳回杭州某科技公司的诉讼请求。杭州某科技公司不服，提起上诉。浙江省高级人民法院于2019年12月27日作出（2018）浙民终1009号民事判决，驳回上诉，维持原判。杭州某科技公司申请再审并主张二审判决直接"以鉴代审"，没有依法实质审查司法鉴定意见书中的多处实质性错误，未合理确定涉案专利的保护范围，导致二审判决存在根本性的认定事实错误。但最高人民法院经审查认为，虽然相关鉴定存在瑕疵，但鉴定机构和鉴定人员具备鉴定资质，鉴定程序并不违反法律规定，鉴定人员亦出

[①] 人民法院案例库入库编号：2023-09-2-160-015。

庭接受质询并对鉴定程序和鉴定依据作出说明，在此种情况下，二审法院采纳该鉴定意见并无不当。据此，最高人民法院于2021年6月4日作出（2020）最高法民申4955号民事裁定，驳回杭州某科技公司的再审申请。

裁判要旨

鉴定机构和鉴定人员具备鉴定资质，鉴定程序并不违反法律规定，鉴定人员亦出庭接受质询并对鉴定程序和鉴定依据作出说明，相关瑕疵并不影响鉴定机构和鉴定人员对技术问题发表鉴定意见并得出结论，对方当事人并未提出足以反驳或者推翻鉴定意见的理由或者证据的，人民法院可以采纳该鉴定意见。

> **法官提示**
>
> 鉴定人在某些特殊情形下，可以不出庭作证，如双方当事人对鉴定意见并无异议，鉴定文书仅存在标点、错别字或语言不规范等方面的瑕疵，当事人就此瑕疵提出异议的，可以不要求鉴定人出庭作证；鉴定人年迈体弱、患有重病或行动极不方便，或者鉴定人已经死亡、失踪或下落不明以及自然灾害等不可抗力导致鉴定人无法出庭的情况下，要求鉴定人出庭作证属于客观不能。

鉴定机构接到出庭通知后，应当及时与人民法院确认鉴定人出庭的时间、地点、人数、费用、要求等。鉴定机构应当支持鉴定人出庭作证，为鉴定人依法出庭提供必要条件。鉴定人出庭作证时，应当举止文明，遵守法庭纪律。经人民法院依法通知，鉴定人应当出庭作证，回答与鉴定事项有关的问题。当事人对鉴定意见提出异议的，鉴定人应当针对异议问题进行回复。人民法院经审查认为当事人提出的异议成立的，应当告知鉴定机构补充鉴定或予以调整，异议不成立的，对该鉴定意见予以采信。

七、专家辅助人制度

审判实践中，由于科学技术的发展和社会生活的日益复杂，越来越多的民事纠纷涉及专门性问题。在所涉及的专门性问题已经存在鉴定意见的情况下，由于当事人、法官并非有关专门性问题的专家，虽然对于鉴定意见有质证制度和鉴定人出庭作证义务的规定，但这些规定并不能达到使当事人充分了解和认知鉴定意见的程度，在此背景下，为充分保护当事人的诉讼权利，更有效地查明案件事实和正确适用法律，《民事诉讼司法解释》第122条规定，当事人可以依照《民事诉讼法》第82条的规定，在举证期限届满前申请一名至二名具有专门知识的人出庭，代表当事人对鉴定意见进行质证，或者对案件事实所涉及的专业问题提出意见。具有专门知识的人在法庭上就专业问题提出的意见，视为当事人的陈述。人民法院准许当事人申请的，相关费用由提出申请的当事人负担。《民事诉讼证据规定》第84条规定，审判人员可以对有专门知识的人进行询问。经法庭准许，当事人可以对有专门知识的人进行询问，当事人各自申请的有专门知识的人可以就案件中的有关问题进行对质。有专门知识的人不得参与对鉴定意见质证或者就专业问题发表意见之外的法庭审理活动。《民事诉讼法》第82条规定，当事人可以申请人民法院通知有专门知识的人出庭，就鉴定人作出的鉴定意见或者专业问题提出意见。由此，《民事诉讼法》确立了民事诉讼中司法鉴定人与专家辅助人并存的专家证据制度。因此，当事人如果对鉴定意见有异议，可以申请法院通知有关方面的专家出庭，专家应当就鉴定人作出的鉴定意见或者专业问题提出意见。实际上，不仅是在诉讼中，鉴定机构在进行鉴定的过程中，遇有特别复杂、疑难、特殊技术问题的，根据《司法鉴定程序通则》第33条第1款的规定，可以向该机构以外的相关专业领域的专家进行咨询，但最终的鉴定意见应当由该机构的司法鉴定人出具。

典型案例 127

山东省生态环境厅与某新能源公司、
某重油化工公司生态环境损害赔偿诉讼案[①]

案情简介

2015年8月，某新能源公司委托无危险废物处理资质的人员将某新能源公司生产的640吨废酸液倾倒至山东省济南市章丘区普集街道办上皋村的一个废弃煤井内。2015年10月20日，某重油化工公司采取相同手段将其生产的23.7吨废碱液倾倒至同一煤井内，因废酸、废碱发生剧烈化学反应，4名涉嫌非法排放危险废物的人员当场中毒身亡。经检测，废液对井壁、井底土壤及地下水造成污染。事件发生后，山东省章丘市人民政府进行了应急处置，并开展生态环境修复工作。山东省人民政府指定山东省生态环境厅为具体工作部门，开展生态环境损害赔偿索赔工作。

山东省环境保护科学研究设计院环境风险与污染损害鉴定评估中心，于2016年6月作出环境损害评估报告，该报告证明：该事故造成应急处置阶段环境损害直接经济损失约为4109.27万元；生态损害费用合计约19991.05万元，其中桶装废弃物填埋场污染土壤修复费用约为101.05万元。

2016年8月10日，山东省章丘市人民政府与北京德恒（济南）律师事务所签订专项法律顾问合同，该合同约定，磋商阶段律师费分两部分收取：针对应急阶段处置费赔偿部分，律师费28.5万元；针对生态环境损害赔偿费用部分，律师费80万元；如磋商不成提起诉讼，按照《山东省律师服务收费标准指导意见》规定的标准取中确定，分阶段（一审、二

[①] 人民法院案例库入库编号：2023-11-2-466-019。

审、执行、再审等）分别收取。合同签订后，山东省章丘市人民政府共支付了磋商阶段律师费 55.17 万元，其余尚未支付。

山东省济南市中级人民法院于 2018 年 12 月 21 日作出（2017）鲁 01 民初 1467 号民事判决：（1）某新能源公司和某重油化工公司于判决生效之日起 30 日内赔偿山东省生态环境厅应急处置费用 1455.566 万元；（2）某新能源公司于判决生效之日起 30 日内赔偿山东省生态环境厅生态环境修复期间服务功能的损失 1401.208 万元、生态环境损害赔偿费 15912 万元、鉴定费 18.664 万元、律师代理费 16 万元；（3）某重油化工公司于判决生效之日起 30 日内赔偿山东省生态环境厅生态环境修复期间服务功能的损失 350.302 万元、生态环境损害赔偿费 3978 万元、鉴定费 4.666 万元、律师代理费 4 万元；（4）某重油化工公司与某新能源公司于判决生效之日起 30 日内在省级以上媒体公开赔礼道歉（书面道歉的内容须经法院审核）。

裁判要旨

两侵权人先后向同一位置排放污染物，造成生态环境损害，因两侵权人排放污染物的时间、种类、数量不同，难以认定两侵权人各自行为所造成的污染范围、损害后果及相应的治理费用。在确定两侵权人赔偿责任时，人民法院可以在评估报告基础上，综合专家辅助人和咨询专家的意见，根据主观过错、经营状况等因素，合理分配两侵权人各自应承担的赔偿责任。如果赔偿数额较高，赔偿责任主体没有一次性支付的履行能力，可依据赔偿责任主体的主观过错程度及经营情况，允许赔偿责任主体申请分期支付赔偿款。

（一）专家辅助人制度的作用

为保证鉴定意见的科学性、准确性和公正性，当事人申请人民法院通知有专门知识的人出庭，由有专门知识的人根据其专业知识，对鉴定意见提出意见，寻找鉴定中可能存在的问题，如鉴定方法是否可行，鉴定程序是否合法，鉴定材料的选取是否适合，等等，从而为法官甄别鉴定意见、作出科学的判断、提高内心的确信提供参考，保证案件的公正审理。

专家辅助人制度与鉴定制度相结合的"双层"的专家证据制度，能够有效地克服专家证人制度和鉴定人制度的不足。一方面，这种"双层"专家证据制度以鉴定制度为基础和主干，能够保持鉴定制度的优势，充分体现专家（鉴定人）在专业问题上的中立立场；另一方面，作为鉴定制度补充的专家辅助人制度为当事人提供了鉴定制度之外的充足的证据手段，从而对鉴定人的行为和作用形成有效的制约，防止鉴定人过度介入诉讼而成为实际的事实审理者，有利于法官综合各方面的因素对诉讼中的专业问题作出更客观的判断。这种制度，既是对民事审判实践经验的总结，也是对法治发达国家制度和规则批判继受的成果，体现了立法机关对源于审判实践的智慧和创新精神的认可和尊重。

（二）专家辅助人的资格认定

鉴定意见出具后，往往出现一方当事人甚至双方当事人均有异议的情形，此时，根据《民事诉讼法》的规定，当事人有权申请"有专门知识的人"出庭，就鉴定人作出的鉴定意见或者专业问题提出意见。如何认定当事人申请的人系具有相关专门知识的人，是法官需要解决的首要问题。对此，法律或司法解释并无统一认定标准，只能由法院在司法实践中根据具体案件情况作出认定。

一般认为，在确定专家证人资格时，应当考虑两个重要的因素：其一，对争议所涉及的专业知识的掌握；其二，凭借在该领域中的训练或经验而获得的运用专业知识的能力。这种专家证人的资格通常参照专家证人的职业资格或者知识和经验来确定。案件中，可以根据有关职业资格的取得、工作单位和内容等进行综合认定。主流观点认为，专家辅助人是否具备相应的资格和能力，取决于当事人的认知，人民法院对专家辅助人不作资格上的审查。

(三) 专家辅助人出庭程序

《民事诉讼司法解释》第 122 条规定，当事人可以依照《民事诉讼法》第 82 条的规定，在举证期限届满前申请一至二名具有专门知识的人出庭，代表当事人对鉴定意见进行质证，或者对案件事实所涉及的专业问题提出意见。具有专门知识的人在法庭上就专业问题提出的意见，视为当事人的陈述。人民法院准许当事人申请的，相关费用由提出申请的当事人负担。第 123 条规定，人民法院可以对出庭的具有专门知识的人进行询问。经法庭准许，当事人可以对出庭的具有专门知识的人进行询问，当事人各自申请的具有专门知识的人可以就案件中的有关问题进行对质。具有专门知识的人不得参与专业问题之外的法庭审理活动。

结合《民事诉讼法》的规定，专家辅助人出庭，应当注意以下几点：

一是当事人必须在举证期限届满前向法院提出申请。法院收到当事人申请后，应当进行审查，如果当事人理由确实充分或者为了进一步查明案件事实，法院可以允许并通知专家辅助人出庭。法院如果认为理由不充分或者出庭没有必要，不允许专家辅助人出庭的，则应当驳回当事人的申请。

二是专家辅助人出庭应围绕专门性问题提出意见，包括对鉴定意见进行质证，对专门性问题发表意见，等等。

三是具有专门知识的人在法庭上就专业问题提出的意见，视为当事人的陈述，而不是证人证言。

四是具有专门知识的人不得参与专业问题之外的法庭审理活动。在庭审调查过程中，专家辅助人就专门性问题以外的案件事实发表意见的，法庭应当予以制止，在法庭就有关专门性问题的调查结束后，专家辅助人应当退出法庭。

五是人民法院准许当事人申请的，相关费用由提出申请的当事人负担。专家辅助人受当事人委托参与诉讼的，有关费用应当由委托的当事人负担，不属于诉讼费用范畴，不由当事人根据案件结果分担。

> **法官提示**
>
> 虽然专家辅助人可以为向其委托的一方当事人利益服务，但服务必须以客观陈述、尊重科学为前提。专家辅助人不应当偏袒一方而故意出具虚假的意见。但是现行法律尚没有针对专家辅助人有违科学的陈述的制约机制。有意见认为，一旦确认某专家辅助人没有中立、客观地履行职责，法官应裁定该专家辅助人作出的专家意见不可采信。该专家辅助人被列入法院专家辅助人黑名单，法院应当不建议其他当事人对其进行聘任，还可以建议其所在行业协会对其进行处分。该意见有一定道理，但具体如何把握还需要司法实践的不断探索和总结，在条件成熟时，制定相应的规范。

八、鉴定意见冲突时的处理

司法鉴定虽然有助于当事人、审判人员等查明案件事实，作出正确判决，然而，由于种种原因，诉讼实践中，存在多头鉴定、重复鉴定等情形，这导致同一纠纷中就同一鉴定事项存在多份鉴定意见。有的是诉讼之前，当事人自行委托进行了鉴定并由鉴定机构出具了鉴定意见，诉讼中对方当事人往往提出重新鉴定的申请，法院依法委托司法鉴定机构进行了重新鉴定；有的是诉讼中，法院已经根据当事人申请或者依职权委托进行了司法鉴定，但由于有关当事人不服该鉴定意见又申请重新鉴定，因此法院又委托重新进行鉴定；有的是一审法院依法委托进行了鉴定，二审法院认为鉴定程序或者鉴定意见存在问题又重新委托司法鉴定机构鉴定。在多份鉴定意见存在冲突的情况下，审判人员认定事实处理纠纷的难度更大了。

（一）鉴定意见冲突的多元原因

1. 对鉴定意见的审查缺乏统一标准

诉讼过程中，鉴定意见作为法定证据之一，同样需要经过当事人举证、质证以及审判人员的综合认定。证据必须经过查证属实才能作为定案的根据，法院应当以证据能够证明的案件事实为依据依法作出裁判。《民事诉讼证据规定》第 36 条中规定了对鉴定意见的内容应当从七个方面进行审查。但对于如何审查判断，根据什么标准进行审查判断，相关司法解释并没有作出具体规定。《民事诉讼证据规定》只是在第 85 条第 2 款中对诉讼过程中证据的审核认定作了具体规定，即审判人员应当依照法定程序，全面、客观地审核证据，依据法律的规定，遵循法官职业道德，运用逻辑推理和日常生活经验，对证据有无证明力和证明力大小独立进行判断，并公开判断的理由和结果。该条规定符合证据审查判断的一般规律，但只是原则性的规定。司法实践中，由于鉴定事项的专业性和法官对于该类专业事项的"非专业性"，委托鉴定本身也是基于该事项的特殊性，导致法官对"鉴定意见"的依赖，由此也导致"意见"异化为了"结论"，即使法官"依据法律的规定，遵循法官职业道德，运用逻辑推理和日常生活经验"，但并非就能对鉴定意见的证明力大小进行科学判断。特别是鉴定意见有冲突的情形下，如何取舍，确实让人纠结，难以认定。

2. 司法鉴定人未能严格按照操作规范进行司法鉴定

司法鉴定人应当科学、客观、独立、公正地从事司法鉴定活动，遵守法律、法规的规定，遵守职业道德和职业纪律，遵守司法鉴定管理规范。为加强对司法鉴定人的管理，规范司法鉴定活动，建立统一的司法鉴定管理体制，保障当事人的诉讼权利，促进司法公正，提升司法效率，司法部发布了《司法鉴定人登记管理办法》，该管理办法以部门规章的形式对司法鉴定人的鉴定活动进行规范监督；为规范司法鉴定机构和司法鉴定人的司法鉴定活动，保障司法鉴定质量，保障诉讼活动的顺利进行，司法部发布了《司法鉴定程序通则》，该通则对司法鉴定活动应当遵循的方式、方法、步骤以及相关的规则和标准进行了具体的规定；司法部发布了《司法鉴定执业活动投诉处理办法》，该办法进一步规范了司法鉴定执业活动投诉处理工作，加强司法鉴定执业活动监督。

虽然司法鉴定人的司法鉴定活动有着上述规章制度的约束，但是由于鉴定人本身能力、水平、职业道德的高度不同，实践中鉴定人员业务素质不一，有些鉴定人员甚至未能按照规定制作鉴定文书，对鉴定的基本情况、检案摘要、检验过程、检验结果语焉不详，让人无法准确把握真实意思，甚至因鉴定意见又产生新的分歧，进一步增加了案件处理难度。同时，作为传统的乡土社会、熟人社会、家族社会，鉴定人员同样不是生活在真空当中。实践中，当事人为了得到对自己有利的鉴定意见，通过各种关系对鉴定活动进行干涉，有的鉴定人员碍于情面，不免有所倾向。

3. 审判人员业务素质有待进一步提高

虽然司法鉴定有助于延伸审判人员的认知能力，但并不能认为法院只要依法委托鉴定机构出具的鉴定意见，就必须采信该鉴定意见并将其作为定案依据。审判人员还是应当根据法律规定进行审查判断，不仅从程序上更要从实体上对鉴定意见的结论进行综合认定。但是，囿于客观实际，审判人员不可能对各个领域、每门学科都能够通晓其中的原理，并最终对鉴定作出科学性的判断，由此导致了司法实践中审判人员对鉴定意见的过分依赖。比如，在工程造价领域，建设工程施工合同纠纷案件中审判人员对建筑施工、工程造价等专门知识不够熟悉，法院受理案件后通常委托司法鉴定，面对鉴定意见出具的工程造价，因缺乏对该鉴定意见的科学性的审查能力，往往采信该份鉴定意见，实际上并没有根据法律规定进行综合审查判断，在一定程度上以鉴定代替了审判。

（二）鉴定意见冲突时的解决路径

1. 切实落实专家辅助人制度

《民事诉讼法》第82条规定了专家辅助人制度，当事人可以申请人民法院通知有专门知识的人出庭，就鉴定人作出的鉴定意见或者专业问题提出意见。"有专门知识的人出庭"对鉴定意见提出意见这一制度设计本身在客观上会进一步增强鉴定人的责任意识从而对鉴定意见产生正面的促进作用，增加鉴定意见的科学性。同时，这样会在一定程度上减少重复鉴定的发生，能够节约诉讼资源，提高审判工作的效率，促进案件的尽快解决。

2. 规范鉴定管理，提高司法鉴定公信力

一是制定"司法鉴定法"，将现行的法律法规及规章合理部分予以吸收，并严格规定当事人申请鉴定、申请重新鉴定、法院依法委托鉴定的适用条件，对同一事项鉴定的次数进行限制。二是应当严格按照司法部《司法鉴定机构登记管理办法》和《司法鉴定人登记管理办法》的规定，进一步规范司法鉴定机构和司法鉴定人的准入制度，提高司法鉴定机构和司法鉴定人的整体水平。三是定期对司法鉴定人进行业务培训，使司法鉴定人及时更新司法鉴定有关知识、技术，掌握最新的科学技术理论和成果，不断适应法律、民众对司法鉴定工作的新要求。四是加强司法鉴定人职业道德教育，强化执业纪律，杜绝人情案、关系案的发生，有效维护司法鉴定工作的权威性、公正性。五是司法鉴定机构与人民法院之间应加强沟通，建立鉴定意见反馈信息制度，对于鉴定意见在案件审理中的证明力等，人民法院应当及时反馈。

3. 法官应当不断提升业务素质

法官的业务素质，是指法官具有的法律知识水平，对于审判的公正具有重大影响。作为法官，应当具有良好的法律知识修养，对于法律具有准确的把握。目前各地法院由于法律本身的原因，会出现同案不同判的现象，存在法官对于法律理论掌握程度的考证。一些法官面对缺乏具体法律规定的案件束手无策，一次次驳回起诉，这实际上却剥夺了原告的诉权。制度与制度之间不是截然分离的，甚至恰恰相反，它们是紧密联系的。法官对于民事审判、刑事审判、行政审判，乃至执行等法律理论和制度的掌握若仅仅局限于自己所从事的审判工作方面，则必然是欠缺的，在一定程度上会影响到审判的科学性，无法实现公正审判。同理，审判机关不能无限度地要求司法鉴定，不能依赖于司法鉴定意见而将自己的审判职责转嫁给司法鉴定。

> **裁判规则**
>
> 对于结论不一致的多个鉴定，法官应居中裁判，经控辩双方对鉴定意见质证、认证，排除合理怀疑，并根据自身知识、经验、生活常识，再结合其他证据进行综合判断作出选择，以减少鉴定次数，降低诉讼成本。